농민과 농업

따비 스터디 003

차야노프의 사상을 재조명하다

농민과 농업

얀 다우 판 더르 플루흐 지음

김정섭 · 유찬희 옮김

따비

ICAS의 '농업 변동과 소농 연구 시리즈'에 관해

'비판적 농업 연구 이니셔티브ICAS'가 발행하는 '농업 변동과 소농 연구 시리즈'는 "중요한 이슈를 작은 책에 예술적으로 담기"를 지향한다. 전문적인 국제 농업 발전 이슈를 다룬 시리즈의 개별 도서들은 다음의 주요 질문에 따라 전개된다.

- 해당 주제의 최근 이슈와 논쟁점은 무엇인가?
- 주요 학자, 사상가, 정책 결정자는 누구인가?
- 각각의 입장은 어떻게 등장하고 발전해왔는가?
- 향후 사안의 전개 방향은 어떻게 예상되는가?
- 주요 참고자료는 어떤 것인가?
- 각 책의 주제에 비판적으로 접근하려는 사람들(NGO 전문가, 사회운동가, 공적원조 전문가, 비정부 원조기구, 학생, 학자, 연구자, 정책 전문가 등)이 중요하게 고려해야 하는 점은 무엇인가?

이 시리즈는 이상의 질문을 공유하면서도 개별 도서별로 다양한 국가나 지역 상황의 경험적 사례와 더불어 이론적, 정책 지향적 토론 지점을 포함하고 있다.

'농업 변동'이라는 광의의 주제를 다루려는 이 시리즈의 출판계획에 세계 각지의 다양한 전문분야의 학자, 운동가, 발전 전문가가 참여하고 있다. '농업 변동'은 폭넓은 의미를 담고 있다. 농업-농촌-농사의 세계에 초점을 두지만, 다른 부문이나 지역(다른 산업이나 도시를 포함해)과 분리시킨 채 접근하기보다 주제의 맥락에 집중하고자 했다. 도서의 핵심 목표는 '변화'의 동학에 관한 이해를 제고하는 것이며, 다양한 방식으로 농업을 해석/재해석할 뿐 아니라 일하는 계급, 특히 빈민에 대한 분명한 지향과 함께 농업을 다시 변화시키는 것에도 기여하고자 한다. 현 시대의 신자유주의적 세계화 과정은 세계 농업에 분명한 변화를 가져오고 있으며, 따라서 농업의 구조적 제도적 조건에 관한 새로운 이해와 함께 이에 대응할 새로운 비전을 요구하고 있다.

ICAS는 농업 이슈에 대응하는 유사한 성향의 학자, 발전 전문가, 활동가의 공동체이자 공론장이며, 구성원 각자가 진보적 관점에서 바라보는 견해들을 토론하는 다중의 이니셔티브다. ICAS는 학자, 개발 정책 실행가, 사회운동가의 연계, 선진국과 개발도

상국의 연계, 개발도상국 간의 연계, 농촌-농업과 도시-산업 부문 간의 연계, 전문가와 비전문가의 연계 등 네트워크의 형성과 연계를 지원한다. ICAS는 공동 저작을 장려하며 지식 공유를 통한 상호성을 옹호한다. ICAS는 기존의 전제를 의심하고, 대중적 인식을 비판적으로 검토하며 새로운 방식의 질문을 모으고, 제안하고, 추구함으로써 비판적 사고를 확산시키려 노력한다. 나아가 ICAS는 학술적으로 흥미롭고 사회적으로 유의미하며, 특히 약자의 편에 서려는 공동 연구와 연구 지원을 장려한다.

이 시리즈는 네덜란드의 개발협력교회조직협의회Inter-Church Organization for Development Cooperation, ICCO의 지원으로 출판되었으며, 편집자는 새터니노 보라스Saturnino M. Borras Jr. 막스 스푸어Max Spoor, 헨리 벨트미어Henry Veltmeyer다. 이 시리즈는 이미 다양한 언어로 번역되어 세계의 비판적 농업 연구자들에게 공유되고 있다.

편집인 서문

얀 다우 판 더르 플루흐Jan Douwe van der Ploeg
가 쓴《농민과 농업Peasants and the Art of Farming》은 ICAS의 '농업 변동과 소농 연구 시리즈'의 두 번째 책이다. 첫 번째 책은 헨리 번스타인Henry Bernstein의《농업 변동의 계급 동학Class Dynamics of Agrarian Change》이다. 플루흐의 이번 책은 번스타인의 책을 참으로 완벽하게 잇는 저술이다. 그리고 이 두 책은 오늘날 농업 연구에서 농업적 정치경제학 분석이라는 렌즈가 아주 중요하고 타당하다는 사실을 재확인해준다. 이로 미루어보건대, 이 책들이 보여주는 세계 최상위 수준의 논의는 시리즈로 발간될 다음 책들도 정치적으로 타당하고 과학적으로 엄밀할 것이라는 점을 약속한다.

'농업 변동과 소농 연구 시리즈'를 간단히라도 설명해야, ICAS라는 지적이고 정치적인 기획에서 플루흐의 이 책이 어떤 위상을 지니는지를 조망할 수 있을 듯하다.

오늘날 전 지구적인 빈곤은 중요한 농촌 현상으로, 세계 빈곤층의 4분의 3이 농촌에 살고 있다. 전 지구적 빈곤 문제와 빈곤 종식을 위한 도전은, (경제, 정치, 사회, 문화, 젠더, 환경 등) 다차원에 걸친 이슈로, 농촌 빈곤을 만들어내고 온존시키는 체계에 대한 농촌에서 일하는 이들의 저항과 지속 가능한 살림살이를 추구하는 농촌 빈곤층의 투쟁과도 긴밀하게 연관되어 있다. 농촌 발전에 관심을 갖는 것은 발전과 관련된 사유에 핵심적이다. 그러나 그 같은 관심을 유지하는 것이 도시 문제와 농촌 문제의 분리를 뜻하지는 않는다. 도시 문제와 농촌 문제 사이의 연결을 잘 이해하는 것이야말로 도전해야 할 과제다. 농촌 빈곤으로부터 벗어날 길을 신자유주의 정책과 주류 국제 금융 및 개발 기구의 노력이 덮어버렸기 때문이며, 지구 수준의 빈곤에 맞서는 대규모의 전쟁 또한 농촌 빈곤 문제를 도시 빈곤 문제로 대체하고 있을 뿐이기 때문이다.

농업 연구에 대한 주류 사상에는 너그럽게 재정이 지원되므로, 주류 사상이 농업 문제에 관한 조사나 연구의 결과 생산 및 출판을 지배할 수 있었다. 세계은행 등 주류 기구 다수의 정책 지향적 출판물은 전 세계에 폭넓게 확산되고 전파되었다. 선도적인 연구 기관에 속한 비판적 사상가들이 이 같은 주류의 흐름에 다양한 방식으로 도전했지만, 그 영향력은 학문적 동아리에 국한되었다.

남반부뿐 아니라 북반부의 학자, 사회운동 활동가, 개발 실천가들 역시 사회과학적으로 엄격하면서도 접근 가능하고, 정치적으로 올바르며, 정책 지향적인 비판 농업 연구서들에 목말라하고 있다. 이런 요구에 대응하기 위해 ICAS는 '농업 변동과 소농 연구 시리즈'를 출범했다. 시의적절하면서도 가벼운 책을 출판하려고 각각의 도서는 주요 질문을 기초로 특별한 발전 문제들을 다루고자 했다. 해당 주제의 최근 이슈와 논쟁점은 무엇인가? 주요 학자, 사상가, 정책 결정자는 누구인가? 각각의 입장은 어떻게 등장하고 발전해왔는가? 향후 사안의 전개 방향은 어떻게 예상되는가? 주요 참고자료는 어떤 것들인가? 각 책의 주제에 비판적으로 접근하려는 사람들(NGO 전문가, 사회운동가, 공적원조 전문가, 비정부 원조기구, 학생, 학자, 연구자, 정책 전문가 등)이 중요하게 고려해야 하는 점은 무엇인가? 각각의 책은 다양한 국가나 지역 상황의 경험적 사례와 더불어 이론적·정책 지향적 토론 지점을 포함하고 있다.

이 시리즈의 목표와 간행 배경에 관한 이상과 같은 설명에서, 번스타인과 플루흐의 책으로 시리즈를 시작하는 일이 얼마나 즐겁고 영예로운 일인지 이해할 수 있으면 좋겠다. 번스타인과 플루흐는 주제, 접근 가능성, 연관성, 엄밀성 등의 측면에서 완벽하게 들어맞는다. 우리는 이 시리즈의 밝은 장래를 낙관하고 있으며 고무되어 있다.

새터니노 보라스, 막스 스푸어, 헨리 벨트미어
ICAS '농업 변동과 소농 연구 시리즈' 편집인 일동

자본주의 체제와 불화하는 농민의 자율성에 대한 이해

비판적 입장에 서 있는 농민·농업·농촌 연구자 가운데 거장 한 명을 꼽으라면 주저 없이 네덜란드의 농촌사회학자 얀 다우 판 더르 플루흐(1950~)를 들겠다. 플루흐의 저술을 처음 접한 건 2000년 무렵이다. 플루흐와 롱Ann Long이 공동으로 편집한《안으로부터: 내생적 농촌 발전의 관점과 실천 Born From Within: Practice and Perspectives on Endogenous Rural Development》(1994, Van Gorcum)에서, 플루흐는 '영농 스타일Farming Styles'이라는 연구 접근방법을 소개했다. 그때의 충격을 뭐라고 묘사할 수 있을까? 플루흐의 영농 스타일 연구가 참신했던 이유는 그것이 전제하는 인식론적 관점에 있다. 영농 스타일 연구는 객관주의적-실증주의적 관점을 벗어나 상호주관주의적-해석학적 관점을 바탕으로 농민의 실천을 이해하려는 시도다. 사전에 구체적인 가설을 세우지 않고 농민들과 대화하고 관찰한 내용을 토대로 영농 활동의 다양성을 포착하려 애쓴다. 그리고 다양한 영농 활동이 출현하는 이유에 관해 농민의 내적 동기와 농장을 둘러싼 맥락을 결부하여 설명하려는 접근방법이다. 저마다 나름의 이유에서 다양한 방식으로 영농을 실천하는 농업인들의 존재를 애써 외면하고, 농민 개인들을 외부 자극에 정해진 패턴대로 단순하게 반응하는 객체로 묘사하면서 일종의 블랙박스로 처리하는 인식론이 지배하는 게 한국 농업·농촌 연구의 현실이다. 그런 식으로 연구자 스스로 제기한 하나의 가설을 검증했다고 의기양양하게 내놓을 수 있을지는 몰라도, '농민들은 왜 저렇게 행동하는가?'라는 물음에 깊숙이 다가가서 이해할 수는 없다.

21세기에 접어든 뒤 플루흐는 '영농 스타일' 개념에서 더욱 견고하게 다듬어진 '영농양식mode of farming'이라는 개념을 내놓았다. 2008년에 출판한 저서 《새로운 농민층The New Peasantries》과 2013년에 영문판으로 출판된 이 책 《농민과 농업》의 핵심 개념이다. 마르크스주의 논쟁에서 '생산양식mode of production'이라는 개념은 유독 농업 문제에서 설명하기 어려운 난점을 만나게 마련이다. 사회가 자본주의 체제로 이행함에도 농민층(주로 소규모 가족농이다)이 분해되지 않고 남아 있는 현실을 설명하려는 노력과 더불어, 마르크스의 생산양식 개념은 숱하게 많은 변주를 낳았다. 한국에서도 1980년대를 통과하면서 '농민층 분해론' 논쟁이 있었다. 농민층의 현존을 설명하려는 이론으로 '생산양식 접합론' 같은 논의가 등장한 적이 있다. 플루흐는 생산양식 논의로는 '끈질기게 살아남는 농민층'이라는 현상을 설명하기 어렵다고 판단한 것 같다. 결국 농민층을 설명하려면 구조결정론의 혐의를 받는 생산양식 개념을 버려야 했을 터다. 그럼에도, 현존하는 농업 실천의 다양성을 어느 정도 유형화해서 설명할 필요가 있기 때문에, 2008년의 책에서 제안한 개념이 영농양식이다. 생산양식이 구조를 설명하는 개념이라면, 영농양식은 구조보다는 별자리처럼 형성된 현재의 배치constellation를 묘사하는 개념이다. 구조가 아니라 배치를 살피는 인식론적 관점은 당연히 개별 행위자의 자율성에 더 많은 관심을 두게 마련이다. 그런 의미에서 영농양식 개념은 영농 스타일 연구로부터 진화된 것이라고 볼 수 있다. 플루흐는 수십 년 동안 농민의 자율성을 존중하며 이해하는 연구 관점을 부단히 발전시켜온 연구자다.

전 세계에 다양한 방식의 농업 실천이 마치 별들이 성좌를 이루듯이 각자의 위치에서 전개되고 있는데, 플루흐는 그것들을 자본주의적 영농양식, 경영자형 영농양식, 농민 영농양식으로 분류한다. 그 가운데 플루흐가 각별한 가치를 부여하는 것은 농민 영농양식이다. 왜냐하면 농민들이야말로 자본주의 체제가 빚어내는 온갖 비극과 부조리에 저항하는, 아니 저항할 수밖에 없는 다중multitude이기 때문이다. 그리고 농민들의 영농 실천 그 자체가 자본주의 체제와 불화하는 투쟁이기 때문이다. 달리 말하자면, 플루흐는 자율성과 지속 가능성을 확보하려고 투쟁하는 농업 실천의 주체를 '농민'으로 개념화하자고 제안한 셈이다. 농민들의 저항과 실천은 온갖 국면에서 펼쳐진다. 그 저항과 실천의 메커니즘을 이론적으로 해명하며 농민의 시선에서 이해하고자 한 시도가 이 책,《농민과 농업》이다.

이 책은 플루흐가《새로운 농민층》에서 펼쳤던 핵심 주장을 압축한 것이라 해도 좋다. 달라진 점이 있다면, 차야노프Alexander Chayanov의 이론이 등장한다는 점이다. 농민의 자율성, 자본주의 체제 안에서도 끈질긴 생명력을 보이는 농민의 존재를 플루흐가 강조했지만, 그 같은 통찰의 기원은 차야노프일 테다. 플루흐는 차야노프의 이론에 힘입어 자율적 주체인 농민과 농민이 운영하는 농장(생산 단위)의 특징을 명료하게 그려낸다. 여기서 이 책의 내용을 개괄할 필요는 없을 듯하다. 그래도 한 가지 요점만을 말하자면, 플루흐가 '자율적 주체'로서 농민의 행위를 설명하려고 끌어온 차야노프의 이론적 자원은 '균형'이라는 열쇳말에 있다. 농민이 이루려는 다양한 균형이야말로 농민의 자율성이 표현되는 메커니즘이며, 그것을 '검증하는 게 아니라 이해하는 것'이 이 책을 읽는 요령이 될 테다. 특히, '농민들은 왜 그리 힘들게 계속 농사지으며 시골에서 사는 것일까?' '그런 삶을 살아가는 힘은 어디에서 나오는 것일까?' '팍팍한 삶을 살도록 강제하는 이 시

대에 우리는 농민의 농업 실천과 생활을 어떻게 이해해야 할까?'
'농민에게서 자본주의 체제와 불화하고 저항하는 삶의 원칙을
찾는다면 그것은 무엇일까?' 같은 물음을 가진 독자에게는 이 책
이 중요한 관점 하나를 선사하리라 기대한다.

끝으로, 몇 마디 덧붙이고 싶다. 한국에서 플루흐는 잘 알려지
지 않은 학자다. 플루흐가 이 책에서 공들여 설명하는 차야노프
도 마찬가지다. 낯설기 때문에 이 책은 읽기가 쉽지 않다고 생각
할 수도 있겠다. 그러나 이 책을 읽기가 어렵다면, 그건 낯설기 때
문이 아니라 시선을 맞추지 못했기 때문일 가능성이 높다. 그리
고 옮긴이의 매끄럽지 않은 번역 솜씨 때문일 가능성이 높다. 잘
못되거나 미흡한 번역은 전적으로 옮긴이에게 책임이 있다.

이 책의 영문판 제목은 *Peasants and the Art of Farming: a
Chayanovian Manifesto*다. 책의 제목을 번역하는 것부터 아주
곤혹스러웠다. 세 단어를 두고 오랫동안 고민했다.

첫째, 'peasants'를 '농민'이라고 할 것인가, 아니면 '소농'이라고
할 것인가? 이 단어는 한국에서 농민, 소농 두 가지로 번역된다.
대체로 농업경제학자들은 소농이라는 번역을, 인류학자들은 농
민이라는 번역을 선호하는 경향이 있다. 그러나 플루흐가 본문
에서 밝히고 있듯이, 논점은 영농 규모가 큰가 작은가에 관한 것
이 아니다. 차야노프가 말했듯, "질적인 관점에서 자본주의적 농

장과 농민 농장의 성격을 분석하는 것이야말로 도전해야 할 과제다"(Chayanov, 1923: 7) 그런 이유로 이 책에서는 'peasant'를 '농민'이라고 번역했음을 밝혀둔다.

둘째, 'art of farming'이라는 말을 제목에서 적절하게 번역하기가 어려웠다. 플루흐는 농민이 나름의 균형을 맞추려고 전개하는 그 모든 실천의 스타일을 'art'라는 말로 표현한다. 이 영단어를 가장 정확하게 직역한 한국어는 '기예技藝'일 것이다. '기술'이라고 번역하면 플루흐가 엄격하게 구별해 쓰고 있는 'technology'라는 말과 혼동을 일으킬 것이다. 그렇다고 '예술'이라고 번역하는 것도 마땅치 않았다. 그래서 본문 중에 'art of farming'이라는 표현이 나올 때마다 '영농의 기예'라고 번역했다. 그러나 제목에서도 '영농의 기예'라고 쓰는 것은 이 책이 영농 기술을 소개하는 책인 것처럼 오인될 수 있고, 제목부터 어렵다는 인상을 주는 듯했다. 그래서 책의 제목은 '농민과 농업'이라고 했다. 이 점에 대해서는 독자들의 양해를 구한다.

셋째, 부제 또한 크게 의역할 수밖에 없었다. 'Chayanovian Manifesto'를 직역하자면 '차야노프주의의 약속' 정도일 터인데 생뚱맞다는 생각을 지울 수가 없었다. 그래서 책의 부제를, 플루흐의 의도를 감안해 '차야노프의 사상을 재조명하다'라고 지었다. 이 점에 대해서도 독자들의 양해를 구한다.

한국에서는, 농민 문제나 농촌 사회의 문제에 진지하게 접근하는 젊은 연구자를 찾아보기 어렵게 된 지 오래다. 이 책에서 플루흐가 쓰는 표현을 차용한다면, 심각한 '재생산 위기'에 직면한 게 농촌사회학의 현실이다. 그럼에도, 아직 정식 명칭이 없는, 농민과 농촌 문제를 연구하는 젊은 연구자들의 모임이 있다(나는 이 모임의 정식 멤버라기에는 나이가 많고, 자주 참여하지도 못한다). 저마다 배경도 각양각색인 이 모임에 초대되어, 초벌 번역한 원고를 몇 사람이 함께 검토할 기회가 있었다. 서강대학교 조옥라 교수님이 제공해주신 무주의 산중턱 별장에서 1박 2일 동안 함께 공부하고 조언을 해준 허남혁, 엄은희, 박동범, 송원규, 김신효정, 김태완 등 여러 동학同學에게 감사의 뜻을 전한다. 그 모임에 들러 격려해주신 건국대학교 윤병선 교수님께도 감사를 드린다. 윤 교수님이 이름 없는 그 젊은 연구자 모임의 변함없는 뒷배(?)가 되어주실 것으로 믿는다는 말씀도 남기고 싶다. 수익이 나지 않을 확률이 아주 높은데도 이 번역서를 출판해준 도서출판 따비에 감사의 말씀을 드린다.

2018년 5월 홍성에서
옮긴이들을 대표하여, 김정섭

차례

1

농민과 사회 변혁
: 분열을 낳는 논쟁거리

농민 문제 앞에서 급진 좌파는 골 깊게 나뉘었다. 지금도 여러 면에서 그렇다. 그 큰 분열이 점차 해소되리라는 징후가 정치적·과학적 논쟁, 신사회운동, 사회-물질적 현실 자체 등에서 나타나고 있음을 분명하다. 지나치게 낙관적인 말로 들린다면, 분열이 해소되는 게 아니라 문제 자체의 시의성이 떨어지고 있다고 주장할 수도 있겠다. (이는 논쟁을, 특히 정치적인 논쟁을 해결하는 한 방법을 보여주는 것일 수도 있다.) 과거의 논쟁은 사라지고 있다. 이제 우리는 과거 논쟁의 한계를 결정적으로 뛰어넘는 새로운 국면 전개 경향을 세계 곳곳에서 목격한다.

역사적으로, 그 중요한 논쟁에는 두 명의 영향력 있는 대변자, 블라디미르 레닌Vladimir Lenin과 알렉산드르 차야노프Alexander Chayanov가 밀접히 관련되어 있다. 두 사람은 20세기 초반 수십 년 동안 첨예한 격론에 참여했다. 러시아 사회에서 오랫동안 휴면 상태에 있다가 1917년 혁명의 여파로 갑자기 전면에 부상한 다양한 이해利害와 전망이 그 논쟁에 반영되었다. 당시 러시아는 기본적으로 농업 국가였다. 국민경제에서 산업의 비중은 낮았다. 산업노동자보다 농민 수가 압도적으로 많았다. 자본주의적 농업 경영체가 출현하고 (그 의미에 대한 뜨거운 논쟁이) 있었지만, 농민이 농촌 주민의 대다수였다. 러시아인 대부분의 일상생활을 규율하는 틀을 농민 공동체가 제공하고 있었다. 레닌(그리고 더 일반적으로 말하자면 볼셰비키)과 차야노프(마찬가지로 표현하자면, **나로드니키***)는 그런 현실을 서로 달리 해석했다. 다양한 사회집단(특히 농민층)의 역할에 관한 입장이 달랐다. 그 입장 차이가 러시아 사회의 미래에 관한 격렬한 논쟁을 일으켰다.

원래부터, 긴밀하게 연관된 여러 이슈를 중심으로 큰 분열이 있었다. 첫째, 농민층의 계급 지위를 정의하는 문제가 가장 중요한 이슈 중 하나였다. 혁명 과정에서 인민을 구성하는 여러 부분의 역할과 그 부분들의 연합이 갖는 성격 등 확실히 실천적인 문제와 관련된 이슈였다. 둘째, 농민-스러운peasant-like 생산 형태(또는 '양식')의 안정성에 관한 논쟁이 많았다(Bernstein, 2009 참고). 농민층은 필연적으로 분해될 것인가, 아니면 시간이 지나도 재생산될 수 있는가? 혹은, 대등하지는 않겠지만 소멸 과정과 재구성reconstitution 과정이 결합된 채 함께 진행될 것인가? 셋째, 사회주의로의 이행에 참여하는 이들은 농민 농업peasant agriculture을 계속될 것으로 간주해야 하는가, 아니면 변혁의 대상으로 간주해야 하는가? 농민 생산양식은 먹거리를 생산하고 사회 전체의 발전

---

* 나로드니키narodniki는 19세기 말과 20세기 초에 일어났던 러시아의 혁명운동을 이르는 말이다. 그 혁명운동은 평등사회를 추구했는데, 러시아의 농민 공동체들 사이에 깊게 뿌리박고 있었다. 20세기 초에 사회혁명당이 그 운동 이념을 표명했는데, 러시아 농촌 지역에서 강력하게 지지받았다(Martinez-Alier, 1991 참고).

에 유의미하게 실질적으로 기여할 유망한 방식인가? 아니면 다른 생산 형태, 예를 들어 대규모 국가 관리 협동조합(콜호즈kolkhoz든, 인민코뮌people's commune이든, 무엇이라 부르든)이 훨씬 더 우수한가? 더 우수하다고 가정된 그런 형태로의 이행을 가로막으려고 농민층이 투쟁한다면, 농민들은 변화를 막는 장애물인가? 아니면, 농민층은 농촌에 필요한 변혁의 주된 동력이 될 수 있는가?

오늘날, 즉 21세기 초에는 그런 질문들이 형편없는 구닥다리인 듯 보일 수 있다. 특히 그 질문들이 오직 1917년 혁명기 이후의 러시아 상황에만 관련되어 있다고 보면 말이다. 그러나 우리가 고려해야 할 것들이 있다.

첫째, 논쟁은 결코 러시아에만 국한된 게 아니었다. 당시 주요 대변자들도 다른 지역의 다양한 경험을 언급했고, 그 경험들을 자신의 분석 안으로 통합하려 애썼다. 즉, 아메리카, 독일(특히 프러시아), 스위스, 체코슬로바키아, 이탈리아, 저지대 국가들the Low Countries* 등의 경험을 언급하고 분석했다. 논쟁은 동에서 서로, 그리고 북에서 남으로 이어지는 전 지구적 범위로 빠르게 확산되었다. 권력이 전복되거나 주된 통치체제regime 변혁이 일어나는 곳 어디에서나, 농촌 발전의 전체 과정에서 농민에게 중요한 역

---

* 라인강 북쪽의 게르만족이 살았던 곳의 나라들을 말한다. 오늘날 네덜란드, 벨기에, 룩셈부르크 등이 여기에 속한다. – 옮긴이

할을 부여함으로써 사회주의(혹은 보다 일반적인 말로는 '더 나은 사회')를 건설할 수 있는지에 대한 질문이 제기되었다. 그런 질문은 끊임없이 나왔다. 특히 멕시코, 중국, 쿠바, 베트남 등 혁명 투쟁의 선두에 농민이 있었던 곳에서 그랬다(Wolf, 1969). 그런 국가들에서 논쟁은 또 다른 중요한 질문으로 이어지기도 했다. 즉, 토지개혁을 어떻게 조직해야 하는가라는 질문이다. 이것은 이론적인 문제와는 상당히 거리가 멀었다. 1930년대 멕시코에서 당장 중요한 관심사였으며, 제2차 세계대전 직후에 토지개혁이 설계되고 부분적으로 실행되었던 이탈리아에서도 그랬다. 1974년에는 포르투갈에서 중요한 관심사였다. 곧이어 앙골라, 모잠비크, 기니비사우에서도 그랬다. 쿠바에서는 피델 카스트로Fidel Castro의 혁명 직후에 토지개혁이 주요 관심사였고 다시 2010년대 초반에 똑같은 문제가 제기되었다. 중국에서는 1940년대 후반부에 그랬고 다시 1978년 이후로 계속 그랬다. 같은 논쟁이 베트남에서도 1954년과 도이모이Doi Moi*의 해였던 1986년에도 등장했다. 일본에서는 제2차 세계대전 후에 이 논쟁이 시작되어 주요 의제에서 빠진 적이 없다. 필리핀에서는 1950년대에 중요한 이슈였는데, 1986년 선거에서 다시 촉발되었고 1988년 코라손 아키노Corazon

---

* 베트남의 개혁 정책을 말한다. 1986년 베트남 공산당 제6차 대회에서 제기된 슬로건이다. 시장 경제, 대외 개방 정책 등을 도입한 계기였다. 베트남어로 '바꾼다'라는 뜻의 'doi'와 '새롭게'라는 뜻의 'moi'가 합쳐진 말이다. – 옮긴이

Aquino의 개혁 시기부터 뜨거워졌다. 라틴아메리카에서도 비슷한 논쟁이 일어났다. (브라질의 농민동맹Legas Camponesas* 시기와 페루의 급진 농업개혁Reforma Agraria 시기에서처럼) 특정 시기에 논쟁이 집중되고 반복되었는데, 결국 그 논쟁은 대륙 전체를 뒤덮었고 오늘날 중남미 대륙 농업의 모습을 만드는 데 기여했다. 대륙을 휩쓸고 간 많은 토지개혁이 (차야노프의 입장을 따르는) 농민주의자와 (레닌의 입장을 따르는) 비농민주의자 사이의 투쟁인 것처럼 보일 수도 있다. 그렇게 1917년에 러시아에서 처음 일어난 논쟁은 시간이 지나도 계속 반복되었다. 커블레이(Kerblay, 1966: xxxvi)의 말대로 "레닌의 요구는 대규모 영지領地를 신속히 몰수하고 농민 소유의 토지까지 포함해 모든 토지를 국유화하는 것이었던 데 비해, 농업개혁동맹League for Agrarian Reform(차야노프는 이 조직의 집행위원이었다)은 모든 토지를 농민 농장에 양도할 것을 제안하는 데 만족했다."

관점은 약간 다르지만, 농민 공동체의 역할 문제에서도 같은 논쟁이 다시 등장했다. 러시아의 농민 공동체인 미르mir**는 급진

---

* 소작인, 생계농, 기타 소규모 경작자들로 이루어진 사회단체였다. 1950년대에 브라질 공산당이 1950년대에 조직한 단체였는데, 후에 민주노동당과 여타 사회주의자가 포섭되었다. - 옮긴이

** 러시아 농촌에 존재했던 자치적 공동체를 말한다. 각 농가의 호주가 책임자로 선출되었고, 조세 등에 연대 책임을 지며 각 농가에 토지를 분배하기도 했다. 러시아혁명 직후에 부활하여 활발해졌다가, 1929년 농업 집단화 정책에 따라 해체되었다. - 옮긴이

정치운동의 중요한 준거점이었다. 체제 이행 과정에서 그 같은 공동체들의 잠재적 역할은 다른 곳에서도 인정받았다. 예를 들어, 라틴아메리카의 선도적인 급진 사상가인 마리아테기는 이렇게 주장했다. "농민 공동체는 실질적인 발전 및 변혁 역량을 구현한다"(Mariátegui, 1928: 87).

둘째, 논쟁은 농업 이슈에만 국한되지 않고 많은 새로운 문제로 확대되었다. 가령, 페루에서 그것은 '인디오 문제el problema del indio'이기도 했다. 안데스 산간 지역에서 목축을 하고 케추아Quechua어와 아이마라Aymara어를 쓰는 토착 인디오의 문제였다. 그들은 심하게 차별을 받았으며 착취당하고 억압받았다. 마리아테기는 이들 '인디오 문제'를 농업 문제와 능숙하게 연관시켰다. 농촌의 사회적 생산관계를 근본적으로 변화시켜야만 여러 측면에서 존재하는 무시와 토착민의 예속을 해결할 수 있다고 주장했다. 예컨대, 그람시Antonio Gramsci가 '남부 문제southern question'*를 '농업 문제'와 연관시켰을 때, 이탈리아에서도 같은 일이 벌어졌다. "노동자들은 다양한 가족관계를 매개로 주변 농촌과 어떤 식으로든 연결되어 있다. 노동자들이 고립되었을 때 자신의 힘을 주변 농촌의 힘과 연계하지 않는다면 정말 자동적으로 패배

---

* 당시 이탈리아 남부의 대토지 소유가 점점 더 이탈리아 전체에 부담이 되도록 옥죄는 효과를 가져왔다.

한다"*(Lawner, 1975: 28)는 점이 분명해진, 1920년 토리노Torino 봉기 이후로 더욱 그랬다. 한참 뒤에는 중국에서도 그와 유사하게 확장된 농민 문제가 정식화되었다. 즉, 삼농三農(세 개의 농촌 이슈) 정책은 농민 문제를 전체 농업 생산 및 농촌 마을 생활의 매력도와 연결했다(Ye et al., 2010).

농민층 논쟁은 농업이 전체 사회의 발전에 어떤 기여를 하느냐에 대한 논쟁으로 확장되기도 했다.** 도시 산업 부문의 자본 축적을 뒷받침하고 값싼 노동력을 제공하려면 농업을 심하게 쥐어짜야 했다. 그러나 어떤 이들은 다른 대안을 제시했다. (농업을 쥐어짜는 것과는 반대로) 농촌이 번영한다면 매력적인 내부 시장이 될 수 있고 따라서 산업화를 강력하게 뒷받침한다는 것이다(Kay, 2009). 훨씬 뒤에 또 다른 논쟁이 등장했는데, 지속 가능성에 관한 것이었다. 지속 가능성 논쟁을 처음 주도한 사람들이 분명히 차야노프의 전통에 서 있었다는 점이 흥미롭다. 가령, 프리스(Egbert de Vries, 1948)가 그렇다. 오늘날 지속 가능성으로 가는

---

* "농민이 인구의 다수를 이루기에, 농민의 지지를 확보하거나 적어도 농민이 중립을 유지하게 하는 것이 필수적이라는 게 레닌의 이론이었다. 그러나 이탈리아에서는 민족의 역사에서 가장 심각한 점, 즉 남부 문제를 노동 계급이 떠안을 때에만 국가와 민주주의에 대한 비전을 실현할 위치를 얻게 되리라는 점이 분명해졌다"(Lawner, 1975: 28).

** 이 논쟁은 역사적으로 프레브라젠스키-부하린Preobrazensky-Bucharin 논쟁이라고 알려져 있다. 그 후로도, 겉모습은 다르지만 이 논쟁은 자주 재등장했다. 그 연장선상에서 이 문제를 현재에 다시 드러낸 논쟁을 잭슨(Jackson, 2009)에게서 찾아볼 수 있다.

경로에 관한 논의라면 모두 반드시 농민의 역할을 따져야 한다. 여기에다 계속 나타나는 또 다른 논쟁이 있는데, 바로 빈곤에 관한 것이다(예를 들어, International Fund for Agricultural Development, 2010 참고). 비극적이게도 전 세계의 빈곤 인구는 꾸준히 증가해 2010년에 14억 명에 달한 것으로 추산된다. 대략 세계 빈곤 인구의 70퍼센트가 농촌에 거주한다. 그들은 농촌에 살면서 생계를 대부분 농업 활동에 의존한다. 먹거리 부족은 빈번하게 등장하고 반복되는 현상이다. 그리고 세계 인구가 정점을 찍으리라 가정되는 2050년경까지는 세계 먹거리 생산량이 지금의 두 배는 되어야 한다고 예상된다. 그러나 단기적인 먹거리 부족 사태든 장기적인 농업 성장의 필요성이든, 그 어떤 것도 농촌의 빈곤층에게 기회가 될 것이라고 해석되지는 않는다. 대신, 수많은 농촌 사람의 생계를 침해하고 더 심하게 피해를 입히는 새로운 기업 투자(토지 수탈land grabbing이 가장 가시적인 표현이다)를 촉발한다.

마지막으로, 처음 제기된 문제와 나중에 추가 확장된 논쟁 분야들이 급진 좌파하고만 관련 있는 게 아니라는 점이 점점 더 분명해졌다. 제도권 과학을 포함하여 다른 종류의 정치적 조류들도 같은 이슈에 직면했고 대응해야 했다. 그들도 정확하게 똑같은 이슈를 중심으로 갈라졌다. 그리고 누구도 관련된 논쟁을 해결할 역량을 갖지 못했다. 주요 개념과 관심 분야에 국한해서 보더라도 지식을 충분히 갖추지 못했다. 차야노프의 커다란 잠재적 기여를 간과한 탓에, 농업경제학, 발전경제학, 농촌사회학, 농민 연구 등 다양한 분과 과학뿐만 아니라 세계은행이나 국제연합의 식량농업기구FAO 같은 기관도 그런 문제들을 해결하는 데 그다지 기여할 수 없었다(Shanin, 1986, 2009). 어떤 이가 도달한 특정한 해법, 즉 농민층의 죽음을 선언하는 것도 그다지 도움이 되지 않는 것으로 드러났다.

역사적으로 중요한 논쟁을 방대하게 재구성하는 데 이 책의 목적을 둔 것은 아니다. 사후적인 방식으로 논쟁들을 해결한 척하지도 않겠다. 내 목표는 차야노프 접근방법의 핵심을 종합하고, 현재 농촌에서 새롭게 일어나는 많은 움직임의 중심 이슈에 차야노프의 접근방법을 연계하는 데 있다.

차야노프의 접근방법에서 핵심은, 자본주의적 맥락이 농민 생산 단위의 활동에 조건을 부여하고 영향을 주더라도 농민 생산 단위를 직접적으로 지배하는 것은 아니라는 관찰이다. 대신, 자본주의적 맥락은 일련의 균형balance들을 통해 농민 생산 단위를 지배한다. 이들 균형은 농민 단위의 운영과 변화를 아주 독특하고 복잡한 방식으로 자본주의적 맥락에 연결한다. 이 균형들은 질서를 부여하는 규율, 즉 '질서화 원리ordering discipline'다. 들판을 경작하고, 소를 사육하고, 관개시설을 건설하는 방식, 정체성들과 상호관계들이 펼쳐지고 실현되는 방식 등을 형성하고 그것을 다시 변형한다. 이 균형들은 끊임없이 재평가된다. 농민 농업에서 인상적으로 드러나는 이질성과 영속적인 애매모호함은 그 균형들의 범위와 복잡성에서 비롯된다. 한편으로 농민은 짓밟히고 오해받는다. 다른 한편으로 농민은 없어서는 안 될 자랑스러운 존재다. 농민층은 고통받는 동시에 저항한다. 때로는 서로 다른 계기들에서, 또 때로는 동시에 고통받고 저항한다. 이와 비슷한 혼란과 모순이 전체로서의 농업에도 적용된다. 때로는 탈농민화depeasantization 과정이 눈앞에서 진행되다가도, 다른 때에는 재농민화repeasantization 과정을 목격하게 된다. 이 모든 것을, 다양한 균형의 복잡한 상호작용을 따라가며 설명할 수 있다. 그리고 다양한 행위자(농민, 농민의 가족, 지역공동체, 이익집단, 상인, 은행, 국가기구, 농산업agro-industry 등)가 어떻게 각각의 균형을 빚어내고 또다시 빚어내는지 설명할 수 있다.

차야노프는 개별 농민 농장마다 그 안에서 평형을 이루어야 하는 두 개의 균형(하나는 노동과 소비 사이의 균형이고, 다른 하나는 수고drudgery와 만족utility 사이의 균형이다)에 주목했다. 이는 농민 가구마다 각기 생활 및 일에 관련된 필요와 전망에 따라, 그리고 농장마다 특유한 방식으로 평형점을 찾아야 하는 균형들이다. 이 균형들은 필연적으로 서로 연관되어 있지만 통약 불가능한incommensurable 실체들(가령, 노동과 소비)을 결합한다. 결론적으로, 균형은 "**상호적**mutual 관계"를 구성한다(Chayanov, 1966: 102). 이런 접근방법을 바탕으로 나는 훨씬 더 범위가 넓은 일련의 균형들을 논의할 것이다. 어떤 균형들은 오늘날의 농민 농장에 내재한다. 다른 종류의 균형들은 그보다는 일반적인 것이어서, 농민 농장을 둘러싼 환경 속에서 일어나는 동학과 농민 농업을 연결한다. 논의를 전개하면서 나는 차야노프의 접근방법을 확장하려 한다. 즉, 차야노프의 작업에 내재한 (그리고 차야노프 역시 잘 의식하고 있던) 많은 시간적·공간적 한계를 넘어서려 한다.* 그리고 오늘날 농민 농업에서 질서화 원리로서 작동하는 균형들을 찾아내려 한다. 그리고 인류가 직면한 몇몇 커다란 도전에 대응할 때 농민 농업이 어떻게 기여할 수 있는지도 보여주려 한다. 다양한 균형을 적절하게 조율할 수 있는지 여부에 대응의 성패가 크게 좌우된다. 적어도 이 세계의 다양한 농민층에게 "공간"(Halamska, 2004)이 충분하게 주어지거나 농민들이 그런 공간을 정복할 수 있다면 말이다.

20세기를 지나면서 전 세계에서 풍부하게 진전된 농민 연구peasant studies 전통 안에서, 많은 균형이 확인되었다. 차야노프가 자신의 저술 《사회적 농학Social Agronomy》(1924: 6)에서 쓴 그대로,

---

* 이런 관점에서 쏘너Thorner는 "차야노프는 자신의 이론이 인구 밀도가 높은 국가보다는 낮은 국가에서 더 잘 들어맞는다고 스스로 인정했다. 농업 구조가 견고한 나라보다는 크게 흔들린 적이 있는 나라에서 이론이 더 잘 들어맞았다. 농민이 더 많은 땅을 매입할 수 없거나 취할 수 없는 곳에서, 그의 이론은 크게 수정되어야만 했다"고 언급한다(Thorner, 1966: xxi). 다른 한계도 여럿 있다. 그 한계들은 다음 장들에서, 필요하다면 어디서든 언급할 것이다.

결국 영농의 기예技藝*는 상호작용하는 균형들을 능숙하게 조율하고 엮어내는 데 있음을 보여줄 것이다(예를 들어, Chayanov, 1966: 80, 81, 198, 203 참고). 새천년이 시작되었을 때 디르크 루프가 네덜란드 농민 농장의 운영과 관련하여 주장했듯이(Dirk Roep, 2000), 농민 농장은 그 같은 조율을 통해 "잘 작동하는 전체"가 된다.** 나는 또한 평형 상태들이 결코 정적이지 않다는 점을 보여줄 것이다. 평형 상태들은 역동적이다. 즉, 평형 상태는 농민의 해방 열망을 전화轉化하여 농업 및 농촌의 지속적인 발전을 이루어낸다. 여타의 관계와 환경이 그런 발전을 꺾지 않는다면 말이다. 그리고 마지막으로 나는 다양한 균형의 조율과 엮임이 농민 농장을 그 정치경제학적 환경으로부터 분리하는 것이 아님을 보여줄 것이다. 오히려, 그 조율과 엮임은 농민 농장을 환경에 연결하는 동시에 환경과 일정한 거리를 두게 한다. 각각의 균형은 처음부터 통약 불가능한 실체들의 묶음이지만, 그럼에도 그 실체들은 결합

---

* 스페인의 농경학자 콜루멜라Columella가 쓴 《영농의 기예The Art of Farming》(1977년 재간행)는 서구에서 가장 오래된 농경학 안내서이며 아주 잘 쓴 저술이다. (콜루멜라[Lucius Junius Moderatus Columella]는 로마 시대 사람이다. 지금의 스페인 지역인 에스파냐 출신이라고 알려져 있다. 《농업론De Re Rustica》을 저술했는데, 이 책이 후대에 이탈리아에서 《영농의 기예》라는 제목으로 재간행된 듯하다. – 옮긴이)

** 거의 100년 전에 차야노프(1966: 44)가 농민 농장을 "기계"라고 언급했던 것과 유사한 이미지를 사용했다는 점이 흥미롭다. 책을 쓰면서 루프는 이런 사실을 몰랐다. 그러나 농민의 아들이었던 그는 일상생활의 경험을 통해 영농의 그런 측면을 아주 친숙하게 알고 있었다.

되고 정렬되어야 한다. 이는 상쇄trade-off를 뜻하며, 때로는 마찰을 빚는다. 균형을 운용하는 것과 (필요한 경우) 균형을 재평가하는 것은 가끔 사회적 투쟁으로 전화되거나 사회적 투쟁을 촉진한다. 다양한 형태의 사회적 투쟁을 생각해보면, 특히 그렇다는 점을 알 수 있다.

다양한 균형이 함께 모여 다음과 같은 복잡한 사유 체계를 구성한다.

이 사유 체계는 두 개의 기본 원리, 즉 이원론과 상대주의에 의존한다. 이원론은, 구분할 수 있지만 동시에 보완적인 상태의 서로 반대되는 두 가지를 인지하는 방식이다. 예를 들면, 안데스 지역의 모든 땅은 고지대와 저지대로 나뉘는데 원칙적으로 차가운 흙 아니면 뜨거운 흙으로 나뉜다. 그러나 상대주의의 원칙을 적용하면, 그런 대립관계는 그 절대적인 한계를 잃는다. 예를 들어, 농민의 기준점과 인지認知가 고지대에 맞추어져 있다면 높은 산악 지형도 저지대가 될 수 있다. 이는 외부 관찰자에게는 분명히 논리적으로 일관되지 못한 것이지만, 농민에게는 반대되는 가치를 혼합하는 매끄러운 처리 방식이다. 기준점은 중간이다(Salas and Tilman, 1990: 9-10).

영농의 기예는 좋은 판단력으로 다양한 균형을 평가할 수 있느냐에 좌우된다. "영농의 기예는 농장에 많은 특수한 것들을 가장 적절하게 사용하는 데 있다고 단언할 수 있다"(Chayanov, 1924: 6). 그 특수한 것들이 균형의 일부분이라고 이해되고 관리된다. 아울러, 특수한 것들은 평형 상태 안으로 유입되는데, 그것들을 서로 연결해 잘 작동하는 하나의 전체가 되게 하려는 것이다. 예를 들면, 가용 토지, 소의 숫자, 노동과정에서 도움을 줄 수 있는 사람의 수, 저축, 투자 등이 있다. 균형은 (가령, 온도 조절 장치 같은) 조절 장치다. 균형은 계속 (실내 온도처럼) 적절한 정보를 나타내고, (가령, 난방을 증가시키거나 감소시키거나 지연시키거나 완전히 멈추는 것처럼) 적절한 대응과 반응으로 이어진다. 의미심장하게도, 이 같은 균형들에 대한 논의에서 차야노프는 그 무엇보다 농가의 특징을 (그리고 더 일반적으로는 이해利害, 전망, 경험 등을) 검토한다. 우리가 노동과 소비의 균형을 말할 때, 그것은 추상적인 소비를 말하는 게 아니다. 특정 가족의 특정한 (또는 구체적인) 소비 필요를 말하는 것이다. 노동에서도 마찬가지다. (특정한 상황에 처한) 특정한 농민 가족이 투입할 수 있고 투입하려는 노동의 양과 질 문제인 것이다. 그리고 마지막으로, 가족 자체가 특정한 배치 constellation*다. 구체적인 양상들로, 예컨대 소비자/노동자 비율로 그 특징을 묘사할 수 있는 배치다(이에 관해서는 뒤에서 더 논의할 것이다). 그러나 다양한 균형을 조정하고 재조정하는 이는 바로 농민 자신이다.

온도 조절 장치 비유를 확장하여, 차야노프 이론에 등장하는 균형 개념이 지닌 특별함을 조명해볼 수 있다. 첫째, 온도 조절 장치는 객관적 데이터(가령, 섭씨로 측정되는 실내 온도)를 받아들여 반응하는 반면(여기에는 타협의 여지가 없으며, 주관적인 평가를 결코 허용하지 않는다), 차야노프의 균형 이론에서는 결정적으로 관련 행위자가 스스로 특정 양상을 인지하는 방식을 따진다(가령, 실내에 있는 사람이 실내 온도를 어떻게 경험하는지 보여준다). 이런 방식은 객관적 데이터만을 가지고 작업하는 것보다 훨씬 더 복잡하다. 둘째, 온도 조절 장치는 완전히 자동화된 장치여서 행위자의 개입이나 영속적인 현존 없이도 작동할 수 있지만, 차야노프 식의 균형은

* 성좌', '별자리', '짜임관계'라고도 번역되지만, 여기에서는 '배치'라고 번역했다. 아도르노의 다음과 같은 정의를 참조했다. "짜임관계라는 개념은 막스 베버M. Weber가 자본주의를 정의하는 과정에서 처음으로 사용했는데, 그는 종래에 개념 정의의 일반적인 방법인 최근류와 종차를 통한 정의를 부정하고 짜임관계를 통한 정의를 제안했다. 최근류와 종차에 의한 방법이란, 최근류가 정의된 것으로 간주하고 동일한 유개념에 속하는 다른 종과의 차이를 규정함으로써 특정 사물이나 개념을 정의하는 것인데, 최근류 자체가 정의되어 있지 않은 경우, 최근류를 이러한 방법으로 정의해야 하고, 따라서 이러한 정의 방법은 무한 소급으로 올라갈 수 있기 때문에 완전한 정의를 제시하지 못하는 문제점이 있다. 막스 베버는 자본주의 같은 사회학적 개념들은 역사적 현실로부터 간파되는 개별 구성성분들로부터 규정되어야 하며, 따라서 완전한 개념의 파악 내지 정의는 연구의 출발 단계가 아니라 종료 단계에서 비로소 이루어질 수 있다는 사실에 착안했다. 특정 개념은 절대적인 토대에서 정의되는 것이 아니라, 서로 연관관계에 있는 개념들 상호간의 관계를 통하여 규정되기 때문이다. 원래 짜임관계라는 말의 어원인 Konstellation은 별자리, 즉 성좌를 의미한다. 성좌에서 어느 특정한 별의 위치는 다른 별들과의 관계를 통하여 규정된다. 이와 마찬가지로 사물들의 의미 또는 인과관계도 일의적으로 결정되는 것이 아니라 다양하고 복잡한 사물들 간의 상호관계를 통하여 규정된다는 것이다. 이것이 짜임관계이다"(윤선구, 《아도르노 《부정변증법》》(《철학사상》 별책 제7권 21호), 서울대학교 철학사상연구소, 2006). − 옮긴이

결정적으로 행위자가 (또는 행위자 집단이) 운용한다. 예를 들면, 영농 실천을 잘 아는 솜씨 있는 농사꾼이 운용한다. 셋째, 온도 조절 장치는 내장된 알고리즘에 따라 선형적이고 명백하며 타협 불가능한 방식으로 작동한다. 온도 조절 장치는 다양성을 만들어낼 수 없다. 월요일 오전의 섭씨 18도는 수요일 저녁의 섭씨 18도와 정확하게 똑같다. 그러나 관련 행위자들이 차야노프가 말하는 균형을 평가할 때에는 대개 어떤 규칙들을 따르는데, 그 규칙들은 행위자 자신이 속한 지역사회나 직능 집단의 문화적 레퍼토리를 이루는 일부분이다. 그런 규칙은 언제나 특정 상황에 대한 능동적인 해석과 적실한 적용을 시사한다. 그런 규칙은 기계적인 일대일 관계로 적용되는 게 아니다. 농민 농업에 단순한 수학은 없다. 다양성이 출현하는 이유가 바로 여기에 있다. 이는 또한 농사짓는 이들이 때로는 언쟁을, 다툼을 벌이는 이유를 설명해준다.

종합하면, 차야노프의 접근방법에서 균형들은 고유한 농가 및 농민 농장의 특정 상황을 대단히 중요하게 고려한다. 말하자면, 균형은 자동화된 장치가 아니라 행위자 의존적인 장치다. 균형을 운용하는 데는, 즉 고유한 상황에서 해결책을 만들려고 균형을 적용하는 데는 규칙과 상황을 해석하고 적절하게 의사결정하는 능력을 갖춘 행위자가 필연적으로 참여한다. 이로부터 젠더gender관계에 대한 비판적 질문이 제기된다. 비록 차야노프는 원래 저작에서 이 점을 고려하지 않았지만 말이다. 그러나 1980년대 이후 선구적인 저작이 많이 나왔다(예를 들어, Rooij, 1994; Agarwal, 1997). 젠더관계 외에도 장래의 영농에 결정적으로 작용할 가족 내부의 사회적 관계들이 또 있는데, 그것들은 세대 간 갱신 그리고 특히 농업에 대한 젊은 층의 전망과 관련이 있다. 이 부분에 관해서도 여전히 많은 연구가 필요하다(White, 2011; Savarese, 2012).

이 책에서 논의할 균형들은 대부분 농민 단위와 농민 단위를 둘러싼 환경 사이의 (직접적 혹은 간접적) 관계에 관한 것이다. 환경은 때때로 농민 단위에 적대적인 방식으로 영향을 끼친다. 그래서 균형을 적절하게 조절하는 것이야말로 민감한 일이다. 농가만 최선의 평형 상태를 추구하는 것은 아니다. 외부의 행위자(예를 들어, 농산업, 은행, 상업회사, 소매점 체인, 기술자, 지도사extensionist 등)도 각자의 합리적 근거에 부합하는 방식으로 다양한 균형을 재평가하려고 노력하면서 적극적으로 개입한다. 심지어는 직접 생산자에게 해롭다 할지라도 그렇게 한다. 그러므로 여기에서 논의하는 균형들 중에는 대립의 결과이거나 표상인 경우가 많다. 그 균형들은 다양한 종류의 이해가 만나고, 투쟁하고, 조정되고, 협상되는 각축장이다. 따라서 서로 연결된 그 많은 상쇄관계(혹은, 차야노프의 용어로는 균형) 각각에 대해 정확한 평형 상태를 가늠하는 일 자체가 넓은 의미에서 투쟁의 일부분이 된다. 다양한 균형을 논의함으로써, 농민의 투쟁이 거리에서만, 대도시의 중앙 광장을 점거하는 일에만, 또는 맥도날드 매장에 불을 지르는 것에만 국한되지 않는다는 점이 분명히 드러난다. 경지를 개량하거나 공동 관개 시설을 건설하려 애쓰는 동안에도 농민은 마찬가지로 투쟁하고 있는 것이다.

차야노프 이론에서 균형이란 영농을 구성하고 조절하는 것이다. 균형은 시간적으로 그리고 공간적으로 제약된 특수한 맥락 안에서 토지의 형상과 비옥도, 소의 숫자와 종류, 작물과 가축이 제공하는 단위수확량 등의 다양한 꼴을 만들고 다시 변형한다. 간단히 말해, "농민 농장 구성 계획"(Chayanov, 1966: 118)의 시간적 전개는 다양한 종류의 균형에 따라, 그리고 그 균형들을 통해 조절된다. 아름다운 들판, '잘 숙성된' 퇴비, 양호한 곡물 수확량, 출산율이 높은 육성우 등은 모두 영농의 기예가 표현된 결과다. 다양한 균형에 통달하고, 잘 조율하고, 창조적으로 결합하는 것이야말로 영농의 기예에서 핵심이다.* 자신의 걸작을 만들려고 예술가들이 사용하는 도구가 바로 균형이다.

농장에서만 그런 일이 일어나는 건 아니다. 농민 가족도 다양한 균형을 활용해 자신의 이해, 전망, 열망 등을 반영한 농장을

---

* 다양한 균형에 통달하는 것이 농민 사회의 문화적 레퍼토리에서 핵심 요소다. '좋은 영농'을 조직하는 방법을 특정特定하는 속담이나 지역에 전해지는 일련의 지식이나 지역의 규범 및 가치 등의 형태에 함축된('제도화된') 평형 상태가 많다.

앞으로 어떻게 발전시킬지, 시장이나 마을 모임 등에서 어떻게 활동할지 규정하는 밑그림을 만든다.

농민은 농장의 조직, 운영, 개발 등의 활동이 시장에서 바로 눈에 직접 드러나는 것들과는 거리를 두게끔 하는 평형 상태들을 선택한다. 시장의 많은 위협으로부터 (비록 부분적일지라도) 생산 단위를, 농가를, 자신이 속한 지역사회를 보호하려는 것이다. 그러므로 특정한 평형 상태로 전환되는 균형은, 칼 폴라니Karl Polanyi가 말한 '반反시장 장치'의 일종이라고 이해할 수 있다. 균형은 필요할 때마다 농민과 농민 농업이 방향을 바꿔 시장으로부터 멀어질 수 있게 도와준다. 경제, 생태계, 사회 사이에서 일어나는 중대한 불균형을 바로잡는 데 국가만 개입하는 것은 아니다. 시민사회의 특정 부분(가령, 농민층)도 경제 그 자체가 결정한 경로만을 따르지 않도록 농업을 끄집어내는 식으로 농업 발전에 '개입'한다. 농민층은 다양한 균형을 통제하고 조정함으로써 그런 역할을 한다. 농민층이 다양한 균형을 적극적으로 관리할 때, 농업은 시장이 그리고/또는 자본-노동 관계만이 영농 활동을 통제할 때보다 더욱 생산적인 배치로 바뀌며, 일자리를 더 많이 제공하며, 많은 사람이 자율성과 자기 통제의 여지를 더 많이 갖는다.

농민 이론의 정치적 관련성

농민과 농민 농업에 관한 과거의 논쟁들이 적실하지 않다거나 시대에 뒤떨어진 말다툼이라며 치워버릴 수는 없다. 그 논쟁들은 특정한 사회-물질적 실재를 구성하고 변화시키는 다양한 경로를 반영한다. 오늘날의 세계에도 여전히 기본적인 딜레마들이 현존한다. 그 어느 때보다 많을 수도 있다.* 차야노프가 저술한 핵심 내용에서도 마찬가지다. 30년 전 폴 듀렌버거는 "우리는 왜 50년이 지난 지금에도 차야노프의 저술에 주목해야 하는가?"라고 물었다. 이에 대한 듀렌버거 자신의 대답이 여전히 타당한 것 같다. "그 답은 간단한데, 농민 농장 경제와 농가 생산 단위에 관해서라면 언제든 어디서든 타당한 분석을 차야노프가 개발했기 때문이다"(Durrenberger, 1984: 1).

최초의 논쟁이 급진 좌파를 갈라놓은 지 100년도 더 지난 지금 '영농의 기예'를 다시 살펴보는 일은, 내가 생각하기로는 적어도 다섯 가지 이유에서 중요하다.

첫째, 인식론상의 이유다. 모투라가 높은 식견을 갖고 쓴 차야노프에 관한 소개 글에 나오는 것처럼, 예나 지금이나 농민층에

---

* 예컨대, 마주아예와 루다르(Mazoyer and Roudart, 2006)는 농촌 인구 대부분에게 선고된 대량 빈곤에 적절하게 대응하지 않고서는 오늘날 자본주의의 일반적 경제 위기를 해결할 수 없다고 주장한다.

대해 두 개의 기본적인 입장이 있다(Mottura, 1998: 7). 하나는 (과거의 인민주의populist 입장과 오늘날의 '농민 편에 서기를 선택하는' 입장처럼) 무비판적인 믿음을 견지하는 입장이다. 다른 하나는 노골적으로 혐오하는 태도다. 이 둘 사이에는 비판적인 이론은 고사하고 비판적인 입장조차 존재하지 않는다. 내가《새로운 농민층The New Peasantries》(2008)에서 논증하려 했듯이, 농민 농업은 이론을 갖추지 않은 실천이다. 오늘날 헤게모니를 쥔 견해는 농민층과 농민 영농양식peasant modes of farming에 대해 오만하고 무지하다. 현대 세계는 믿음 아니면 혐오를 통해 농민의 현실에 관계한다. 정말, 이런 경향 때문에 농민의 현실은 불편한 현상, 즉 다루기 곤란한 현실이 된다. 차야노프의 사상은 이 같은 전체 풍경에서 예외다. 차야노프는 농민층을 더욱 잘 이해할 수 있고, 심지어는 생생하고 비판적인 이론을 구성할 수도 있다는 약속을 견지한다. 러시아 농민층과 차야노프의 관계가 지닌 특징을 몇 가지 열쇳말로 정리할 수 있다.

가장 중요한 것은 호기심이다. 경험적 호기심이다. 무엇이 농민들을 움직이게 하는가? 농민의 영농 스타일에는 어떤 잠재력이 있는가? 농민은 서로 어떻게 관계 맺는가? 농민이 사회에 무엇을 기여할 수 있는가?* 이는 차야노프가 농민층 안에서 그 답을 찾으려 노력했음을 말해준다. 농민과 농민 농업은 '일반 법칙'에 의해 외재적으로 결정되지도 좌우되지도 않는다. 그러므로 현실에 맞는 이론을 공들여 완성하는 데 결정적으로 필요한 일은 농민층의 동학dynamics에 관해 경험적인 질문을 던지는 것이다. 여기에는 다른 핵심 요소들, 즉 학문적 엄밀성, 몰입, 희망이 뒤따른다.

탄탄한 경험적 조사 연구의 양분이었던 호기심은 차야노프 이후 수십 년 동안 수그러들 줄 모르고 차야노프의 입장을 재창안하는 수단이 되었다. 차야노프의 원 저작이 지닌 가치와 강점을 뒤따라가고 나서야 알게 된 농민층에, 많은 연구자와 지식인이 천착했고, 그것이 지금 우리가 '차야노프 접근방법'이라고 부르는 입장을 형성하는 데 기여했다.

둘째, 오늘날 세계는 아주 다양하면서도 대규모로 진행되는 재농민화 과정을 눈앞에 두고 있다. 재농민화는 중국, 베트남, 여타의 동남아시아 국가에서 가족 소농의 '귀환'으로 뚜렷하게 표현된다. 이는 2억 5,000만 개가 넘는 농민 농장이 재등장하는 일종의 산사태 같은 일이었고 중국을 농민 연구 분야의 '학문적 금광'으로 바꾸어놓았다(Deng, 2009: 13). 브라질에서도 주목할 만한 재농민화 과정이 일어났다. (1970년대 군사독재하에서 시작된) 대규모

(앞쪽) * 차야노프의 저술이 처음 영어로 출간된 1966년에 바로 똑같은 질문이 널리 제기되었다. 당시 동남아시아에서는 농업이 아니라 정치적 혼란과 관련하여 농민 군대(베트콩Viet Cong)가 세계에서 가장 강력한 (결국에는 패배한) 군대를 상대로 성공적으로 싸우기 시작했다.

이촌 현상이 있었지만, 수십만의 빈곤 인구가 다시 농촌을 향해 대규모로 이동하면서 상황이 역전되었다. 비참하고 위험한 판자촌favelas을 떠나 농촌으로 가는 인구이동을 포함하여 대규모의 이동이 있었다. 이주자들은 넓은 땅을 점거하고, 길고 험난한 투쟁 끝에 결국 그 땅을 다수의 새로운 농민 생산 단위로 바꾸어냈다. 지난 두 차례의 국가 총조사(1995~96년 그리고 2006년)에 따르면, 소규모 자작농 수는 약 40만 호 정도로 증가했다(전체 농장 수의 10퍼센트 증가를 뜻한다[MDA, 2009]). 이렇게 새로이 만들어진 농민 농장들의 경지 면적은 3,200만 헥타르다. 이는 "스위스, 포르투갈, 벨기에, 덴마크, 네덜란드의 총 경지 면적을 모두 합한 것과 비슷하다"(Cassel, 2007). 유럽에서도 또 다른 재농민화의 표현을 찾아볼 수 있다. 이에 관해서는 6장에서 더 상세하게 묘사할 것이다.

셋째, 국제적으로 활동하는, 그래서 '초국가적 농민운동transnational agrarian movements, TAMs'이라고 하는 새롭고 긍지 있고 강력한 운동이 출현하고 있다(Borras et al., 2008). 예를 들면, 비아캄페시나Via Campesina가 있는데, 말 그대로 '농민의 길'이라는 뜻이다. 기성 비정부기구뿐만 아니라 국제연합의 틀 안에서 활동하는 국제기구들이 농민 문제에 주목하게 된 것과 궤를 같이하여 이 같은 운동들이 성장했다(그리고 의심할 바 없이 그에 대한 관심을 촉발했다). 페레스-비토리아Perez-Vitoria의 2005년 저서 제목은《농민이 돌아온다Les paysans sont de retour》였다. 실천 측면에서나 정책 측면에서나 정말로 농민이 돌아오고 있다.

넷째, 지구의 미래를 위협하는 수많은 부족 사태(먹거리, 물, 에너지, 생산적 고용 등)에서 농민 농업이 중요한 대응책을 담지하고 있다는 통찰이 점점 늘고 있다(이 문제는 5장에서 다시 논할 것이다). 농민 농업은 기후 변화 완화를 돕는 데도 역할을 할 수 있다. 비아캄페시나가 주장한 대로, 농민 농업은 덥히는 대신 '식히는' 효과를 내기 때문이다. 경제 및 금융 위기를 생각해도 마찬가지다. 농민 농업은 시장의 불안정성 완화에도 기여한다. 즉, 농민 농업은 강력한 회복력을 가진 먹거리 생산 방식을 제시하기 때문에 주목받는다.

다섯째, 지난 수십 년 동안 급진 이론은 산업자본주의 발생기 및 전성기와 밀접하게 연결되어 있던 많은 범주를 뒤로하고 떠나왔다는 점을 고려해야 한다. 과거의 프롤레타리아 계급은 소멸하여 다양한 "노동의 계급들classes of labour"(Bernstein, 2010a)이 되었다. 고전적 의미의 공장은 이제 더 이상 노동과 자본이 대치하는 중심 장소가 아니다. 지금은 광범위하게 분포한 수많은 장소에서 노동과 자본의 적대가 새롭고 때로는 흥미로운 형태를 보이며 불쑥 튀어나온다(Hardt and Negri, 2004). 이 같은 변화를 진지하게 묘사하려는 정치 이론들(예를 들어, Harvey, 2010: Holloway, 2002, 2010)이 과거의 이슈들을 다시 조명하는 새로운 접근방법을 발전시켰다.

이 이론들은 때로 예상치 못했던 관점을 제시하기도 한다.

이렇게 새로이 출현한 접근방법들은, 비록 부분적이기는 하지만, 차야노프 저작의 적실함을 부각시킬 뿐 아니라 더 심화하여 부연할 수 있게 해준다. 차야노프의 관점을 따르는 일련의 이론들을 이 새로운 정치적 접근방법들과 결합함으로써, 오늘날 세계에서 일어나는 농촌의 많은 투쟁을 세계를 변화시키려는 새로운 농촌운동으로 이해할 수 있다.

서론을 대신해, 나는 여기에서 세 가지 개념을 언급하려 한다(마지막 장에서 이 개념들에 관한 논의로 되돌아갈 것이다). 첫째는 다중 multitude이다. 오늘날 세계의 농민층은 다중이다. 농민들은 "지배당하지 않는 기술art of not being governed"에 능통하다(Scott, 2009; Mendras, 1987). 농민층은 아주 이질적이다. 농민이 자신의 노동과정에 질서를 부여할 때 영감을 제공받는 원천은 시장의 논리를 훨씬 넘어선다. 질서화 원리에서는 자연, 사회, 문화적 레퍼토리가 모두 동일하게 중요하다(이 주제를 책 전체에서 다룰 것이다). 농민은 생산과정이 여러 과업으로 쪼개지는 일이 없도록 저항한다. 마찬가지로 많은 과업을 외부화externalize하는 경향도 바로잡는다. 농민은 커먼스commons*(이는 두 번째로 중요한 개념이다)를 만든다. 커

---

* 커먼스란 가치를 창출하는 데 사용되며, 공동으로commonly 소유되고 함께jointly 사용되는 자원을 말한다. 오스트롬(Ostrom, 1990)은 이를 '공동 자원common pool resources'이라고 불렀다.

먼스(예를 들어, 브라질에서 농민들이 점유한 토지, 라틴아메리카와 아프리카 전역에 있는 종자 공동 저장고, 중국의 관개 시설, 유럽의 새로운 소도읍-농촌 관계, 전 세계에서 새롭게 구성되고 있는 내포적 시장* 등)는 매우 생산적인 것으로 드러나고 있으며 기업 자본에 대한 잠재적이지만 설득력 있는 대안을 제시하고 있다. 셋째, 균열이라는 개념이다. 균열은 적대가 일어나는 장소다. 균열들이란 전 지구적 체계 안

---

* 'nested market'을 '내포적 시장'이라고 번역했다. 다른 번역이 가능하겠지만, 'nested'라는 용어를 수학에서 사용할 때의 의미가 이 책의 저자 플루흐가 'nested market'이라는 용어를 쓸 때 단어의 뜻과 가장 가깝고, 그런 뜻을 '내포적'이라고 번역하는 것이 가장 적절하다고 판단했다. 수학에서 'nested'라는 말은 '집합 또는 구간의 순서를 지닌 계열에서, 각기 그 앞의 것에 포함되고, 또한 집합의 직경이나 구간의 길이가 0으로 수속收束하는' 상태를 뜻한다. 플루흐는《농촌 발전과 새로운 시장의 건설Rural Development and the Construction of New Markets》이라는 책에서 'nested market'이라는 용어를 사용하면서 그 뜻을 이렇게 설명한다. "내포적 시장은 보다 넓은 먹거리 시장 안에 내포된 특정한 시장 분할체segment이지만, 다른 성격, 다른 동학, 다른 방식의 부가가치 재분배, 다른 가격, 다른 방식의 생산자-소비자 관계를 갖는다. 즉, 내포적 시장은 자신이 배태된 일반 시장에 대한 차별화를 실현한다. 이 같은 구별은 하나 또는 여러 개의 상이한 차원에 걸쳐 있을 수도 있다. 내포적 시장은 사회적 투쟁으로부터 출현한다. 그리고 시간이 흘러도 내포적 시장이 재생산되도록 하는 것이야말로 복잡하고 때로는 확대된 사회적 투쟁의 대상이다"(3쪽). 같은 책 13쪽의 주석에서 플루흐는 이 용어의 유래를 이렇게 설명하고 있다. "[내포적 시장이라는] 이 개념은 플루흐 등(van der Ploeg et al., 2010, 2012)이 농촌 발전 과정을 분석할 때 처음 적용되었다. 그 전에는 이 용어가 '내포적 제도nested institution'로서 시장을 묘사하는 데 사용된 적이 있다(Ostrom, 1992, 2005). 이는 '모든 시장은 제도적으로 배태되어 있고 규율된다'(Granovetter, 1992)는 아이디어에 기초한다. 결론적으로 말해, 새로운 내포적 시장을 만든다는 것은 새로운 형태의 거버넌스를 구성하는 것에 관한 일이다." 이상과 같은 설명에 등장하는 문헌들은 다음과 같다. – 옮긴이

Granovetter, M. (1992). "Economic action and social structure: the problem of embeddedness", In M. Granovetter and R. Swedberg (eds.), *The Sociology of Economic Life*. Boulder: Westview Press.

에 있는 틈새들이다. 대량의 배제 과정이 진행된 결과로 출현하는 구조적 공백structural hole[**]이다. 균열은 국가 기구가 자신의 제도적 기계로도 조절할 수 없는 공극이다. 이들 균열 가운데 어떤 것은 그냥 출현하지만, 어떤 것은 우리 모두가 유동하는 혼돈스럽고 모순된 현실에서 능동적으로 창출되기도 한다.

Hebinck, P., Schneider, S. and van der Ploeg, J. D. (2015). "The construction of new, nested marekets and the role of rural development policies: some introductory notes." In P. Hebinck, J. D. van der Ploeg, and S. Schneider(eds.), *Rural Development and the Construction of New Markets*. New York: Routledge.

Ostrom, E. (1992). *Crafting Institutions for Self-governing Irrigation Systems*, San Francisco: ICS.

Ostrom, E. (2005). *Understanding Institutional Diversity*, Princeton NJ: Princeton Universtity Press.

van der Ploeg, J. D., Jingzhong, Y. and Schneider, S. (2010). "Rural development reconsidered: Building on comparative perspectives from China, Brazil and the European Union." *Rivista di Economina Agraria*, 65: 164-185.

van der Ploeg, J. D., Jingzhong, Y. and Schneider, S. (2012). "Rural development through mewly emerging, nested, markets." *Journal of Peasant Studies*, 39: 133-173.

[**] '구조적 공백'이란 연결망network 안에서 직접 연결되지 않은 노드node들, 즉 행위자들의 사이에서 행위자 각각과 연결된 위치를 뜻한다. 갑, 을, 병의 세 사람이 있다고 할 때 을과 병은 직접 관계가 없지만 갑과 을이 관계를 맺고 있고 갑과 병이 관계를 맺고 있다면, 갑이 바로 구조적 공백의 위치에 있는 것이다. 구조적 공백에 위치한 행위자는 다양하고 새로운 정보에 신속하고 쉽게 접근할 수 있다. 다양한 행위자가 갖고 있는 자원을 각각 활용하면서도 자신의 시간과 노력을 많이 들이지 않아도 되는 이점이 있다. 이에 관한 연결망 이론의 논의로는 다음을 참고하라. Ronald S. Burt(1992). *Structural Holes: The Social Structure of Competition*, Cambridge: Harvard University Press. – 옮긴이

농가는 여러 균열이 교차하는 곳에서 운신한다. 물론, 무엇보다 농가의 노동이 임금노동이 아니라는 사실이 대표적인 예다. 자본이 농민의 노동을 통제하려고 복잡한 그리고 때로는 깊게 관통하는 메커니즘을 구성하고 작동시켜도, 농민이 자본에 직접 예속되지는 않는다. 오늘날 수많은 농민이 농민 농장을 뒷받침하는 많은 균형을 적극적으로, 그리고 많이 알고 있는 상태에서 조정함으로써, 농장 운영 및 발전과 '자본의 논리' 사이에 거리를 유지한다. 즉, 농민은 균열을 만든다. 그리고 다른 균열을 만들거나 다른 균열 안에서 활동하는 이들과 점점 더 상호 연결한다. 때때로 여기에서 새로운 사회운동이 탄생한다. 더 일반적으로 말하자면, 균열은 항구적인 투쟁의 장소이고 저항의 요람이며, 때로는 자본주의적 배치에 대한 견고한 대안들이 형성되는 장소로 등장한다. 균열은 다중이 있는 장소이자, 특이성*이 생산되고 재생산되는 장소다. 나는 마지막 장에서 이 논의로 되돌아올 것이다.

---

* "들뢰즈와 가타리는 특수성particularité이라는 개념 대신에 특이성singularity이라는 개념을 사용한다. 특수성은 언제나 보편성과 개별성의 이항대립 속에 머물며 보편성과 개별성의 연결고리로서만 인식되기 때문이다. 반면, 특이성은 개체에 고유한 특성을 지니는 개별성으로도, 동일자나 본질의 관념으로 귀속되는 보편성으로도 환원될 수 없다. 특이성은 오히려 일반적 법칙 혹은 보편적인 구조의 관념을 허물어뜨리고 특정한 시기와 특정한 장소에서 특정한 사회적 실천을 둘러싸고 구성되는 계열에 고유한 가치만을 인정한다. 그러한 실천의 장 및 관계에 고유한 유일무이한 것을 특이성이라고 한다"(임석진 외 편, 《철학사전》, 2009). – 옮긴이

농민 농업과 자본주의

"자본주의적 관계가 지배하는 경제 안에 농민 농장이 있다. 즉, 농민 농장은 상품 생산 안에 끌려 들어온다. 농민은 상품자본주의가 정하는 가격에 구매하고 판매하며, 그 순환 자본[운전 자본]을 은행 채무에 의존할 수도 있는 단순상품생산자petty commodity producer다"(Chayanov, 1966: 222)라고 차야노프는 상세하고도 분명하게 밝혔다. "그 같은 관계 속에서, 농사짓는 소농 모두는 유기체인 세계경제의 일부분이며, 세계의 일반적인 경제생활이 낳는 효과를 경험한다. 자본주의적 세계경제 수요가 소농의 농장 조직 방향을 강력하게 지시한다. 그러고 나서는 수백만의 소농이 전체 세계경제 체계에 영향을 끼친다"(Chayanov, 1966: 258).

간단히 말해, 농민 농장은 자본주의 체제의 일부분이다. 그러나 농민 농장이 (a) 부차적인 부분이며, (b) 그 자체는 자본주의적 생산 단위가 아니며, (c) 때로는 자본주의적 농업 경영체의 경영과는 확연히 다른 방식으로 작동한다는 점도 사실이다.

농민 농장은 자본주의적 경영체로 구조화되지 않는다. 즉, 자본-노동 관계에 기초하지 않는다. 농민 농장에서 노동은 임금노동이 아니다. 자본도 마르크스주의적인 의미의 자본이 아니다(즉, 농민 농장에서 자본은 더 많은 잉여가치를 생산하려고 투자하는, 잉여가치 생산에 필요한 그런 종류의 자본이 아니다). 농민 농장에서 '자본'은 사용할 수 있는 도구이며, 건축물이며, 가축이며, 저축이다. 이런 종류의 자본은 분명히 카우츠키가 이해한 바의 "잉여가치를 생산하는 가치"(Kautsky, 1974: 65)가 아니다. 건축물, 장비 등은 노동 과정을 촉진하고 개선하는 도구(혹은 수단)다(〈글상자 5.1〉 참고). 자본-노동 관계가 없다는 점 때문에 특정한 농업 생산 단위를 농민 농장으로 전환할 수 있다. 이 점이 차야노프 관점의 접근방법에서 결정적인 정의적定義的 요소다.

농민 농장의 내부 구조가 독특하다는 말은 농민 농장이 자본주의적 농업 경영체와는 결정적으로 다른 방식으로 작동할 때가 많다는 뜻이다. 이는 아주 중요한 차이점이다. 차야노프의 말을 빌리자면, "농민 농장은 자본주의적 농장이 생산을 멈춘 곳에서도 계속 생산한다"(Chayanov, 1966: 89). 쏘너는 다음과 같이 말했다. "자본주의적 농장이 파산할 수밖에 없는 조건에서도, 농민 농가는 더 오래 일할 수 있고 더 낮은 가격에 농산물을 판다. 순잉여net surplus는 전혀 없지만 올해에도 다음 해에도 계속 영농을 이어간다. 차야노프는 대규모 자본제 농장에 비교해 농민 농장의 경쟁력을, 마르크스, 카우츠키, 레닌 그리고 그들의 계승자들이 저술에서 예견했던 것보다 훨씬 더 크다고 결론 내렸다"(Thorner, 1966: xviii). 마리아테기는 이 논점을 보강해 "대지주가 토지의 물질적 생산성에는 관심이 없고 토지의 수익성에만 관심을 둔다는 사실을 주변 어디에서나 찾아볼 수 있다"고 했다 (Mariátegui, 1928: 103).

농민 농업은 자본주의의 일부분이다. 그러나 만만한 대상이 아니다. 농민 농업은 균열과 마찰을 만들어낸다. 농민 농업은 저항의 요람이다. 농민 농업에서 나오는 대안들은 지배적 패턴에 대한 영속적 비판이다. 농민 농업은 자본주의적 농장이 갈 수 없는 곳을 간다. 농민 농업은 "혐기성"(Paz, 2006)이다. 즉 불쾌하게도, 기업 농업에게 그토록 필요한 이윤이라는 산소 없이도 농민 농업은 생존할 수 있다. 자본주의의 일부분이라는 점이 농장을 힘들게 하기도 한다. 균형을 통해 여러 종류의 주요 모순이 농민 농장 안으로 관통해 들어온다. 그 결과, 농민층 전체뿐만 아니라 개별 농가 안에서도 투쟁이 일어난다.

이 모든 것은, 정치경제학의 분석(농민 농장이 처한 맥락과 그 맥락이 어떻게 전환되는지 연구하는 것)과 차야노프 관점의 접근방법(특정한 전환과 대응 방식 변화를 이해하는 것)을 결합할 수 있을 뿐만 아니라,* 때로는 그럴 필요가 있음을 뜻한다. 그 목표는 정치경제학 분석과 차야노프 관점의 접근방법 양자 사이에 있다고 가정된 양립 불가능성이나 차이점을 꼬치꼬치 따지고 추적하는 데 있지 않다. 오히려 그 둘을 벼려 하나의 강력한 이론적 도구로 만드는

---

* 리틀(Little, 1989)이 이 점을 설득력 있게 주장한 바 있다.

것을 목표로 삼아야 한다.

결국 과거와 주변부에 국한된 현상으로서 농민층을 바라보게 마련인 (지배적인) 관점을, 이 책은 거부한다. 서구의 농업 근대화로 인해 농민-스러운 영농 스타일이 사라졌다는 관점도 거부한다. 경영자형entrepreneurial 모델(주요 균형 대부분의 완전한 개편을 수반하는 모델)에 기초한 새로운 영농 스타일이 출현하면서 농민 사회가 사라진 것은 사실이다. 그러나 농민의 영농 스타일은 지속되었으며, 스스로를 새로운 환경에 맞추어왔다. 1990년대 초반 이후로는 농민의 영농 스타일이 다시 활성화되고, 강화되고, 확장되었다. 간단히 말해, 농민 영농 스타일이 르네상스를 맞이하고 있다. 전 세계의 많은 농업인farmer이(나는 농업인이라는 용어를 다양한 많은 유형을 포괄하는 개념으로 사용한다) 농민으로서 계속 생산했고, 혹은 농민으로서 생산하기를 다시 시작했다. 농민은 21세기 초반에 직면한 위급한 사태, 곤경, 가능성 등에 상응하는 수많은 다양한 방식으로 생산한다.

가령, 라틴아메리카와 북서유럽의 농민층은 실로 아주 다른 실체다. 그들을 단일한 분석 범주, 즉 '농민'으로 묶으려는 시도를 할 때마다 당연히 '그들 사이의 공통점은 무엇인가?'라는 질문이 나오게 마련이다. 번스타인은 "자본과 관련하여 그들 사이에 공통된 사회적 관계가 조금이라도 있긴 한가?"(Bernstein, 2010a: 112)라며 이 문제를 검토한 바 있다. 기업 자본에 대하여 농민이 어떤 공통된 실존 조건을 공유하며, 따라서 농민이 공동의 이익을 추구하는 집합적 활동의 공통 지반을 갖는다는 주장이 농민을 단일한 실체로 정당하게 묶어주는 견고한 토대를 제공한다고, 나는 생각한다(Bernstein, 2010b: 308 참고).

차야노프는 어떻게 '천재'가 되었는가?

차야노프의 전기를 쓰는 일은 삼가려 한다. 그런 작업을 한 사람은 많다(Kerblay, 1966; Sperotto, 1988; Sevilla Guzman, 1990; Danilov, 1991; Abramovay, 1998; Shanin, 2009; Wanderle, 2009). 내가 한다 해도 그들만큼 많은 일을 하지는 못할 것이다. 다만 나는, 차야노프의 천재성이 신성한 영감에서 온 게 아니라는 점을 강조하고 싶다. 다른 모든 사람(특히 우리 중에 있을 수도 있는 천재들)과 마찬가지로, 차야노프는 그를 둘러싼 환경의 산물이었다.

첫째, 끝없이 펼쳐진 그러나 아주 다채로운 러시아 농촌, 19세기 중반의 경제 불황, 많은 미르(농민 공동체), 농민층을 토대로 성립될 러시아의 미래를 상상하고 농민들을 한데 모으려고 구성했던 급진적 정치운동(대개는 나로드니키의 우산 아래에 있었다고 알려졌다) 등 특정한 역사적 배경이 있었다(그런 운동과 프로그램에 관한 간단명료한 개관은 Sevilla Guzman and González de Molina, 2005 참고). 차야노프는 그런 배경에 친숙한 정도를 넘어, 아주 잘 알고 있었다. 차야노프는 일상적으로 숱한 농민을 만나면서 농민의 삶을 알게 되었다. 이는 독일에서만 볼 수 있고 다른 곳에는 거의 알려지지 않은 차야노프의 저술인《사회적 농학》곳곳에서 분명하게 드러난다. 차야노프는 또한 농민 농업의 작동 방식을 나름의 방식으로 알 수 있었다. 그 당시로서는 상대적으로 독특한 방식이었다.

둘째, 차야노프는 독특한 데이터베이스인 젬스토프zemstov 통계에 접근할 수 있었다.《농민 농업 이론The Theory of Peasant Agriculture》의 최초 독일어 번역판 서문을 쓴 아우하겐은 이렇게 지적했다. "러시아만큼 풍부한 농업 데이터베이스를 갖춘 나라를 본 적이 없다"(Auhagen, 1923: 1). 그리고 내 생각에는 차야노프가 아주 자랑스러워했을 것 같은데, 마르크스도 젬스토프 통계를 격찬하고 관심을 표명했다고 차야노프는 언급했다(Chayanov, 1923: 7). 차야노프는 이처럼 풍부한 자료가 있어서 다양한 균형의 작동이 반영된 패턴을 경험적으로 탐색하고 분석할 수 있었다. 잘 개발한 통계 분석 방법과 더불어, 이 풍부한 자료를 활용할 수 있었기에 특별한 기회를 얻은 것이다.

셋째, 차야노프는 1917년 볼셰비키혁명으로 시작된 체제 이행기에 살았기에 당대의 저술가로서 유리함을 누릴 수 있었다. 비록 그 같은 유리함이 종국에는 치명적인 결과로 이어졌지만 말이다. 차야노프는 체포당했고, 형식적인 재판에서 고통을 겪었고, 수용소군도Gulag archipelago*에서 죽었다. 그러나 그런 비극적 사건이 소련 사회에서 체계적인 양상으로 자리 잡기 전, 혁명 직후의 러시아는 여러 가지 발상이 들끓는 생생하고 거대한 발효조 같은 곳이었다. 농촌의 심대한 변화에 대한 전망이 광범위하게 논의되었다. 다양한 논의에 참여했던 차야노프는 농촌 변화에 대한 낙관주의를 구체화한 사람 가운데 한 명이다.

이런 요소들이 함께 어울려 차야노프가 독특한 해석을 제시할 수 있는 환경이 되었다. 차야노프는 당시로서는 완전히 새로운 세 개의 주요 논의를 제시했다. 그 내용은 다음과 같다.

1) 개별 농민 농장 및 전체로서의 농민 농업이 지닌 동학을 풀어내려는 최초의 시도를 담은 농민 농업 이론이다. 이런 미시 수준의 이론은, '고립국'(또는 '섬')이라는 은유로 표현되기도 했던 더 일반적인 (거시 수준의) 논의와 결합되었다. 이 이론은 내부(혹은 국내) 시장을 주의 깊게 조절하는 게 중요하다고 강력하게 암시한다. 특히, 내부 시장이 국제교역에 이를 때 조절은 더욱 중요해진다. 차야노프는 미래 어딘가에 존재할 번영한 사회에서 농민 농업이 어떻게 펼쳐질 수 있는지에 관한 유

---

* 굴락Gulag은 과거 소련에 있었던 '교정矯正 노동수용소관리본부'의 약칭이다. '수용소군도'는 알렉산드르 솔제니친Aleksandr Solzhenitsyn이 쓴 소비에트 연방의 강제수용소에 관한 책의 제목이다. 솔제니친은 이 책을 출간하고 나서 소련에서 추방되었다. – 옮긴이

토피아적 관점을 발전시켰다. 차야노프는 '이반 크렘네프Ivan Kremnev'라는 가명으로 그런 작업을 해서, 1920년에 '형제 알렉시스Brother Alexis'의 여행을 묘사한 소설을 발표했다.*

2) 차야노프가 개괄적으로 서술하고 '사회적 농학'이라고 불렀던 논의다. 여러 저자가 '사회적 농학'이야말로 농촌 사회교육 rural extension**과 농촌 사회교육 연구의 출발점이 되었다고 주장한다. '사회적 농학' 논의는 인간과 살아 있는 자연*** 사이의 상호작용과 상호적인 변환의 중요성을 반영하는 농학의 윤곽이기도 하다(농업이 '자연법칙'에 의해서만 지배된다고 보지 않는다).

3) (나중에 강제적 '집단농장화'를 통해 이루어졌던 '수평적 협동'에 반대되는 의미로서) '수직적 협동'에 관한 이론이다.**** 수직적 협동 이

---

* 그 소설의 영어제는 *Journey of My Brother Alexei to the Land of Peasant Utopia*다. – 옮긴이

** extension은 가장 흔하게는 '지도'라고 번역된다. 간혹 '사회교육' 혹은 '확장교육'이라는 번역도 쓰인 적이 있다. 가령, 농촌지도rural extension는 정부기관인 농촌진흥청의 주요 임무 가운데 하나다. 그러나 '지도'라는 번역은 한국의 특수한 역사적 맥락이 반영된 것으로, 적절한 번역이라고 보기 어렵다. 이 책에서는 '사회교육'이라고 번역한다. – 옮긴이

*** 농민이 농업 활동 중에 자연을 소외된 대상으로 여기지 않는다는 의미에서, 저자 플루흐는 '살아 있는 자연living nature'이라는 표현을 사용한다. 이는 마르크스의 산 노동 living labor을 본뜬 표현이다. 여기에서는 '살아 있는 자연'이라고 번역한다. – 옮긴이

**** 수직적 협동에 관해 차야노프가 전개한 논의는 1919년에 러시아에서 간행한 저술에 잘 드러나 있다. 그 책은 1991년에 영국에서 *The Theory of Peasant Co-operatives*라는 제목으로 영문 번역되어 출판되었다. – 옮긴이

론은 이행 이론의 초기 사례다(Kerblay, 1985).

마지막 논의, 즉 수직적 협동에 관한 이론을 더 자세히 설명할 필요가 있다. 수직적 협동이란 농민 농장의 상류upstream와 하류 downstream 양쪽에서 강력한 협동조합을 건설하는 것을 말한다. 상류에는 투입재(비료, 기계, 신용대출 등)를 생산해 농민 농장에 전하는 협동조합이 있을 수 있다. 하류에서는 협동조합들이 농민 농장에서 나오는 다양한 산물을 가공하고 상품화할 수 있다. 그런 "협동조합들은 대규모 경영체가 누릴 수 있는 모든 편익을 소규모 경영체에게도 제공한다"(Chayanov, 1988: 155). 1917년 혁명 전 몇 해 동안 러시아 농촌에서 협동조합 운동은 상당한 탄력을 얻고 있었다. 광범위한 협동조합의 그물망을 만드는 것은 훨씬 더 폭넓은 정치적 기획의 초석이었다. 그 기획, 즉 러시아의 체제 이행 기획은 급진적 농업 개혁을 수반하리라 기대되었다.

러시아의 체제 이행 기획은 세 개의 명확한 목표를 지니고 있었다. 첫째, 가능한 한 최대한 농업 생산을 증진한다. 그럼으로써 국민경제의 전체적인 성장에 기여한다.* 둘째, 농업노동 생산성을 극대화하기 위해 투쟁한다. 셋째, 국가의 소득을 더욱 균등하게

---

* "우리 농촌의 전체 미래는 우리 농업의 급속하고 에너지 넘치는 진보에 달려 있다. 그리고 특히 '지금 하나의 이삭이 자라나고 있는 모든 곳마다 두 번째 이삭을 키워낼' 수 있는가 여부에 달려 있다"(Chayanov 1988: 154).

분배한다. 차야노프의 관점에서 보면 이런 이행이 농민층을 토대로 이루어지고* 농민층이 스스로 이행 과정을 끌고 나가는 것이 절실하게 필요했다. "영농에 관해 각자 나름대로의 습관과 생각을 지닌 수백만 농민이 우리 앞에 있다. 그 누구에게도 명령받지 않을 사람들이다. 농민은 자신의 의지에 따라, 자신의 개념에 따라 스스로 행할 바를 무엇이든 행한다"(Chayanov, 1988: 155). 이러저러한 여러 측면에서, 차야노프의 기획은 마르크스가 1881년 3월 8일 서신(Marx and Engels, 1975: 346)에서 제안한 농민에 바탕을 둔 정치적 기획에 가까웠다. 그 서신에서 마르크스는 역사 발전에 관한 보편 이론은 존재하지 않는다고 지적했다. 마르크스가 주장하기를, 러시아의 농민 코뮌은 공산주의를 향해 직접 나아갈 역량을 갖추고 있었다(Hardt and Negri, 2004: 123 참고).

이 같은 관점은 마르크스 자신이 젊을 때 지녔던 생각과는 상당히 거리가 멀었다.《루이 보나파르트의 브뤼메르 18일》에서 마르크스는 이렇게 주장했다.

그저 국지적인 수준에서 소규모 자영 농민들 사이의 상호 연결만 있고 농민들의 동일한 이해에서 비롯된 정체성이 공동체를 낳지 못

---

* "농민 농장이 러시아의 새로운 농업을 건설하는 토대가 되어야 한다는 점에 모든 이가 동의한다"(Chayanov, 1988: 137).

한다면 그리고 국가 수준의 결속이나 농민 사이의 정치적 조직이 없는 한, 농민은 계급을 형성하지 않는다. 결과적으로 농민은 자신의 계급 이익을 자신의 이름으로 관철할 수 없다. … 농민은 스스로를 대표할 수 없고, 다른 이가 그들을 대표해야 한다(Marx, 1963: 124).

이 주장을 토대로 우리는, 농민이 일단 소통한다면(지금은 이런 일이 아주 많다) 그리고 농촌을 변혁하려는 목적의 연합적 정치 기획을 공유한다면, 농민들은 하나의 계급으로, 즉 당대에 일어나는 체제 이행 과정에 자신을 각인할 역량을 갖춘 계급으로 스스로를 구성하는 것이라고 주장할 수 있다. 그리고 (예를 들어 비아캄페시나 같은) 새로운 초국가적 농민운동이나 변화를 향한 농민의 급진적 의제를 통해 바로 지금 그런 일이 일어나고 있다.

계보도

드러내놓고 알렉산드르 바실리예비치 차야노프의 저작에 기초하여 저술한 과학자는 많다. 차야노프의 저술을 알지는 못했어도 차야노프의 접근방법을 '재창안'한 과학자는 더 많다. 기본적으로 그들의 경험적 연구가 차야노프의 이론적 입장과 아주 비슷한 개념 틀을 낳았기 때문에 그렇다. 〈그림 1.1〉에 차야노프

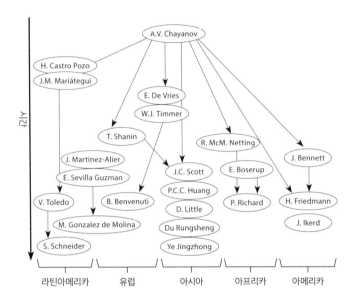

의 저작에 크게 기초한, 비록 때로는 비판적인 입장이라 하더라도, 유명한 학자를 모아보았다. 이 계보도가 완벽한 것은 아니지만 차야노프의 지속적인 영향력을 조명하는 데 도움이 된다. 이제 막 농민 연구에 천착하기 시작한 젊은 과학자와 사회 활동가에게 도움을 주기 위해 이 계보도를 소개한다. 지리적 위치 표시는 출생지나 거주지를 가리키는 게 아니다. 학자들이 자신의 경험적 현장 작업을 수행한 주요 장소(들)를 가리킨다. 이 학자들

은 거의 모두 이 책에서 인용되거나 참고문헌 목록에 포함되어 있다. 그들 가운데 어떤 이들(예를 들어, 마르티네스-알리에르, 세비야 구스만, 프리스, 네팅)은 둘 이상의 대륙에서 연구했다. 이 학자들이 활동한 시기는 대략 1900년부터 현재까지다.

2

차야노프가 발견한
두 개의 균형

이 장에서는 농민 농장과 농가에 대한 미시 수준의 분석을 소개한다. 거시적 분석의 중요성이나 관련성을 부정하려는 게 아니다. 오히려 그 반대다. 그럼에도 미시적 분석(예를 들어, 농민 농장 및 농가 한 곳에 대한 분석)을 중심 무대에 올려놓을 만한 합당한 이유는 여럿이다.

첫째, 거시 수준의 특징을 결정하는 많은 모순, 관계, 경향 등이 미시 수준에서도 (때로는 가장 조악한 형태로) 드러난다(Mitchell, 2002). 둘째, 미시 수준은 투쟁과 변화의 씨앗이 움트고 착근하는 장소다. 셋째, 농업 연구에서 가장 큰 난점 가운데 하나는 '거시적 원인'과 '거시적 결과' 사이의 직접적 연계 때문에 발생한다. 미시 수준을 간과하는 논리에서 그런 직접적 연계가 중요하게 적용될 때가 많다. 그런데 미시 수준에서, 농업인은 (그리고 여타의 행위자들은) 경향, 예측, 가격관계, 농업 정책의 변화 혹은 여타의 거시적 원인을 능동적으로 해석하고 번역하여 행위 과정으로 옮긴다. 실제로 발생하는 거시적 결과는 그런 식으로 만들어진다. 이것은 여과 과정과 흡사하다. 거시 수준에서 오는 자극(가격, 정책 등)은 언제나 미시 수준에서 움직이는 행위자들에 의해 매개된다. 이들 행위자의 논리를 이해하지 않고서는, 거시 수준의 자극이 야기하는 결과나 효과를 이해할 수도 예측할 수도 없다. 그

중 잘 알려진 한 가지 사례가 '역전된 공급 곡선inverted supply curve'
이다.* 차야노프는 거시 수준의 분석에만 미무는 방법론이 빠질
수 있는 함정을 알고 있었다. "일반적인 경제 과정을 밝혀내려면
… 국가 수준의 경제 요인이 가하는 압력에 종속되었으면서도
자체 내부의 생산과정을 조직해 국민경제 전체에 영향을 끼치는
경제적 기계**[예를 들자면, 농민 농장]의 작동 메커니즘을 완전하게
해명해야 한다"(Chayanov, 1966: 120). 이 같은 방법론적 입장을 견
지했기에, 차야노프는 결정론의 함정에 빠지지 않을 수 있었다.

농민 생산 단위: 무급, 무자본

차야노프의 분석은 단순하지만 강력한 출발점에서 시작한다.
농민 농업은 (소수의 예외는 있지만) 무급 노동에 의존한다. 노동시
장에서 노동을 동원하지 않고 가족의 노동에 의존한다. 농장에
투입되는 노동력을 농가가 제공하는 것이다. 단순하고 자명한 사

---

* 정상적인 공급 곡선이라면 가격 상승은 생산을 증가시키고 가격 하락은 생산을 감축
시킬 것이라고 예측한다. 그러나 아프리카의 농업인은 가격이 오를 때 덜 생산하고 유
럽의 농업인은 가격이 내릴 때 더 많이 생산하는 일이 종종 일어난다.

** 차야노프는 농민 생산 단위를 언급할 때 '기계'라는 은유("잘 작동하는 기계", "경제적
기계")를 즐겨 사용했다.

실인 듯하지만, 그 결론은 심대하다. 임금을 지불하지 않기에, 이윤을 계산할 수 없다. 결국, 자본주의 경제를 규율하는 질서화 원리(가령, 노동 투입을 줄임으로써 이윤 극대화 및 비용 절감을 달성하는 경우가 많다)가 농민 농업에는 적용되지 않는다. 자본주의 경제와는 다른 종류의 논리를 따르는 내부 균형 추구가 농민 농장의 작동 원리를 지배하고 특징을 부여한다.

조組생산(농장에서 생산한 것을 상업적으로 처분하여 얻은 것)과 한 해를 나는 데 필요한 물질적 지출의 차差를, 노동 산물labour product이라고 한다(또는 가족노동 산물이라고도 한다). 오늘날 '노동소득labor income'이라고 부르는 것과 같은 개념이다. 노동소득은 '수행한 일에서 얻는 소득income from work'*이다. 노동소득 또는 노동 산물은 오직 "농민 또는 장인의 가족노동 단위에게만 의미 있는 범주다. 그것을 분석적으로 또는 객관적으로 분해할 방법이 없기 때문이다"(Chayanov, 1966: 5). 임금을 지불하지 않으므로, 순이익이라는 범주도 존재하지 않는다. "그러므로 자본주의적 이윤 계산을 적용할 수 없다"(Chayanov, 1966).

농민경제에서는 주로 가족이 노동을 제공한다. 노동시장이 노동력 배분이나 보상을 좌우하지 않는다는 뜻이다. 자본도 마찬

---

* 차야노프 당대에는 노동소득labor income이라는 용어를 쓰지 않았다. 《농민경제 이론 The Theory of Peasant Economy》에서 차야노프는 '일에서 얻는 소득income from work'이라고 표현했다. – 옮긴이

가지다(차야노프가 이런 측면을 명시적으로 언급하지는 않았지만 말이다). 모든 농민 농장은 자본을 보유하고 있으며, 따라서 자본을 표상한다. 그러나 마르크스주의 관점에서 이해하는 그런 자본, 즉 관계로서의 자본이 아니다. 농민 농장 내부에 보유된 '자본'은 집, 농업용 건물, 토지, 토지에 덧붙인 많은 개량물(도로, 우물, 계단식 농지, 수로, 증가된 토양 비옥도 등), 가축, 사용할 수 있는 유전적 소재(종자, 종축), 기계, (종류가 무엇이든) 사용할 수 있는 견인 동력 등으로 구성된다. 사람의 기억도 그 같은 자본의 일부분으로, (생산물 판매, 상호부조, 종자 교환 등을 위한) 사회 연결망을 예로 들 수 있다. 저축(어떤 물품이든 필요할 때 구매하려고 쓸 수 있는)도 자본의 일부분이다. 그러나 이 '자본'은 잉여가치를 생산하고 재투자하여 잉여가치를 더 많이 만들어내는 데 사용되지 않는다. "고전적인 공식, M-C-M+m에 들어맞지 않는다"*(Chayanov, 1966: 10). 농민 농장의 '자본'은 노동자의 임금노동을 착취함으로써 축적되는 것도 아니다. 농민 농업에서 '자본'은 그저 사용할 수 있는 건물, 기계 등속의 총합일 뿐이다. "건물, 가축, 장비 등에 가치를 부여하고 그 가치를 합산함으로써, 러시아의 농민 농장이 보유한 고정 자본의 구성과 규모를 알 수 있을 뿐이다"(Chayanov, 1966: 191). 가족

---

* 여기에서 M은 화폐를, C는 그 화폐를 가지고 획득한 상품을, M+m은 최초의 화폐량(M)에 m만큼 추가된 양(또는 잉여가치)의 화폐를 가리킨다. 따라서 화폐는 상품으로 전환되고, 그다음에는 이 상품이(주로 임금노동이) 더 많은 화폐로 전환된다.

농에서 자본은 '가족자본'이다. 농업인 대부분은 그렇게 부른다. '가족자본'은 농민 가족이 창출하고 관리하는 자원 기반의 일부분이다. 무엇보다도 사용가치다. 그 사용가치 덕분에 농가가 농업 생산에 참여할 수 있고 생계를 꾸려나갈 수 있다.* '가족자본'은 세습 재산을 표상한다. 가족은 그 생활 주기 내내 세습 재산을 확장하려 노력한다. 세습 재산을 확장함으로써 수고는 적고 만족은 더 많은 생산과정을 확보할 수 있다. '가족자본'은 작황이 안 좋을 때나 질병 등에 대비하는 완충재(즉, 보장자금insurance fund)로서도 기능한다. 마지막으로, '가족자본'은 다음 세대가 자신의 농장을 시작하는 데 도움이 된다.

자본 시장이 가족자본 개발이나 사용을 좌우하지 않는다. 농민 농장이 평균 이윤율과 동일한 수준의 수익률을 낳아야 할 내재적인 필요성은 없다. 심지어 (가설적으로) 수익률이 마이너스라 하더라도 농민 농장은 계속 운영될 수 있고 세습 재산을 확장할 수 있다. 그 이유는 간단하다. 세습 재산은 이윤을 창출해야 할 필요가 없기 때문이다. 가족자본의 가치는 이윤 산출 능력에 있지 않다. 그 대신 단기적으로든 장기적으로든 농가가 살림살이

---

* 물론, 그렇다고 해서 농민 농장을 '관통하는' 자본관계의 잠재력을 배제할 수 있다는 말은 아니다. 그렇게 되는[사용가치로 인해 농가가 농업 생산에 참여하고 생계를 꾸려나갈 수 있게 되는] 몇 가지 메커니즘, 효과, 그 이론적 함의 등에 관해 4장과 5장에서 논의할 것이다.

를 유지하게 해준다는 데 그 가치가 있다. 자본 시장이 가족자본 사용을 좌우하는 것이 아니라, 농가 내부에서 스스로 만든 밑그림이 가족자본 사용 여부를 좌우한다.

앞에서 논의한 특징들(노동력은 가족노동력이고, 자본은 가족자본이며, 소득은 노동소득으로 계산된다)이 전통적인 농업이나 원격지에만 볼 수 있는 게 아니라는 점을 강조하고 싶다. 그 특징들은 현재 유럽의 농업에서도 나타난다. 유럽 전역에서 농장 대부분은 가족농장이다. 가족노동력과 수 세대를 거쳐 발전한 세습 재산에 바탕을 두고 있다. 이론적으로나 실천적으로나, 이들 유럽의 가족농장 생산 단위가 시장에 의해서만 그리고 시장과의 직접적인 관계 속에서만 발전할 수 있는 경영체라고 이해해서는 안 된다. 북서유럽에서 '농업 순산출net farm result'(모든 노동 투입에 대해 대가를 지불하고 모든 자본에 대한 이자를 현재 시장 이자율로 지불한다고 가정할 경우 남게 되는 순수익을 계산하는 가상의 개념)이 개별 농가 대부분에서, 또한 농업 부문 전체로 보아도 거의 언제나 마이너스(-)라는 사실에서, 간접적이지만 그런 특징이 잘 드러난다. 농업 순산출은 0을 약간 밑도는 정도가 아니라 크게 낮다. 그래서 농장은 자본주의적 경영체로서 기능하지 않으며 기능할 수도 없다. 자본주의적 경영체로서 기능하기란 완전히 불가능할 것이다. 농민 농장의 '자본'은 대부분 평균 이윤율을 만들어내야 할 필요가 없다는 말이다. 농가가 사용할 수 있는 자본이란 그 자체 독립적으로 소득을 낳는 데 필요한 자원을 표상한다. 똑같은 논리가 노동력에도 적용된다. 노동력은 가족의 (많은) 필요를 (직간접적으로) 충족하는데, 그리고 자본을 형성하는 데 사용된다('아름다운 농장 만들기'에 관해서는 나중에 논할 것이다). 이 모든 측면에서 볼 때 농업인의 전략적 행동이, 즉 농장과 가족 양자에 걸쳐 다양한 균형을 조절하는 방식이 아주 중요하다.

가족에 속한 농장을 가족에서 떼어내 분석할 수는 없다. 그 역도 마찬가지다. 이 관계를 이해하려면, 가족과 가족농장 안에서 작동하는 독특한 균형들을 철저하게 탐색해야 한다. 균형들은 가족 내부에서 운용되지만, 그 구체적인 작동은 가족 수준을 넘어 확장된다. 균형들을 통해 농가 및 농장 생산 단위는 외부 환경과 연결된다. 나는 가치 흐름을 분석함으로써 이를 조명해보려한다. 정확히 말하자면, 농민 농장을 관통하는 가치 흐름이 사회적으로 결정되는 방식을 보여줄 것이다. 그 첫째 사례는, 내가 1970년대 후반에 일한 적 있는 기니비사우의 쌀 생산에 관한 이야기다(〈글상자 2.1〉 참고).

얼핏 보기에 이 사례는 특이한 외국 이야기처럼 여겨질 수도 있겠다. 그러나 가치가 어떻게 흘러가는가에 대한 (시장에서 결정된다는 것과는 반대되는 의미의) 사회적 결정 문제는, 멀리 떨어진 저발전 지역, 가령 기니비사우 남부 같은 곳에만 국한된 것이 아님을 잊어서는 안 된다. 〈글상자 2.2〉는 유럽 농민이 농기계를 어떻게 사용하는지 간단하게 살펴본 것이다. 농업인이 특정한 사회적 가치를 지니도록 정보를 제공하는 다양한 균형들이 농기계와 관련된 가치 흐름을 크게 좌우한다. 균형들은 상품관계가 농장 구조나 농업 생산과정을 직접적으로 질서화하거나 지배하는 것을 피할 수 있게 돕는다.

다른 많은 특정한 실천이나 관계에서도 그런 일반적 패턴을 볼 수 있다. 예를 들면, (내가 상당 기간 동안 연구했던 국가인) 네덜란드와 이탈리아에도 암송아지나 토마토를 판매하는 일과 젖소를 먹일 사료나 건초를 구하는 일을 배타적으로 연계하는 농민이 많다.* 그런 식으로 추가적으로 필요한 사료나 건초를 외양간에 들였을 때, "이미 값을 치렀다"라고 농민들은 말한다. 이런 메커니즘을 통해 농업인은 시장이 외양간을 질서화하는 원리가 되지 않게 한다. 사회적 결정이 외양간이 시장으로부터 '멀어지게' 돕는다. 그렇게 해서 낙농 생산은 실질적으로 시장으로부터 거리를 유지한다.

자본주의적 농장과 달리, 농민 농장 내부에서는 임금노동이나 자본관계의 논리가 생산과정을 질서화하지 않는다. 이윤이 목표라면, 농민들은 자기 농지를 매각할 것이 분명하다. 그러나

---

* 즉, 암송아지나 토마토를 판매해 얻은 돈으로는 사료나 건초를 구매하는 용도로만 사용한다는 뜻이다. – 옮긴이

이 사람들은 오히려 농지를 지킨다. 농지에서 일하든 아니면 농지를 보살피는 데 게을러 방치하든, 농지를 고수한다. 그리하여 거시적인 수준에서 보면, 뜻밖에도 많은 생산이 이루어지거나 가끔은 역효과가 나기도 한다(《글상자 2.3》 참고). 간단히 말해, 일반적인 자본-노동 관계가 농민의 노동과정, 세습 재산 활용 및 개발, 특히 세습 재산과 노동 사이의 관계를 지배하는 게 아니다. 일반적인 자본-노동 관계가 영향을 줄 수는 있지만, 그 꼴을 직접적으로 형성하거나 재형성하지('결정하지') 않는다. 일반적 자본-노동 관계에 내재한 논리와는 반대 방향으로도 생산과정 변화가 진행될 수 있다. 마찬가지로, 일반적 자본-노동 관계가 배태된 다양한 영역(노동시장, 자본시장, 먹거리시장 등)에서 작동하는 제한된 합리성에 반反하여 생산과정 변화가 진행될 수도 있다.

이상의 모든 내용을 차야노프는 아주 분명하게 밝혔다. 농업에서 소규모 및 대규모 경영체가 지니는 상대적 장점에 관한 논란이 일었을 때의 일이다. 당시 "농업 발전을 가능케 하는 농업 경영체의 규모에 관한 … 30년에 걸친 오랜 논쟁"이 있었다. 그 논쟁에서, 차야노프가 명시적으로 언급했듯이, "일긴W. Iljin(즉, 레닌)의 저술"이 중요한 역할을 했다(Chayanov, 1923: 5). 차야노프에 따르면 그 논쟁은 오해에서 비롯된 것이었다(그리고 지금도 그렇다). 규모는 그런 식의 결정적인 요인이 아니다. 대신, (언제나 분명한 상한선이 있기는 했지만 대규모 경영체나 활용할 수 있는) 기술 발전과 생산

글상자 2.1 **곡물 저장고**

쌀은 기니비사우의 주요 작물이다. 열대의 간척지에서 쌀을 재배하는데, 지역에서는 이 간척지를 볼라나스bolanhas라고 부른다. 아름답고 아주 넓은 들판이다. 수로들이 볼라나스를 보호하며 주변의 구릉들에서 민물이 흘러들어온다. 이 들판에서 놀라울 정도로 많은 단위수확량을 거두기도 한다. '발란타 사람들Balanta people'*은 볼라나스를 건설하고 엄청나게 많은 단위수확량을 거두는 기술에 통달했다. 볼라나스를 건설할 때와 농업 생산 활동을 수행할 때 발란타 사람들은 집단을 이루어 일한다(공동 노동은 발란타 사람들의 문화적 레퍼토리에서 중심을 이루는 요소다). 수확 후에는 쌀을 거대한 저장고에 모아둔다. 지역에서는 그것을 벰바bemba 또는 은풀'nful이라고 부른다. 확대가족(모란사morança)마다 하나의 곡물 저장고(또는 저장고 하나에 부속된 '위성 창고' 여럿)를 갖고 있다. 확대가족의 수장이 이 곡물 저장고를 관리한다. 외부인이 보기에 벰바는 그저 쌀을 보관하는 창고다. 그러나 이 지역 사람에게는, 곡물 저장고를 채운 쌀의 다양한 근원과 흐름들로 구성된 복잡한 하나의 전체상을 표현한다. 다양한 의무, 다양한 목적지 등을 표상한다. 다음 그림에 나타낸 것처럼, 벰바는 많은 흐름, 관계, 기저의 균형 등이 한데 모이고 상호 연관 속에서 주의

---

* 기니비사우, 세네갈, 감비아 등지에 사는 인종 집단을 일컫는 말이다. 기니비사우에서 가장 큰 비중을 차지하는 집단으로 전체 인구의 4분의 1을 넘는다. 그 수에도 불구하고 식민지 시대나 식민지에서 해방된 이후에나 주변부 집단으로 남았다. - 옮긴이

깊게 조율되는 장소다.

발란타 사회에는 균형을 맞추어야 할 관계가 많다.

첫째는 과거, 현재, 미래 사이의 관계들이다. 쌀 재고가 바로 그런 관계를 핵심적으로 드러낸다. 사람들은 단기적으로나 장기적으로나 먹을거리를 확보하는 데 쌀 재고를 활용한다. 이 점에서 발란타 농민은 중국 농민과 비슷하다. 그들은 햅쌀 수확이 확실해질 때라야 예전에 수확했던 쌀 중에서 남는 것을 판매하려

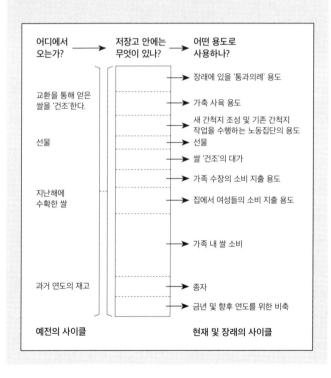

한다. 소 사육 규모 확대를 위한 곡물 비축이나, 소년이 어른이 되었음을 확인하는 통과의례fanado를 위한 비축도 마찬가지로 과거, 현재, 미래 사이의 균형을 드러내는 중요한 표현이다.

둘째, 타자와의 관계다. 여기에는 (관개하지 않은 상태에서 재배하는) '밭벼'를 생산하는 이웃 지역의 사람들, 즉 베아파다Beafada도 포함된다. 발란타 사람들은 논을 준비하고 모내기를 하는 등 과중하게 노동해야 하는 시기에는 밭벼를 도정한 쌀을 먹는다. 그 신선한 '마른 쌀'이 그들의 에너지를 보충한다. 발란타 사람들은 베아파다의 농가들에게서 그 '마른 쌀'을 받는데, 자신이 수확한 뒤에는 받은 것에 상응하는 양의 쌀로 '갚아야 한다'. 그러고 나면 도시에 사는 친족들에게도 선물을 주어야 한다. 마을 안에서 선물이 교환되는 것처럼 도시의 친족들과도 선물이 자주 교환되기 때문이다. 이 모든 것에는 균형을 주의 깊게 유지하는 일이 수반된다.

셋째, 확대가족 내부에서도 균형이 필요하다. 쌀은 일정 부분 직접 소비된다. 또 다른 일정량은 판매되거나 마을 안에서는 자체적으로 생산할 수 없는 소비재(의복, 배터리, 라디오, 자전거, 총 등)와 교환된다. 그 같은 소비재 범주에는 확대가족의 수장이 소비 지출하는 것과 다른 사람, 특히 여성이 소비 지출하는 것 사이에 확실한 구분이 존재한다. 여기서 균형이 깨지면, 여성은 도망쳐야 할 것이다.

넷째, 생산과 재생산의 관계(특히 볼라나스를 유지, 관리하는 일)를 주의 깊게 조절해야 한다. 여기에서 균형이 깨지면, 돌이킬 수 없이 쇠퇴할 수도 있다.

곡물 창고에 보관된 쌀은 대부분 판매된다(앞의 그림에서 쪼개놓은 부분들 가운데 7개가 여기에 해당한다). 그러나 쌀을 판매해 얻은 화폐는 특수한 목적에만 사용하도록 엄격하게 제한된다. 여기에서 우리는 사회적으로 규정된 분배 과정이 아주 신축적이라는 점을 알 수 있다. 관련 행위자들의 생각이 바뀌고 그들 사이에 협상이 일어나면, 앞의 그림에 표시한 점선이 위치를 옮길 수도 있다. 상호의존성이 아주 많다. 예를 들어, 노동집단에게 돌아갈 몫을 확대하려고 한 해 동안의 소비 지출을 줄일 수 있다. 그렇게 함으로써 장래의 단위수확량을 크게 증가시킬 수 있다. 차야노프의 관점에서 보자면, 이는 가족의 수고와 만족 사이의 균형점 이동을 나타낸다.

가치 흐름들이 이처럼 사회적으로 규정되지만, 그렇다고 해서 생산 및 분배의 패턴이 외부 사회나 역사의 영향력에 대해 면역력을 가진다는 뜻은 아니다. 오히려 그 반대일 수도 있다. 20세기 초에 세금과 부역으로 인해 벼 재배 면적이 급격하게 감소했다. 이에 발란타 사람들은 포르투갈 식민 지배자의 직접적 통제로부터 도피하는 방식으로 대응했다. 그들은 비어 있고 통치되지 않는 공간을 찾아 남부 지역으로 이주했다. 그곳에서 벼 재배가 다시 활발하게 이루어졌다. 현재는 캐슈cashew 재배와 동남아시아로부터 수입되는 값싼 쌀이 위협 요인이 되어 발란타의 쌀 생산 붕괴를 일으킬 지경이 되었다.

단위 특성 사이의 균형점은 역사적으로 볼 때 늘 이동해왔다. 이 균형점이 사회-경제적 최적 규모를 결정한다. 기술 발전이나 생산 단위의 특성이 가장 중요한 문제는 아니다. "본질적인 문제를 확인하려면, 대규모 경영체나 소규모 경영체 중 어느 한 입장에서 상대편의 양적 특성을 그저 반대하기만 해서는 안 된다. 대신, 질적인 관점에서 그 두 개의 상이한 경제, 즉 자본주의적 농장과 농민 농장*의 성격을 분석하는 것이야말로 도전해야 할 과제다" (Chayanov, 1923: 7). 그러므로 규모는 모호한 범주다. 농민 농장으로서는 크다고 할 수 있는 것도 자본주의적 농장으로서는 작은 규모일 수 있다. 규모는 지나치게 클 수도 지나치게 작을 수도 있다. 규모는 상대적이다. 이 점이 "우리가 [그 당시 유럽 지역 대부분에 해당되는] 주변 여건 속에서 소규모 농민 단위가 사라지는 것을 왜 알아차리지 못했는지, 그 이유"(Chayanov, 1923: 6)를 설명해 준다. "이와는 대조적으로, [러시아에서] 소규모 농민의 숫자는 상당히 증가했다. 그 이유는 … 농민의 사회-경제적 특징에 있다" (Chayanov, 1923: 6). 여기서 더 나아가 차야노프는 자신의 이론적 작업에서 그 특징들을 종합한 바 있다. "그 특징들은 소규모 농민 농장이 왜 그리고 어떻게 농업 부문의 대규모 자본주의적 경

---

* 차야노프는 여기서 문자 그대로(독일어 번역으로는) "und der lohnarbeiterlosen", 즉 '임금노동 없는 농장'이라고 썼다. 이는 '농민 농장'과 같은 뜻이다.

북서유럽의 농업에는 상당한 이질성이 존재한다. 영농 스타일의 관점에서 그런 이질성이 묘사되기도 한다(4장 참고). 전략적으로 질서화된 관계가 영농 스타일 각각의 특징을 결정한다. 예를 들면, 농업 생산 활동의 상류에 위치한 시장, 즉 농기계 시장 따위와 맺는 관계가 영농 스타일의 특징을 결정한다. 특정한 영농 스타일(가령, '선도 농업인')에서 농장 경영자는 최신 트랙터나 기계를 자주 구입한다. 그리고 새 기계들이 제공하는 가능성에 맞춰 자신의 농장을 재구조화한다. 4년 뒤에는(감가상각 및 재무적 편익과 관련하여 법적으로 규정된 기간) 트랙터나 농기계를 팔고 더 최신의 기계를 얻는 일도 흔하다. 다른 영농 스타일(가령, '절약형 농업인')에서는, 선도 농업인이 팔려고 내놓은 중고 기계를 구입하는 것을 선호한다. 절약형 농업인들은 이런 식으로 훨씬 더 싼 기계를 얻고, 자신의 잘 숙련된 기능을 활용하여 기계를 유지 보수할 수 있다. 말하자면 다시 12년 동안 그 기계를 잘 써먹을 수 있다. 그런 식으로 절약형 농업인은 선도 농업인보다 훨씬 더 낮은 비용 수준을 유지할 수 있다. 이렇게 농기계는 특수한 경로를 따라 (공장과 판매상으로부터 선도 농업인에게, 그리고 나서는 다시 절약형 농업인에게) 흘러 다닌다. 이런 농기계의 흐름은 (기니비사우에서 쌀의 흐름처럼) 특정한 경로를 따른다. 즉, 다양한 영농 스타일이 각기 발전시킨 균형들이 서로 연관되면서 결정된 '내포적 시장'을 통해 농기계가 유통된다. 예를 들어, 두 영농 스타일에서 자본 형성과 노동 사이의 균형은 (이 균형은 개별 농장들에서 유지되는 수고와 만족 사이의 균형들이 일반적 수준에서 구체화된 것인데) 상당히 다르다.

특정한 영농 스다일의 균형에 부합하여 농기계의 흐름을 만들어내는 다양한 방법이 존재한다. 여기에는 농기계 협동조합, 특정 기계를 갖춘 위탁 작업자(다른 농업인인 경우가 흔하다) 고용 등이 포함된다. 그리고 당연히 호혜성에 기초한 상호부조 등도 포함된다.

영체에 저항할 수 있었는지 입증하는 충분하고 만족스러운 답"이라고 주장했다(Chayanov, 1923: 8).

농민 생산 단위와 자본주의적 농장의 내부 메커니즘은 다르다. 투자 자본 대비 고수익률을 추구한다는 점에서, 자본주의적 경영체가 대개 대규모이며 지속적으로 팽창하려는 이유를 설명할 수 있다. 비록 역사적 기원 그리고/또는 심각한 주변화를 들어 일정 부분 설명할 수도 있지만, 기본적으로 가족노동력에 의존적이라는 점을 들어 농민 단위가 대체로 소규모인 이유를 설명할 수 있다.

농민 농장의 내부 메커니즘 그리고 저항이나 발전을 위한 대안은 상당 부분 두 개의 균형(노동과 소비 사이의 균형, 수고와 만족 사이의 균형)에 근거한다. 그 두 균형에 관해서는 이어서 더 상세하게 탐색한다.

첫 번째, 노동-소비의 균형

차야노프에 따르면, 노동-소비의 균형이야말로 모든 농민 생산 단위의 살아서 뛰는 심장이다. 노동-소비의 균형이란 한 가족의 소비 수요와 보유한 노동력 사이의 관계를 말한다. "우리에게 농가는 농장을 구성하는 가장 기초적인 단위다. 농가는 대응해야 할 수요를 지닌 고객이며, 농장 자체의 힘을 떠받치는 작업 기계다"(Chayanov, 1966: 128). 이 특수한 균형에서, 노동이란 활용 가능한 가족노동력(즉, 농작업을 수행할 수 있는 손)을 가리킨다. 그리고 소비란 먹여야 할 입을 가리킨다. 좁은 관점에서 보자면, 노동이란 먹거리 생산을, 소비란 생산한 먹거리의 섭취를 가리킨다. 보다 일반적으로 말하자면, 노동-소비 균형은 (시장에서 판매되는 것들을 포함한) 총생산과 가족의 많은 필요를 충족하려는 총소비의 균형이다. 이때 많은 필요가 시장을 통해 충족된다(그리고 생산을 통해 번 돈으로 그 대가를 지불한다). 분명히 밝혀둔다. 오늘날의 세계에서(과거에도 그랬지만), 시장에 의지하지 않고 농가와 농장을 재생산하는 것은 불가능하다. 상품 순환구조에서 독립할 수 있는 자는 없다. 로빈슨 크루소는 실재가 아니라 허구였다. 마찬가지로, 농가와 농장은 아주 다양한 방식으로 상품 순환구조와 관계를 맺을 수 있다(4장 참고).

노동과 소비는 서로 다르며 통약 불가능한 실체다. 그러나 노유럽의 지중해 연안 지역에는 많은 농장이 (소규모 농장뿐 아니라 대규모 농장까지도) 현존하고 지속된다. 그 지속의 동인은 기본적으로 세습 재산을 유지하려는(가족의 재산을 지키려는) 욕구다. 다중경제활동pluri-activity 농가들, 즉 다양한 활동에서 소득을 얻는 가족들이 농장을 소유하고 있다. 영농은 농가의 다중경제활동 가운데 하나일 뿐이다. 가족 구성원은, 마르크스의 말을 되풀이하자면, 아침에 들판에서 일하고, 낮에는 지역 학교에서 학생을 가르치고, 저녁에는 (아마도) 자기 농장에서 만든 와인을 마시며 시를 쓰고 있을 수도 있다. 이탈리아에서 40~55세 사이 남성 농업인의 63퍼센트는 전업專業 농업인이 아니다. 2007년 인구조사 자료에 따르면, 농업이 아닌 다른 분야에서 추가적인 소득을 얻는 배우자를 둔 경우는 그보다 더 많다. 이들 시간제 농업인 가운데 15퍼센트 정도만이 농가소득의 전부(혹은 거의 전부)를 농장에서 얻는다. 농가소득 가운데 농업소득이 차지하는 몫이 1위가 아닌 경우가 43퍼센트다. 게다가 이런 농장들의 22퍼센트는 다른 곳에서 얻은 소득 중 일부분을 농장에 투입하기에 유지될 수 있다. 이러한 농장들이 반드시 소규모 농장이라는 법은 없다. 이같은 배치가 비합리적 행동의 결과라고 설명할 수도 없다. 다시 말하지만 요점은, 이들 농장이 (마르크스주의의 관점에서 볼 때) 자본을 표상하지 않는다는 점이다. 사전에 규정된 수익률을 달성해야 할 정언명령 같은 필요성은 없다. 그리고 사용하는 노동력도 (노동시장을 지배하는 표준에 따라 값을 지불해야 하는) 임금노동이 아니다. 농산물 가격이 낮아서, 이들 농장 가운데 많은 수는 부분적으로 열화劣化되어deactivated 있다. 이는 지역의 경제, 경관, 국지적인 생태계에 부정적인 영향을 끼친다.

동과 소비는 균형을 이뤄야 한다. 둘 가운데 하나는 다른 하나를 함의한다. 그 역도 성립한다. 소비 없이는 노동도 있을 수 없다. 노동을 해도 소비가 없다면 그 노동은 무의미하다. 그러나 둘 사이에 단순한 선형적 관계는 존재하지 않는다. 노동과 소비는 단순하게 교환될 수 있는 게 아니다. 대신, 노동과 소비*가 결합해 역동적인 균형을 이루고, 그 균형이 농장 운영상의 많은 구체적인 양상을 조절하게 해야 한다. 이는 특히 혁명 러시아의 초기에 개별 농가의 경지 면적 자료에서 분명하게 드러났다. "수십 년 동안 농민 농장은 그 부피를 계속 변화시켰다. 이는 가족 구성원의 변동에 따른 것이며, 그 변동은 파형 곡선을 보여준다"(Chayanov, 1966: 69). 일할 손은 한정되어 있는데 먹여야 할 입이 많아질수록 경지 면적도 커진다. 토지가 부족한 상황이라면, 소

---

* 아마도 여기에서 우리는 차야노프의 설명이 지닌 흠결을 찾아낼 수 있을지 모른다. 차야노프는 농민 농가가 그 자신의 힘으로 소비자/노동자 비율을 (가령 결혼을 미루거나, 오늘날 일어나는 일처럼 출생을 통제함으로써) 능동적으로 조절할 가능성은 논의하지 않는다. 농촌 사회의 인구학적 균형이 시간이 흐르면서 바뀐다는 점을 보여준 사례로 홉스티(Hofstee, 1985)와 네팅(Netting, 1993: 315)을 참고하라.

비자/노동자 비율 변화는 노동집약화나 "수공예품, 상거래, 기타 **비농업적** 논벌이"의 확대로 이어진다(Chayanov, 1966: 94. 강조는 차야노프의 원문).

노동-소비 균형은 재배면적이나 단위수확량 수준을 좌우하는 유일한 요인도 결정적인 요인도 아니다. 차야노프는 이 점에 대해 아주 분명하게 입장을 밝혔다. "가족은 **특정한 농장의 규모를 결정하는 유일한 요인이 아니다**(Chayanov, 1966: 69. 강조는 차야노프의 원문)." 차야노프는 노동-소비의 균형을 예로 들어 논의하면서 자신의 설명을 시작하는 것 같다. 이어서 그는 다른 종류의 추가적인 그리고/또는 매개적인 관계 및 균형들을 언급한다. 차야노프가 '농민 농장 조직 계획'이라고 부른 용어 안에 그 관계 및 균형들이 함께 흘러 들어온다. 농민 농장은 하나의 상호의존적인 전체다. "가족농 내부에서 자유로운 요소는 하나도 없다. 모든 요소는 상호작용하며 서로의 규모를 결정한다"(Chayanov, 1966: 203). 농민 농장은 균형이 잘 잡힌 하나의 전체여서, 혹은 지금은 다소 낡은 용어이기는 하지만 차야노프가 말한 대로, 균형이 잘 잡힌 "경제적 기계"(Chayanov, 1966: 220)이기 때문에 농민 농장 내부의 요소들은 상호의존적이다.

노동-소비 균형과 정치의 연관성

농장에서 노동-소비 균형을 성공적으로 유지하려면 결정적으로 세 가지 조건을 충족해야 한다.

첫째, 농가 스스로 생산하는 전체 가치에 비례하면서도 수용할 수 있을 만큼의 몫을 수취할 수 있어야 한다. 농가의 노력이 조금이라도 증가하면 그것은 소득 증가로 이어져야 한다. 간단히 말해, 노동과정에 참여한 사람들이 '공정하다'고 생각하는 동시에 그들의 소비 필요를 충족하는 데 충분한 소득을 노동에서 얻을 수 있어야 한다.

둘째, 노동과정을 배태한 관계들은 작업장에서 독립성과 자유를 허용해야 한다. 농장 및 가족 내부에 존재하는 상태들을 정확하게 아는 유일한 존재가 농가 자신이다. 그러므로 가족만이 (가족 내부의 대화 및 협상을 통해서든, 혹은 가부장적 의무 부여를 통해서든) 필요한 평형 상태가 정확하게 어떤 것인지 평가할 수 있다. 마찬가지로, 가족농만이 얼마나 많은 물품이 필요하고 얼마나 많은 수고를 견뎌낼 수 있는지 평가할 수 있다. 차야노프는 《사회적 농학》에서 이 점을 아주 분명하게 밝혔다. 차야노프는 우리가 "스스로의 통찰과 의지에 따라 자신의 농장을 운영하는 독립적인 생산자"(Chayanov, 1924: 5)의 문제를 다루고 있다고 지적했다. "아무도 그들의 농장을 마음대로 처분할 수 없으며, 그들에게 명령할 권리를 갖지 않는다. 그 어떤 외부의 권위도 농장을 운영할 수 없다. … 농정에 관해 방대한 지식을 갖고 있는 직접 생산자 자신만이 농장을 성공적으로 운영할 수 있다. 혹은, 필요한 경우에는 농장을 적절한 방식으로 바꿀 수 있다"(Chayanov, 1924: 6).

셋째, 노동과정은 정신적·육체적 노동의 유기적 통일성에 기초해 이루어져야 한다. 노동과정에 직접 참여하는 이들이 중요 의사결정권자여야 한다(비록 복잡한 세대 및 성별 갈등이 있을 수 있지만 말이다). 달리 말하면, 노동-소비 균형은 경직된 형태의 '수평적 협동'*을 불가능하게 한다.

노동-소비 균형 및 노동-소비 균형의 필요조건이 지닌 엄청난 정치적 연관성은, 중국 안후이安徽성에서 소규모의 농민집단이 폭동을 일으켰던 1970년대 말에 다시 전면에 부각되었다. 당시 그 폭동은 결국 승리했는데, 네팅(Netting, 1993: viii)은 이를 두고 "사회주의적 집단화 시기 이후에 중국에서 소농이 극적으로 부활"했다고 요약했다. 폭동을 일으킨 농민은 자신의 입장을 다음 같은 슬로건으로 규정했다. "국가에 충분히 납부하자, 집단농장을 위해 충분히 저축하자, 그리고 남는 것은 모두 우리 몫이다"

* 차야노프가 '집단농장kolkhozes' 따위처럼 국가가 관리하는 생산 협동조합을 가리킬 때 쓴 용어다.

(Wu, 1998: 12). 이 슬로건에는 자신과 국가 사이에 정당하다고 여길 만한 수준에서 전체적인 균형을 구성하고 유지하려는 농민층의 희망이 반영되어 있다. 그 같은 전체적 균형이 평형을 잘 이룰 때만 농가는 스스로의 노력을 통해 자신의 필요를 충족할 수 있다.*

노동-소비 균형과 과학의 연관성

농장, 농장 운영, 농장 발전 등이 (또는 어떤 종류의 것이든 간에) 외부적 관계나 조건들로부터 단순하게 도출된다고 이해하면 안 된다는 점에서, 가족농이라는 생산 기계를 담지하는 그릇으로서 노동-소비 균형의 이론적·방법론적 연관성을 찾을 수 있다. 이 연관성은 농업정치학agrarian politics 또는 체제 이행 과정에 관한 논의에서 중요하다. 필요한 균형을 평가하고 농장의 작동 원리에 질서를 부여함으로써 평형 상태에 최대한 접근하려는 전략적 행동을 통해, 농민 농장이 구조화된다. 외부 관계나 동향은 해석되

---

* 다른 곳에서도 이와 유사한 관계들이 존재한다. 유럽에서 일어난 많은 농촌운동(가령, 최근의 우유 파업)도 '균형이 깨졌다'라는 일반적인 느낌에 의해 추동되었다.

고 적극적으로 번역*되어 농장에서의 실천으로 이어진다. 오늘날의 용어로 말하면, 농민 농장은 토지, 작물, 소, 분뇨, 종자, 건축물, 노동, 수작업, 지식, 기계, 연결망(그리고 아마도 약초가 자라는 숲이나 정원, 또는 농업관광 시설, 또는 농장 직판장) 등을 능숙하게 결합해 부드럽게 작동하는 '행위자 연결망'이다. 농민은 외부 조건, 기회, 위협 등에 대응해 능동적으로 농상을 구성한다. 이는 농장과 그 운영 방식에만 적용되는 것이 아니다. 농장의 역동, 즉 농장이 적극적으로 펼쳐지는 방식에도 적용된다.

가족농을 가족 내에 위치한 주요 균형을 따라 평형 상태를 잘 이룬 경제적 기계라고 이해하는 관점은, 농민 농장을 자본과 노동의 모순적인 결합에 기초하여 건설되어서 내재적으로 불안정한 체계라고 이해하는 관점을 부정한다.

마르크스는 노동력을 고용하지 않는 농민을 일종의 쌍둥이 같은 경제적 인간이라고 이름 붙였다. "생산수단 소유자로서 그는 자본가이며, 그 자신이 임금노동자라는 점에서 그는 노동자다." 여기서 더 나아가 마르크스는 다음과 같은 언급을 덧붙였다. "그 양자

---

* 행위자 연결망 이론에서는 하나의 실체가 자신이 포함된 연결망을 표상할 수 있게 해주는 과정을 '번역translation'이라고 정의한다. 라투르B. Latour는 연결망에 참여한 행위자들이 자신과 다른 행위자들의 이해관계에 대해 해석해 바꾼 것을 '번역'이라고 부른다. 라투르의 저서 《젊은 과학의 전선》 참고. – 옮긴이

가 분리되어 있는 것이 이 사회, 즉 자본주의 사회에서 통상적인 관계다." 사회 내 노동분업 증대 법칙에 따르면, 소규모 농민 농업은 불가피하게 대규모 자본주의적 농업에 자리를 내줄 수밖에 없다 (Thorner, 1966: xviii).

그러나 농민 생산 단위는 소멸할 운명에 처한 존재라고 개념화하기를 직설적으로 거부한 다른 마르크스주의자도 많다. 로자 룩셈부르크는 다음과 같이 썼다.

농민층에게 그 모든 자본주의적 생산 범주를 동시에 적용하는 것, 즉 농민을 그 스스로 경영자이자 임금노동자이자 지주인 사람이라고 말하는 것은 공허한 추상화다. 농민층이 갖는 특이한 경제적 성격은 농민이 자본주의적 기업가 계급에 속하지 않으면서 임금을 받는 프롤레타리아 계급에도 속하지 않는다는, 바로 그 사실에 바탕을 둔다. 즉, 농민은 자본주의적 생산을 표상하지 않고 단순상품생산simple commodity production을 표상한다(Rosa Luxemburg, 1951: 368).

잘 특정된 목표들에 초점을 맞춘 명확한 전략이 있을 때에만 균형이 잘 잡힌 행위자 연결망을 구축할 수 있다. 차야노프는 "그 모든 요소를 이 체계 안으로 함께 끌어들이는 구속력은 대체 무엇인가?"(Chayanov, 1966: 103)라고 질문했다. 물론, 그 답은 가구 소득 증대나. 단순하다. 그러나 바로 이 단순성이야말로 오늘날 존재하는 그대로의 세계가 어떤 모습인지 형상화하는 데 도움을 주는 두 가지 요점을 드러낸다. 첫째, 생산 장소는 농가 스스로가 해방을 위해 투쟁하는 자리다(해방은 소득 증대를 통해 현실화되며, 소득 증대는 다시 농장을 개선하는 데 도움이 된다). 둘째, 이 투쟁은 지속적인 농업 생산 증대를 초래한다. 결국, 해방을 향한 추구는 농업 생산의 주요한 그리고 결정적 동력이다.

경지, 건축물이나 장비의 가치, 소 사육 두수, 경운용 가축 같은 여러 가지 농장의 구조적 특징과 농업소득 사이에 존재하는 강력한 상관관계를 바탕으로, 소득 증진 투쟁이 지니는 중심적 역할을 조명해볼 수 있다(Chayanov, 1966: 103의 〈표 3.18〉 참고). "노동 단위당 얻을 수 있는 가장 높은 보수를 추구하는 농가" (Chayanov, 19666: 109)는 더 나은 소득을 만들려고 농장을 발전시킨다(즉, 경지를 넓히고, 소나 말의 수를 늘리고, 자본 형성에 투자한다). 그런 노력이 성공할수록, 가구 소득은 더 좋아질 것이다. 다른 곳에서 차야노프는 "연간 생산량이 많을수록, 가족이 자본 형성 수단을 확보하기가 더 쉬워진다"(Chayanov, 1966: 11)라고 썼다.

그러나 그 같은 순환은 제약되어 있다. 때로는 제약이 심각하다. 첫째, 가용 가족노동력이 제한되어 있다. 이는 노동 집약도(토지의 단위면적당 투입되는 노동력의 양)의 제한을 뜻한다. 둘째, 자본 집약도(토지 단위면적당 자본의 양) 또한 제한되어 있다. 그래서 제한된 그 상황에서 활용할 수 있는 기술의 수준을 넘어서는 기술은 적용할 수 없다. 가족의 자본 형성 가능성 수준을 넘어설 수도 없다. 결국, 노동과 자본 양자의 투입은 또 다른 종류의 균형, 즉 만족과 수고의 균형에 좌우된다.

두 번째, 만족과 수고의 균형

이것이 차야노프가 논의한 두 번째 균형이다. 다시 말하지만, 만족과 수고는 농민 농장이 기능하려면 특수한 종류의 평형 상태에 이르러야 하는, 두 개의 통약 불가능한 현상이다. 수고란 총생산(혹은 총 농업소득)을 증대하는 데 필요한 추가적인 노력을 말한다. 수고는 경제적 어려움, 장기간의 노동일, 뙤약볕에서 땀 흘리는 노고(그리고 차가운 맥주를 상상하는 것), 새벽이 오기도 전에 농작업을 시작하는 것, 꽁꽁 얼어붙거나 흠뻑 젖은 상태에서 일하는 것 등을 연상시킨다. 즐겁고 의미 있는 활동으로서 농작업을 경험할 수도 있다. 그러나 농작업에는 육체적 수고가 수반되며, 할 일이 늘어날 때는 고된 농작업의 특징이 더욱 크게 느껴질 것이다. '수고'라는 분석적 개념을 통해 포착하려는 바가 바로 그것이다. 만족은 수고의 반대다. (그 성격이 어떤 것이든) 소득 증가가 제공하는 추가적인 편익이다. 여기에서 요점은 가족농은 만족과 수고 사이에서 균형을 추구한다는 것이다.

일반적으로, 생산이 증가한다는 것은 수고는 늘어나고 만족은 줄어든다는 뜻이다. 그러나 "수고와 만족이 한 측면으로만 서로 의존적으로 연계되어 있다고 생각한다면, 그건 순진한 발상이다"(Chayanov, 1966: 198). 대신, "우리 눈앞에는 수고와 만족이라는 두 구성 요소가 평형을 이룸으로써 하나의 체계를 형성하는 여러 현상이 있다"(Chayanov, 1966: 198).

농민은 "자기 가족의 수요에 따라 일하도록 자극받기에, 그 수요의 압력이 커질수록 **더 큰 에너지**를 발전시킨다. 이로써 후생well-being이 증진된다"(Chayanov, 1966: 78. 강조는 차야노프의 원문). 달리 말하면, 노동자 1명당 소비자 수가 증가할 때 노동자의 산출은 더 많아져야 한다(예를 들면, 노동자 1명당 경지 면적을 더 늘려 일함으로써, 자원의 질을 증진함으로써, 그리고/또는 더 많은 자본재를 만들어냄으로써 그렇게 해야 한다). 바로 이 지점에서 수고와 만족 사이의 균형이 중요해진다. "가족농에서 노동자 한 사람이 발전시키는 에너지는 가족 소비자 수요에 의해 자극받는다"(Chaynov, 1966: 81). 다른 한편으로는, "노동 그 자체의 수고를 통해 에너지 지출이 억제된다"(Chayanov, 1966: 81).

얼핏 보면, 노동-소비의 균형 그리고 수고-만족의 균형은 동일한 것 같다(특히 수고를 노동에 그리고 만족을 소비에 등치시킨다면 말이다). 그 둘은 관련이 있지만, 전혀 동일하지 않다. 기본적인 차이점이 있다. 노동-소비의 균형은 가족 상태와 관련된다. 즉, 노동자 수와 관련하여 따져볼 수 있는 소비자 수에 관한 것이다. 수고-만족의 균형은 개별 노동자(특히 가구주)와 관련되어 있다. "제한된 시간 동안 **한 사람**이 수행하는 농작업의 양이 많아질수록, **그 사람**이 기울이는 더 많은 수고가 마지막 한계노동 단위가 된다"(Chayanov, 1966: 81).

이 차이점은 중요하다. 농민 농장에서 생산이 어떻게 증대하고 농민 가족의 후생이 어떻게 증진될 수 있는지 설명해주기 때문이다. 더 많이 수고함으로써(즉, 더욱 고되게 일함으로써) 개별 작업자(들)가 자본 형성에 기여할 수 있다. 그리고 이는 정해진 가용 노동력으로 더 높은 수준의 생산을 달성하게 해줄 것이다(즉, 노동자 1인당 순생산이 증가한다). 그 결과, 충족할 수 있는 가족의 소비 수요 수준이 상승한다.

〈그림 2.1〉은 수고와 만족의 균형에 관한 전형적인 차야노프식 표현을 바탕으로 만든 것이다. 실선은 '만족'(총생산이 증가함에 따라 단위생산량당 만족은 감소한다)과 '수고'(총생산에 비례하여 증가한다)를 나타낸다. 점 E1에서 두 곡선은 평형을 이루는데, 이 점은 일정한 생산 수준(P1)을 뜻한다. 그런데 가족의 즉각적인 소비 필요를 초과할 정도로 만족이 증가하면(예를 들어, '아름다운 농장'을 만드는 것이 포함된다[〈글상자 2.4〉 참고]), 새로운 '만족 곡선'이 정의

된다. 이는 새로운 평형(E2)을 낳고, 결과적으로 새로운 생산 수준(P2)에 도달한다. 이때 가족농은 즉각적인 소비 필요를 충족하고 남는 것으로 자본을 형성한다(예를 들어, 장래의 '아름다운 농장'을 이룰 부분들을 형성하는 것). 그렇게 생산 확대와 자원 기반에 대한 물질적 증진을 통해 해방 열망이 발생하고 실현된다. 이는 또한 수고를 재정의하는 결과를 낳기도 한다. 가령, 가까운 장래에는 개선된 균형에 따라 농작업을 수행하여 감자 생산 활동을 계속할 가능성이 열리면, 수고는 덜 부담스러운 것으로 느껴질 터다. 그렇게 해서 새로운 평형점과 그에 따른 새로운 생산 수준을 규

〈그림 2.1〉 수고와 만족의 균형에 대한 재평가

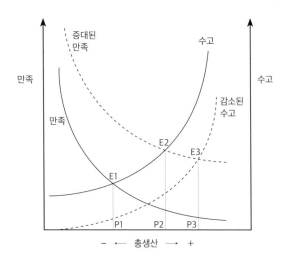

정하는 새로운 수고 곡선이 등장한다. 만족과 수고가 서로 다르게 인지될 수도 있는데, 그때에는 점 E3과 P3이 가능해진다.

일상생활에서는, (가치, 규범, 공유된 신념 및 경험, 집합적 기억, 경험칙 등으로 구성된) 문화적 레퍼토리가 〈그림 2.1〉에서 드러나는 복잡성을 다스린다. 이 문화적 레퍼토리는 특정 상황에 대한 대응 방법을 구체적으로 추천한다. 예를 들어, "좋은 농부라면 가장 좋은 소는 결코 팔지 않는다"라는 말이 있다. 다소 모호한 말인 듯하지만, 농부가 겪는 일상생활에서는 자본 형성에 관한 정확한 준거다. '가장 좋은 소'에서 가장 좋은 송아지가 나올 수 있음을 가리키기 때문이다. 이 말은 '가장 좋은 소'를 돌보는 데 수고를 들일 가치가 있음을 뜻한다. 예를 들어, "형편없는 농부에게 좋은 소는 너무 리스크가 크다"(만약 소가 갑자기 죽으면 그 손실이 너무 클 것이다)라는 사실을 보여주는 다른 농민들이 있어 그 같은 경험칙이 들어맞음을 우리가 알고 있다면, "좋은 농부라면 가장 좋은 소는 결코 팔지 않는다"라는 앞의 말은 더욱 타당해질 것이다. 간단히 말해, 균형에 대한 평가 및 재평가에는 '도덕경제'(Scott, 1976)에 바탕을 둔 판단이 수반된다. 이런 도덕경제는 '경제적 기계' 외부에 있지 않다. 그 기계가 작동하는 데 도덕경제는 필수적이다(Edelman, 2005 참고).

이 특수한 균형과 관련하여 시사점을 여럿 논의할 수 있다. 여기서는 두 개만 간략하게 언급한다. 첫째, **사회적으로 그리고 문화**

아래 그림(출처: Ploeg, 2008)은 파르메산Parmesan 치즈 가공용 우유를 생산하는 이탈리아 북부 지역 농부들의 계산 방식을 보여준다. 이 계산 방식은 일련의 개념과 상호관계로 구성되어, 영농 조직 방법을 정하는 데 사용된다. 여기에서 특수한 영농의 논리, 즉 생산과정을 인식하고, 계산하고, 계획하고, 질서화하는 특수한 방식이 드러난다. 농민다운 방식으로 농장을 운영하는 농업인들이 이런 특수한 계산 방식을 사용한다. 이것은 과거에나 존재했던 역사 속의 계산 방식이 아니다. 지금도 농장을 운영하는 (그리고 상당히 성공적인 방식으로 운영하는) 농업인들이 쓰는 방식이다.

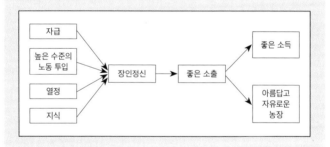

이 같은 농민의 논리에서는 '좋은 소출produzione'이라는 관념이 핵심적인 위상과 의미를 지닌다. 이 논리 안에서 '좋은 소출'은 노동 대상 단위당(예: 소 한 마리당, 토지 단위면적당) 생산량, 즉 많은 단위수확량을 뜻한다. '좋은 소출'이라고 말하려면, 생산량이 높

고 지속 가능해야만 한다. 그러나 농민들이 주장하듯이, '좋은 소출'을 '강제'로 만들 수는 없다. '좋은 소출'은 '돌봄cura'이라고 정의되는 틀 안에서 가능한 한 많아야 하는 것이다. 농민은 가축을, 작물을, 들판을 잘 돌봐야 한다. 그런 돌봄으로 농작업을 한다면, 노동 대상 단위당 생산량이 많아질 것이다. 돌봄은 장인정신의 표현이기도 하다. 그리고 노동의 질을 가리킨다. 보다 일반적인 용어로 말하자면, 돌봄이란 많은 단위수확량과 꾸준한 진보를 보장하는 방식으로 생산 및 재생산 과정을 질서화하는 것을 뜻한다.

이탈리아 농민의 세계관에서, 높은 수준의 생산량을 거두는 것은 정당하다. 그래야 단기적으로는 소득을 얻고 유지하면서, 아마도 더 중요하게는, 장기적으로 아름다운 농장la bell'azienda을 만들 수 있기 때문이다. 이 점들을 함께 고려하여, 그들은 차야노프가 말하는 '만족'을 정의한다.

돌봄은 몇 가지 조건에 좌우된다. 열정, 헌신(이는 많은 양의 노동 투입과 고되게 일하는 것을 가리키기도 한다), 전문성(자신의 직업에 관해 아는 것), 그리고 끝으로 자급자족이 있어야 한다. 농업 생산 단위는 가능한 한 자급자족적이어야 한다. 많은 노동 투입은 분명히 '수고'를 표현하는 것이다. 이는 상당 부분 열정에 의해 매개된다(〈그림 2.1〉에서 '수고'에서 '감소된 수고'로 어떻게 이동하는지 조명했다).

전체적으로 볼 때, 이 계산법은 수고와 만족이 현대 낙농에서 어떤 상호 연관을 맺는지 보여준다. 또한, 수고와 만족 사이의 균형이 단위수확량과 관련된다는 점을 보여준다. 이 점은 5장에서 다시 논의할 것이다.

적으로 매개된 농업을 성장시키고 번창시키려는 (수고를 감수하며 다양한 자본 형성 과정에 참여하는) **농민의 의지가 농업 발전 및 성장 과정의 핵심을 이룬다.** 둘째, 반드시 국가가 그리고 국가를 통해 (농민을 집중적으로 착취함으로써) 자본을 형성해야 하는 것은 아니다. 농민층이 적극적으로 참여하는 탈중심화된 과정을 통해서도 자본을 형성할 수 있다.

'주관적 평가'에 관해

수십 년 동안 차야노프의 주요 저작은 여러 측면에서 많은 비판을 받았다. 여기서 그렇게 다양한 반론을 논의하고 논쟁을 다시 시작할 여유는 없다(그리고 싶지도 않다). 딱 하나만 예외적으로 논의하려 한다. 농민 농장의 역동성에 관한 차야노프의 이론이 기본적으로 '주관적 평가'에 의존하고 있다는, 즉 '유물론적이지 않다'는 비판이다.

서로 다른 여러 균형을 평가한 토대 위에서 농장 조직을 계획하는 일은, 그것이 전략적 숙고를 통해 일어나고 농가 경영주의 "경제적 계산"(Chayanov, 1966: 86)과 관련되는 한, 참으로 주관적인 일이다. 숙고의 내용이 세대 및 성별관계에 따라 크게 좌우되기 때문이다. 그러나 그 평가는 객관적인 것이기도 하다. 그 숙고가 농가의 물질적 현실(가용 토지, 노동력, 소비 필요, 자본 형성의 필요성 등)뿐만 아니라 가족농이 운영되는 구조적 여건(시장 상황, 수공업 및 거래에의 참여 가능성, 가격 수준, "도시 문화의 영향"[Chayanov, 1966: 84] 등)을 ("그 필요성 때문에"[Chayanov, 1966: 87]) 고려하고 크게 반영하는 한, 객관적이라는 말이다. 이 평가는 심지어 계량화될 수도 있다(Chayanov, 1966: 87). 주관적 평가라고 해서 변덕스러운 것이라거나 생활의 물질적 현실과 동떨어진 것이라고 할 수는 없다. 오히려 주관적 평가는 이들 물질적 현실을 고려하는 일로서, 물질적 현실은 때로 불리한 조건이 되기도 한다. 요점은, 물질적 현실이 자동적으로 파급 효과를 낳는 게 아니라는 것이다. 물질적 현실은 농업인의 능동적인 관찰, 해석, 그에 따른 행위 과정으로의 번역 등을 통해 파급 효과를 낳는다. 밑바닥의 풀뿌리 행위자가 그 모든 것을 행하는데, 롱과 롱(Long and Long, 1992: 22-23)에 따르면 풀뿌리 행위자는 다음과 같은 능력을 지녔다.

삶에 대처하는 방식을 마련하고 사회적 경험을 진행할 수 있는 능력, 심지어 가장 극단적인 형태의 강제하에 놓여 있더라도 그렇게 할 수 있는 능력. 정보가 제약되고 불확실성과 여타의 제한(가령, 신체적, 규범적, 정치·경제적)이 존재하는 상황 속에서도, 사회적 행위자에게는 지력知力이 있고 역량이 있다.

차야노프 자신도 그런 비판을 의식하고 있었다. "[주관적 평가, 한계지출, 평형 등과 같은] 용어를 사용했기에,* 내 이론적 정식을 훑어본 많은 독자가 나를 오스트리아 학파**에 포함시킬 수도 있겠다. 그래서 이 연구에 관심을 덜 가질지도 모르겠다"(Chayanov, 1966: 220). 그러나 차야노프와 오스트리아 학파 사이에는 명확하고 설득력 있는 구분선(그리고 방어선)이 존재한다.

한계효용 학파[즉, 오스트리아 학파]는 주관적 평가로부터 … 국민경제의 전체 체계를 도출하려고 시도했다. 이는 중대한 잘못이었다. 나는 그렇게 하지 않는다. 나의 분석 전체는 … **농장에서 진행되는 과정** 중 하나에 관한 것이었다(Chayanov, 1966: 220. 강조는 차야노프의 원문).

계속해서 차야노프는 다음과 같이 썼다.

가족농이라는 생산 기계가 **사적 경제의 관점**private economic

---

* "이 개념들과 다른 개념들이 … 너무나 통상적인 것이 아니어서 … 나는 러시아 독자들과 공유하는 언어를 찾기 어렵게 된다는 리스크를 감수하는 셈이다"(Chayanov, 1966: 219).

** 19세기 후반에 한계효용가치설을 전개하면서 경제현상에 대해 주관적·개인적 입장에서 접근한 근대경제학의 한 사조다. 오스트리아 빈 대학의 교수로 있었던 멩거C. Manger가 좌장 격이었기에 오스트리아 학파라고 부른다. – 옮긴이

viewpoint에서[오늘날이라면 '관련 행위자의 관점에서'라고 표현될 것이다] 어떻게 조직되는지, 가족농을 압박하는 일반적 경제 요인의 특수한 효과에 가족농이 어떻게 반응하는지, 가족농이라는 생산 기계의 부피가 어떻게 결정되는지, 그리고 자본 형성이 어떻게 일어나는지 밝히려고 노력했다(Chayanov, 1966: 220. 강조는 차야노프의 원문).

끝으로, 주관적 평가는 객관적으로 필요하다. 농민 농장 내부에서는 임금이 지불되지 않기에, 생산 단위와 소비 단위를 내부적으로 구조화하는 자본-노동 관계가 없기에, 필요한 평형을 외부에서 일방적으로 이식하는 것이 아니기에, 관련 행위자가 주관적 평가를 통해 내부적으로 평가해야 한다. 그런 주관적 평가는 그저 필수불가결한 것일 뿐이다. 그런 주관적 평가가 없다면, 그 결과로 농장은 요소들이 잘못 설정된 혼돈스러운 묶음(제대로 기능하지 못하는 '생산 기계')이 되고 말 것이다. 지력知力과 역량이 있는 행위자들이 실험하고 검증하고 목적 지향적인 방식으로 가족 및 농장 내부에 동반하는 많은 균형을 조율할 때에만 영농의 기예가 가능해진다. 간단히 말해, 영농 활동에는 주관적 평가가 내재한다. 특정한 이론 사조에서는 혹은 특정한 정치적 성향에서는 이와 관련된 한계주의적marginalist 계산이 금기인지도 모르겠다. 그러나 그런 계산이 어떻단 말인가? 이론을 수정하고 정치적 입장을 재규정해야 하는 것 아닌가? 농민에게 정밀하게 계산하고 자신의 이익이나 전망에 예민한 안목을 유지하는 일을 삼가라고 요구할 수는 없다. 그렇게 요구한다면, 그건 농민에게 자기가 사는 동네의 바보가 되라고 하는 꼴과 다름없다(Shanin, 1986 참고).

자기 착취

차야노프가 만든 개념 도식에서 가장 불운한 부분은 '자기 착취self-exploitation'라는 발상일 것이다. 자기 착취라는 개념은 수십 년 동안 상당한 혼란을 빚었다. 이 용어는 "빈곤한 농가가 보통의 임금 수준보다 낮은 수입에도, 자신에게 가해지는 신체적·정신적 위해를 감수하면서 가혹하게 노동하는 것"(Shanin, 1986)이라고 이해되었다. 간단히 말해, 농민의 자기 착취는 (농민층의 영속을 설명하려고 상정된) 소비에 관한 카우츠키의 테제와 '노동 약탈'에 관한 레닌의 테제를 결합한 듯하다. 그런 식으로 농민의 경제적 후진성에 관한 논의가 포괄적인 종합 테제로 등장하는 것 같다. 즉, 농민은 너무도 어리석어 피골이 상접할 지경이 되도록 자기 자신을 착취한다는 것이다. 농민은 죽기 살기로 고되게 일하지만, 자신의 먹을거리를 확보할 수조차 없다는 것이다.

그러나 차야노프 본인은 완전히 다른 이야기를 했다. 차야노프는 이 점을 아주 명확하게 밝혔다. '자기 착취'는 농민 노동의 생산성과 동일한 개념이다. 자기 착취는 표준적인 가족농의 노동력 1인당 순생산이다(Chayanov, 1966: 70-71ff). 이 같은 '자기 착취의 수준'은 광범위한 요인들에 좌우된다. 차야노프는 토양 비옥도, 시장과 관련한 농장의 입지, 현재의 시장 상황, 지역의 토지 관계, 지역 시장의 조직 형태, 거래 특성, 금융자본의 침투 등을 논의한다. 참으로 긴 목록에 이어, 그는 이 모든 요인이 "우리의 현재 조사 영역 바깥에 놓여 있다"(Chayanov, 1966: 73)라고 언급한다(차야노프는 자신의 논의를 농가 및 농장 내부의 요인들에 국한했다).

물론, 농업노동력 1인당 순생산은 농작업(또는 수고)의 강도와 시간, 생산에 수반하는 여타의 비용(종자, 농기구 등), 농작업에 따르는 보상(예를 들어, 잉여를 판매한 대가로 얻는 가격) 등에 좌우된다. 그런 가격이나 비용은 앞에 목록으로 제시한 외부 요인들에 크게 좌우된다. 그리고 바로 여기서, 내 의견으로는, 차야노프가 나중에 그토록 많은 혼란을 일으킨 이 이상한 용어를 사용한 이유를 찾을 수 있다. 착취라는 개념은 두 사람 사이의 관계를 가정한다. 즉, 한 사람은 잉여 산물을 생산하는 자이고, 다른 사람은 그 잉여 산물을 전유하는 자다. 잉여를 생산하고 나서 그 잉여를 되돌려받는다는 것은, 그 자체로 들어맞지 않는 말이다. "자기 착취"는 모순적인 개념이다. 사람은 스스로를 착취할 수 없다. 다시 말하지만, 착취는 관계를 전제하므로 고립된 개인 한 명 수준에서는 착취가 일어날 수 없다. 자기 착취라는 개념은 차야노프의 접근방법에서 핵심을 비껴 가는 것이기에, 더욱더 설득력이 없다. 마르크스주의 관점에서 보면, 농민 농장에서 자본재는 자본이 아니고 어떤 이윤(예를 들어, 잉여가치)도 계산될 수 없다. 그저 가족의 활동에 따른 하나의 수입이 있을 뿐이다. 이 수입은 본성상 고유하고 불가분의 것이다.

1917년 이후 상황에서 "현재의 시장 상황", 그 시장의 "조직 형태", "거래 특성" 따위의 표현은 볼셰비키 국가의 통치체제에 영향을 크게 받은 것이다. 당시의 통치체제는 러시아 농민층을 크게 착취하고 있었는데, 부분적으로는 중공업을 육성할 자금을 모으기 위한 것이었다. 낮은 농산물 가격, 단위수확량 일부분에 대한 징발, 높은 과세 등이 정책 수단으로 활용되었다. 차야노프(1966b)는 특정한 경제적 질서가 완전히 다른 경제적 질서 위에 덧씌워질 수도 있다는 점을 익히 알고 있었다. 볼셰비키 체제는 그 스스로를 농민경제에 덧씌우고 있었다. 이는 농민경제로부터 자본을 유출시켜 '본원적 축적'을 이루기 위한 것이었다.

다양한 축적 양식에 관한 중요한 논쟁이 그 당시에도 일어나고 있었지만(Kay, 2009), '국가의 착취'에 관해 드러내놓고 논의하는 것은 아주 위험했을 터다. 그리하여 '자기 착취'라는 문구를 사용하게 되었다. 자기 착취는 국가사회주의 건설에 조력하려고 고된 일을 선택한 농민층을 암시하는 말이었다. 그러나 실제로

이 용어는 농민의 경제적 후진성을 가정하는 슬로건으로 재빨리 변모했다(Kautsky, 1974: 124의 여러 곳에 나온다). 농민이 정말로 농민이기를 원한다는 발상은 카우츠키에게는 상상도 할 수 없는 일이었다. "과거에나 지금이나 농민층이 진보를 만들어낸다면 그것은 이 '자기 착취'를 통해서뿐이다"(Vlaslos, 1986: 158)라는 발상에서 보듯이 말이다.

3

상호작용하는 더 높은 층위의 균형들

이 장에서 논할 더 넓은 층위의 균형들은, 차야노프가 방대하게 논의했고 앞 장에서 간략하게 종합한 두 개의 균형과 관계있다. 대체로 차야노프 접근방법이라고 알려진 전통 안에서 발전한 이 균형들을 토대로, 오늘날 농민 영농이 직면한 문제점과 잠재력을 일관되게 움켜쥐고 다룰 수 있다. 이 균형들은 농민층 안에, 국가 및 지역 간에, 국가나 지역 안에 존재하는 이질성을 설명하는 데에도 도움이 된다. 그 균형들을, 내가 보기에 가장 논리적일 것 같은 순서에 따라 소개한다.

사람과 살아 있는 자연 사이의 균형

가장 일반적인 관점에서 볼 때, 영농 활동은 공동 생산 coproduction, 즉 사회적인 것과 자연적인 것 사이의 만남이라고 이해해야 한다(Toledo, 1990). 이런 관점에서 보면, 영농 활동은 사람과 '살아 있는 자연'의 지속적인 상호작용이자 상호 변형이라고 볼 수 있다. 인류는 자연을 이용한다. 그러면서 자연을 변형한다. 그러나 자연을 (특정한 방식으로) 이용하면 사회 자체에 흔적이 남는다. 자연을 변형하는 데는 특정한 제도가 필요하다. 그러므로 공동 생산은 자연적인 것의 꼴을 계속 형성하는 만큼이나 사회적인 것의 꼴도 계속 형성한다. 프랑스의 양조용 포도 생산자이자 협동조합 지도자였던 인물에게 스스로를 '농민'이라고 부르는 이유가 무엇이냐고 물어본 적이 있다. 그의 대답에, '사람과 살아 있는 자연 사이의 균형'이 아름답게 표현되어 있다. "땅에 의지해 살기에, 나는 농민입니다Moi je suis paysan parce que je vive de la terre." 약간 바꾸어 다시 쓰면, "공동 생산이 나를 농민으로 만드는 것입니다"라고 할 수 있겠다.*

'사람'과 '살아 있는 자연'은 서로 다른 실체다. 하지만 이 둘은 영농 실천 안에 결합되어 있다. 그 결합에는 여러 목표를 달성하는 데 필요한 평형을 적절하게 이루는 일이 수반된다. 또한, 그 결합은 충분한 생산을 제공해야만 한다('땅에 의지해 사는 것'을 가능케 한다). 그러나 자연을 재생산하는 것도 필요하다. 가급적 자연을 풍요롭게 하고 증진하며 다양하게 해야 한다. 그리고 자연을 이용하고 변형하는 것은 사람들이 다양성, 불확실성, 변덕스러움 등에 대처할 수 있다는 뜻이기도 하다. 공동 생산에 참여하는 이들은 순환의 펼침(작물 생장, 송아지가 암소로 성장하는 것, 성

---

* 차야노프도 이 점을 표현했다. "농업 생산의 생물학적 성격이야말로 농업과 도시의 산업이 구별되는 점인데… 농업의 대규모 및 소규모 사업체들이 수행하는 역할이 도시의 자본주의적 산업 및 수공업 단위와 차이가 나는 이유다"(Chayanov, 1923: 5). 쏘너의 편집본에서는 서론에서 이 부분이 누락되어 있다. 이후에 만과 디킨슨(Mann and Dickinson, 1978)이 이 같은 특별한 관점을 발전시켰다.

장한 소가 젖소가 되는 것)에 직면해야 하고, 관찰한 바를 이 순환에 비추어 해석하고, 많은 방식으로(즉 어떤 것은 작게, 어떤 것은 크게) 적응시켜야 한다. 그러므로 노동과정은 육체노동과 정신노동이 긴밀하게 엮이는 장인의 방식으로 조직된다. 이런 관점에서 볼 때, 명령을 내리는 지휘부가 외부에 존재한다면 해로운 결과만 을 가져올 것이다(Sennett, 2008). 영농 활동은 시간과 장소의 특 정성에 맞춰져야 한다. 《사회적 농학》에서 차야노프는 "청사진 을 갖고 일하는 것은 불가능하다"(Chayanov, 1924: 12)라고 썼다. 이 모든 점 때문에, 조직 모델로서는 농민 농장이 결정적으로 유리해진다. 즉, 농민 농장은 공동 생산을 관리하는 데 가장 적 절한 제도다. 공동 생산에서는 표준화, 완벽한 계량화, 빈틈없는 계획 따위가 배제된다. 따라서 농민 농장이 필요하다. 농민 농 장은 공동 생산을 균형이 잘 잡힌 상태로 발전하게 만드는 일과 농민층의 해방 열망을 한데 묶기 때문이다. 이는 농민 농장이라 는 미시 수준에서 일어나는 일인데, 공동 생산의 전개와 농가의 노동소득 증진 사이에 직접적인 연결을 확고하게 정립함으로써 가능해진다.

공동 생산이 중요하다는 점은 심원한 결론을 시사한다.

첫째, 자연과 경제를 지배한다고 여겨지는 고정된 법칙이 꽤 완벽하게 펼쳐지는 것이 농업 발전이라고 이해해서는 안 된다. 그보다는, 농업 발전이란 그 자체의 규칙성과 잠재력을 가진 새로운 배치들을 반복적으로 만들어내는 계속적인 상호작용과 전환의 산출물이다(5장 참고). 공동 생산은, 자연이 풍요롭게 될 수 있고 새로운 잠재력이 나타날 수 있다는 뜻이다. 특정 형태의 공동 생산을 통해 경관이 형성되고 그 꼴이 다시 만들어진다(Gerristen, 2002). 즉, 동물, 식물, 습지, 임야, 구릉, 계곡 등이 변형된다. 다시 빚어진 다양한 요소가 재결합될 때, 새로운 생산적 가능성을 만들어낼 수 있다.

둘째, 자연 자원(들판, 소, '농촌의 자연'* 등)의 유연성**(또는 보다 일반적으로 말하자면 변형 가능성) 덕택에 농업이 내생적으로 발전할 수 있다. 성장과 발전은 '안으로부터' 만들어질 수 있다. 이는 5장에서 더 상세하게 논의할 것이다.

셋째, 공동 생산(그리고 내생적 발전의 가능성)은 숙련된 솜씨를 무대의 중심에 올려놓는다. 숙련된 솜씨란 '큰 그림을 보는', 즉 사회적 세계와 자연적 세계 안에 있는 광범위한 영역들과 두 세계의 상호작용을 관찰하고, 다루고, 조정하고, 조율하는 능력이다.

넷째, 농민 농업에서는 사람과 살아 있는 자연 사이의 균형이

---

* 이것은 차야노프가 가끔 사용하던 표현이다. 이 장에서 이 부분에 관해 더 논의할 것이다.

** 이는 현재의 축종, 현재의 작물 품종, 특정 수준의 토양 비옥도 등을 사회적 구성물로 이해할 필요가 있다는 뜻이다. 그런 것들은 오래되고 복잡한 공진화의 산출물이다(Sonneveld, 2004 참고).

본질적으로 일종의 호혜성이라는 점을 인식하는 게 중요하다(《글 상자 3.1》 참고).

공동 생산과 공진화를 통해 사회적인 것과 자연적인 것, 양자는 계속 변형된다. 차야노프는 이 점을 깊게 의식하고 있었다. 《노동의 경제학Economy of Labour》 제2부에서 차야노프는 이렇게 썼다. "1917년의 농민경제는 1905년의 농민경제와는 더 이상 같지 않다. 농민경제 그 자체가 깊은 곳에서부터 변했다. 들판에서는 과거와는 다른 방식으로 농작업이 이루어지며, 새로운 방식으로 소를 키운다. 농민은 더 많이 팔고, 훨씬 더 많이 구매한다. 분업은 우리 농촌에서 크게 확대되었다. 그리하여 농촌의 **자연**을 깊은 곳에서부터 변화시켰다. 농민들 스스로 많이 진보했으며, 더욱 문명화되었다"(Chayanov, 1988: 136).

차야노프는 이 균형에 관해 더는 부연하지 않았다. 이 점은 꽤 이해할 만하다. 앞에서 논의했듯이, 19세기 말에서 20세기 초에는 러시아에서 토지가 부족한 적이 거의 없었다. 그리고 공유지 분할 분배와 토지 임대의 확산 때문에 토지 이전은 흔한 일이었다. 더 넓은 면적에서 기존 패턴에 따른 토지 이용을 그대로 반복해도 더 높은 성장을 이룰 수 있었다는 뜻이다. 영농을 집약화할 필요가 적었다(그리고 집약화가 일어난다면, 그것은 주로 작부체계 변화에 의한 것이었다). 노동 주도형 집약화는, 자원 활용 및 결합 방식을 미세 조정함으로써 자원이 지속적으로 증진되는 과정 안에 놓인다. 따라서 사람과 살아 있는 자연의 상호작용은 지속적 재구성 과정 중에 놓인다. 특정 수준의 집약화에서 그다음 수준의 집약화로 이행하는 과정에서, 영농 실천이 사회적으로 구성된다는 점을 알 수 있다. 그리고 영농 실천이 (때로는 느리고 거의 눈에 띄지 않게, 또 어떤 때에는 급작스럽게 진행되는) 사회적 배치와 생태적 패턴 양자의 지속적인 변형을 뒷받침한다는 점도 잘 드러난다. 이런 관점에서 보자면, 프리스(Vries, 1931)와 티머르(Timmer, 1949)(두 사람 모두 인도네시아와 네덜란드에서 연구했다) 같은 차야노프주의자는 이 특수한 균형에 상당한 주의를 기울였다고 할 수 있다. 러시아에서 거의 눈에 띄지 않았던 것들이, 그 두 사람이 활동했던 지역들에서는 아주 선명하게 관찰되었다.

사람과 살아 있는 자연 사이의 균형은 현재의 농업에 관한 모든 분석에서 고려해야 할 가장 우선적인 사항이다. 영농 활동과 생태계 사이에 수많은 단절이 있기 때문이다. 그 단절들이 환경 위기를 가속화하고 있다.

사회적인 것과 자연적인 것 사이의 올바른 균형을 이루는 것이야말로 모든 영농 실천에서 계속적인 관심사다. 영농 활동은 때로는 살아 있는 자연에서 멀어지고, 또 다른 때에는 살아 있는 자연 위에 스스로를 정초한다. 요제프 피서르(Jozef Visser, 2010)는 제2차 세계대전 직후의 중요한 일화를 기록한 바 있다. 그 시절에는 전쟁 때 사용한 기계들을 다른 용도로 쓰려고 변

　이탈리아 농민은 자신이 들판, 소, 작물 등과 어떤 식으로 관계를 이루는지 논의할 때 아마 '돌봄'이라는 말을 쓸 것이다(〈글상자 2.4〉 참고). 이 표현은 공예나 장인정신을 연상시키기 쉽다. 그러나 또한 말 그대로 '돌본다'는 뜻이기도 한다. 돌봄은 본질적으로 호혜성과 관련된다(Sabourin, 2006 참고). 돌봄이 노동의 핵심을 차지해야만 땅, 가축, 작물이 좋은 소출을 안겨줄 것이다. 돌봄은 도구적 활동과는 거리가 멀다. 이탈리아 농민의 담론에서 돌봄은 노동 대상에 대한 열정, 헌신, 지식이 있음을 전제한다. 끝으로, 자급자족의 필요성도 존재한다. 즉, 생산과정에 사용되는 자원을 가족농 자신이 소유해야 한다. 농장 투입재 측면에서 시장에 크게 의존하는 관계는 피해야 한다. 그런 관계는 농장의 심장부에 '시장의 논리'를 가져올 것이기 때문이다. 시장에 의존하는 관계를 배제하지 못하면, 돌봄이라는 의미를 갖고 일하는 데 위협이 된다. 돌봄이라는 개념은 농업인과 농업노동 대상 사이에 이루어지는 호혜적 관계를 규정하는 동시에 반영한다. 돌봄의 관계는 결정적으로 상품이 아니다. 주고받음의 문제다. 말하자면, 양방향으로 오가는 선물의 문제다. 농부는 송아지를 기르고 돌보며, 송아지에게 보금자리를 마련해주고, 좋은 젖소로 성장할 기회를 준다. 그리고 송아지 한 마리 한 마리마다 필요에 맞게 먹이를 조심스럽게 먹일 것이다. 그다음에는 소가 농부에게 새롭고, 바라건대 장래가 밝은 송아지를 선사할 것이다. 그리고 여러 해 동안 우유를 풍부하게 계속 제공할 것이다. 이것이 바로,

빅토르 톨레도(Victor Toledo, 1990)가 제시한 대로, 농부와 살아 있는 자연 사이의 비상품 교환이다.

전 세계의 수많은 영농 체계가 이런 유형의 관계에 바탕을 두고 있다. 수십 년 동안 안데스 지역에서 연구했던 인류학자인 판 케셀(van Kessel, 1990: 78)에 따르면, 그 같은 호혜성은 일종의 의인화를 함의하는 '은유적 표현'을 통해 강화된다. 즉 땅, 작물, 호수, 우물, 빛, 강우, 빙결, 여타의 기상 현상이 숱한 종류의 신호를 주는 살아 있는 존재로 인식되고 이해된다. 이런 맥락에서는, 예를 들어 (제공받은 그 모든 돌봄에 대하여) "여기의 이 땅이 고마워하고 있다" 그리고 그 결과로 "그녀(땅은 거의 언제나 여성형으로 표현된다)는 인심이 후하다"(즉, 보답하려고 한다)라는 식으로 말하는 것이 당연해진다. 서로 대등한 인격체로 말하기 때문에 가정법을 쓴다. 노동 대상에게(또는 노동 대상에 관해) 말할 때, 안데스 지역의 농부는 세계를 '있는 그대로'(일단 한번 주어지고 나면 기계적 인과 관계에 따라 지배되는 세계라고), 즉 직설법으로 언급하지 않는다. 대신, 가정법을 활용하여 가능성을, 진화하는 실재를, 기대를 언급한다. 이는 직관들을 반영한다. 안데스 농민이 몽상가라는 뜻이 아니다. 오히려, "들판에서 기술을 운용할 때 헌신, 이해, 애정이라는 규범을 지켜야 한다"는 뜻이다(van Kessel, 1990: 92). 이 개념들은 앞에서 논의한 이탈리아 농부의 관념과도 크게 일치한다. 유럽의 프리지아 지역 농민이, 주고받음의 관계를 표현하며 "땅에 머물고 싶다면 땅이 원하는 것을 주어야 한다as jo lân hâlde wolle dan moat it sines ha"라고 하듯이 말이다(Ploeg, 2003: 94). 이런 유사성은 결코 우연의 일치가 아니다. 이런 표현은 사람과 땅 사이에 이루어지는 호혜적 관계에 근거한 것이다. 따라서 농민 농업이 실천되는 곳이라면 어디에서나 등장한다. 중국 속담에 "사람이 열심히 일하면 땅도 게으르지 않을 것이다"라는 말이 있듯이 말이다(Arkush, 1984).

형하곤 했다. 그래서 탄약 공장은 화학비료를 생산하는 공장으로 전환되었다(탄약과 화학비료 둘 다 하버-보슈Haber-Bosch 공정을 따르는 것이어서, 그런 전환은 상대적으로 쉬운 일이었다). 무기를 장착한 교통수단을 만들던 생산 라인은 트랙터 생산 라인이 되었다. 전쟁 목적으로 농사를 짓도록 강제했던 억압적 법률 가운데 많은 것이, 양편의 전투 부대가 대치했던 경계선상의 그 장소에서 그대로 유지되었다. 농업과학 분야에서 새로운 의제를 형성하는 데 마셜 원조가 활용되었다. 새로운 의제에는 미국에서 발전한 '경영자형 영농'이 반영되었다. 경영자형 영농은 유럽을 지배했던 농민 영농과는 크게 달랐다. 질소를 전달하는 생명체를 토양 속에 유지하는 데 초점을 맞추던 실천이나 토양생물학은 자연스럽게 의제에서 빠졌다. 토양화학이 그 자리를 대신했다. 드디어 전쟁 동안에 크게 발전한 물류"과학"이 1950년대 중반부터 적용되었고, 이른바 유럽 농업 근대화를 낳았다. 농업 근대화 캠페인은 녹색혁명을 통해 아시아 및 라틴아메리카 지역 대부분에서 반복되었다.

근대화와 녹색혁명은 사람과 살아 있는 자연의 공동 생산에서 영농 활동을 떼어낸 중대한 단절을 표상한다. 화학비료가 토양생물학, 퇴비, 농민의 지식을 대체했다. 산업적으로 생산되는 농후濃厚 사료가 목초지, 목장, 풀밭, 건초를 대체했다. 자연 교배는 사라진 반면, 인공수정 그리고 나중에는 배아 이식이나 컴퓨터로 처리되는 종축 생산이 지배적인 위치를 차지하기 시작했다. 오늘날 원예에서는 전기 조명이 태양광을 대체한 경우가 많다. 양계장에서는 24시간 동안 두 번의 밤과 두 번의 낮이 지나간다. 닭의 성장을 앞당기려는 것이다. 태양 에너지는 점점 덜 중요해지고 화석연료 에너지가 그 자리를 차지했다. 이 모든 것이 자연의 역할이 줄어들었음을 시사한다. 자연에 속한 것을 유전자 변형을 통해 공학적으로 재가공하는 일을 생각해보면 더욱 그렇다. 그러나 이걸로 끝난 게 아니다. 몇 단계가 더 진행될 수 있다. 미국의 대규모 경영자형 낙농이 살아 있는 자연을 '재건축'하는 방식은 충격적이다. 이 대형 '우유 공장'에서 수의사는 첫 출산을 마친 소의 자궁을 체계적으로 제거한다. 자궁을 제거하지 않은 상태에서 소가 열에 노출되면 호르몬 분비량이 크게 변하므로, 소가 임신하여 수유 주기가 시작되고 끝나는 과정에 관여하는 호르몬 주기를 표준화하려는 것이다. 호르몬 분비량이 변동하면 사료 급여 체계를 자주 조정해주어야 하는데, 이는 자본주의적 농업 경영체에서 대량의 가축을 표준화된 방식으로 관리하는 데 알맞지 않다. 대신, 자궁을 제거하고, 가축이 계속 우유를 생산하도록 소 성장 호르몬BST 주사를 맞힌다. 약 1,000일 정도의 우유 생산 기간이 지나면 소가 망가지기도 한다. 예전에 함께 일했던 이탈리아의 동료 발라리니는 이를 "테크놀로지 동물animale tecnologico"(Ballarini, 1983)이라고 불렀다. 이 테크놀로지 동물은 자연과 사회윤리 측면에서 모두 조화롭지 않은 새로운 현실이 되고 있다(따라서 잘 은폐되어 있다). 복제, 체외수정, 식품공학 등도 대규모 농업 및 식품 생산 경영체의 이익과 요구 사항에 자연을 예속시키는 사례들이다.

한편, 이에 대항하는 운동도 많다.* 유기농업, 외부 투입재 저투입 농업(Adey, 2007), 절약형 영농 스타일(Ploeg, 2000; Kinsella et al., 2002; Domínguez García, 2007; Paredes, 2010), 수많은 농생태학agroecological 운동(Rosset and Martínez-Torres, 2012) 등을 들 수 있다. 이들 운동은 모두 공동 생산으로 되돌아가자는 심원한 재편을 제안하고 있다. 그 같은 접근방법 모두에서 살아 있는 자연은 다시 한 번 핵심적이면서도 공동으로 질서를 부여하는 역할을 수행한다. 그렇게 해서 이들 대항운동은 농업을 더욱 농민답게 만드는 데 조력한다. 동시에 이 운동들은 농학의 많은 부분이 차야

---

* 이들 운동의 사회적 힘이나 지적 역량을 '발전을 위한 농업 지식, 과학기술 국제평가 International Assessment of Agricultural Knowledge, Science and Technology for Development에서 분명하게 인식할 수 있다(IAASTD, 2009).

노프가 제안한 '사회적 농학'을 지향하도록 방향을 다시 제시하는 데 도움을 준다.

생산과 재생산의 균형

영농 활동은 추출 과정이 아니다(비록 적대적인 환경은 영농 활동이 그런 방향으로 나아가도록 압박하고 있지만 말이다). 영농 활동에는 생산과 재생산 양자가 수반된다. 영농 활동은 사용되는 자원의 지속적인 재생산에 바탕을 둔다. 재생산은, 앞 절에서 논의했듯이, '살아 있는 자연'과 연관될 뿐만 아니라, 영농 활동이 원활하게 기능하는 데 필요한 모든 자원 및 요소와 관련된다. 차야노프는 재생산을 두고 자주 '자본 갱신'이라고 언급했다. 그래서 차야노프는 "농민이 운영하는 가족농장은 최소한의 에너지 지출을 수반하는 자본 갱신 과정을 통해 최종적으로는 [가족의] 수요를 가장 완전한 범위까지 충족하고 농장의 안정성을 더욱 튼튼하게 보장하려는 경향이 있다"(Chayanov, 1966: 120)고 지적했다.

안느 라크루아(Anne Lacroix, 1981)는 생산과 재생산의 균형이 변화해온 역사적 과정을 방대하게 논의한 바 있다. 처음에는, 인류가 자원을 갱신하는 데 주변 생태계를 활용했다. 화전火田 농업이 그 전형적인 사례다. 화전 농업에서는 들판이 소진되면 그 들판은 방치되고 자연에서 새로운 들판을 취했다.[*] 노동 대상 및 수단(《글상자 5.1》 참고)도 주변 생태계로부터 얻었다. 한편, 주변 생태계 활용법에 관한 지식을 보유한 이는 바로 농업노동 주체 자신이었다.

두 번째 시기에, 재생산은 농장 그 자체에서 이루어지는 식으로 전환되었다. 재생산은 영농 활동의 핵심이 되었다. 경지에 적극적으로 시비施肥하고, 작물 품종을 선발하고, 소를 개량했다. 새로 가꾼 경지, 가축, 작물 등은 국지적 생태계에서 종종 발생하는 혹독한 제약을 농민이 극복하게 해준 상대적 자율성의 자랑스러운 상징이 되었다.

세 번째 시기, 즉 현재에 와서, 재생산은 다시 한 번 농장이 아닌 곳에서 이루어진다. 재생산은 농산업으로 외부화되는데, 농산업은 노동 대상, 수단, 노동력이 따라야 할 매뉴얼 등을 점점 더 많이 만들고 전달한다(Benvenuti, 1982; Benvenuti et al., 1988). 이같은 새로운 배치에서 농민 공동체는 (두 번째 단계에서 그랬듯이) 자신의 '코드code'를 노동 대상과 수단 안에 만들어 넣을 수 없다. 이제는 농산업이야말로 구체적이면서 때로는 과학적으로 고안된 코드를 농장에 필요한 다양한 인공물 안에 구성하는 주체다.

---

[*] 이탈리아의 농업사가인 세레니(Sereni, 1981)는 이 과정을 붉은 황소buoi rossi가 참여한다고 아름답게 묘사한 바 있다. 이때 '붉은 황소'란 통제된 상태에서 숲의 일부분을 불태우는 일을 은유적으로 표현한 것이다.

농민의 코드와 농산업의 코드는 상당히 다르다. 프리지아 지역의 농부들이 젖소 안에 구성한 코드에는, 소를 먹일 때 농장에서 생산한 조사료(꼴, 건초, 사일리지)가 중심을 차지해야 한다는 내용이 포함된다. 정액 거래(최근에는 배아 거래)를 통제하는 강력한 번식 제도의 주요 '인공물' 중 하나인 홀스타인종 젖소의 코드는 프리지아 농부의 코드와는 정반대의 입장이다. 즉 산업 부문에서 생산한 농후 사료가 중심적이어야 한다는 점을 반영한다. 의존성은 이런 방식으로 내재적 양상이 된다.

생산과 재생산의 균형은 쉽게 깨진다. 외부 요인이 불균형을 일으킬 수도 있지만, 내부에서도 똑같은 위험이 발생할 수 있다. 농민이 단기적 이익을 추구할 때 내부에서 위험이 일어날 가능성이 가장 높다. 19세기 전반부에 프리지아 지역 낙농에서 그런 일이 일어난 적이 있다. 당시 버터 가격이 폭등하자, 농민은 초지란 초지는 모두 동원해 산유기의 젖소를 먹이는 데 활용했다. 최대한 많은 우유를 얻어 버터를 생산하려는 의도였다. 산유기에 이르지 않은 송아지는 농장의 주변 지역, 바이오매스가 적고 습기가 많아 품질이 떨어지는 지역에서 방목했다. 송아지들은 돌봄을 거의 받지 못했다. 간단히 말해, 재생산은 간과되고 생산이 지배했다. 20년이 지나지 않아 그 결과는 자명해졌다. 축종의 품질이 형편없어졌다. 소의 덩치가 훨씬 더 작아졌고, 단위당 우유 산출량이 크게 줄었다. 이 고통스러운 교훈은 프리지아 지역 농부들의 집단적인 기억에 결정적으로 중요한 요소로 남았다. "좋은 농부는 장사꾼이 아니다"(품질이 좋은 자원 기반을 구축하고 재생산하는 게 언제나 제일 중요한 일이라는 뜻이다)라고.

그러나 일반적으로는, 외부의 압력과 내부의 충동이 결합하여 불균형을 낳는다. 벼가 자라는 열대 지방의 아름다운 간척지들이 황폐해지는 현상이 지금 볼 수 있는 그런 사례다(〈글상자 2.1〉 참고). 처음에는 세네갈의 바스 카사망스Basse Casamance에서 일어났고, 더 최근에는 기니비사우에서도 일어나고 있다. 쌀 가격이 떨어져서(특히 값싼 수입 쌀, 균형을 크게 잃은 정부 지원 정책, 환경 비용을 고려하지 않는 행위 등이 쌀값 하락의 원인이다) 벼 재배에서 얻을 수 있는 잠재 소득이 크게 감소했다. 이는 도시의(그리고 이민의) 유혹과 결합하여, 가장 젊은 사람들이 마을을 떠나게 됨을 뜻한다. 그래서 (주로 건기에 진행되던) 간척지 유지 활동은 거의 완전히 멈추었다. 이는 단위수확량 및 생산 감소를 초래했다. 결국, 과거에는 생산성이 아주 높았던 볼라나스(간척지)를 완전히 방치하는 일도 생겨났다. 외부 요인이 지배적으로 작용하는 사례도 있다. 특히 라틴아메리카에서 그렇다. 그 한 가지 사례로 농업은행banco agrarios의 신용 정책을 들 수 있다. 농업은행은 생산 활동에 신용 대출을 제공한다(충분한 적은 거의 없었지만, 대부분 대출을 해주기는 했다). 그러나 재생산 활동(가령, 울타리를 관리하는 것)에는 어떤 지원도 하지 않았다. 그런 활동은 "생산을 하는 것이 아니다"라는 게 이유였다. 일면 사실이기는 하지만, 그 같은 관점은 아주 근시안적이며 생산-재생산 균형을 유지하는 일의 중요성을 전혀 이해하지 못했음을 드러낸다.

내부 자원과 외부 자원의 균형

농장 자체에서 생산되고 재생산되는 자원(내부 자원) 옆에 나란히, 어디에 입지했든 모든 농장에는 외부 자원이 필요하다. 외부 자원 없이 농장이 기능하는 것은 상상할 수 없는 일이다. 그러나 외부 자원의 성격, 기원, 특히 자원을 획득하는 방식과 그 효과 등은 심대한 결과를 낳는다.

내부 자원과 외부 자원 사이에 상당한 교환 가능성이 존재하는 경우가 많다. 농장 자체에서 소를 재생산할 수도 있고(송아지를 선별하여 암소가 될 때까지 키우고 첫 출산 후에는 늙은 젖소를 대체할 수 있다), 그렇게 하지 않고 우시장에 가서 소를 구입할 수도 있다. 농장 자체에서 종축을 유지할 수도 있고(이웃과 공유하는 경우가 많다), 인공수정센터에 가서 필요한 정액을 사올 수도 있다.

마찬가지로 소 먹이를 주는 일에서도 그런 교환 가능성이 존재한다. 사료에 넣어야 할 건초, 꼴, 사일리지, 단백질이 풍부한 작물을 농장에서 생산할 수도 있지만, 조사료와 농후 사료를 시장에서 구할 수도 있다. 비료 또한 구입할 수도 있고, 혹은 농장에서 자체 생산할 수도 있다(농장에서 생산하는 비료의 예로는 '잘 숙성된' 퇴비와, 클로버나 알팔파 재배를 통한 질소 고정을 들 수 있다). 시장에서 노동력을 동원할 수도 있고, 가족이나 지역공동체로부터 제공받을 수도 있다. '자본'을 (저축 형태의 자본 형성을 통해) 농장 스스로 만들어낼 수도 있고, 자본 시장에서 구할 수도 있다. 농기계 문제에서도 그렇다. 서로 다른 메커니즘을 통해 농기계를 조달할 수 있는데, 그때 시장의 효과를 매개하는 방식이 서로 대조된다(〈글상자 2.2〉 참고). '만들 것이냐, 살 것이냐'의 문제는 20세기에 신제도주의 경제학을 탄생시킨 중요한 질문이었다. 농민 농업은 신제도주의 경제학의 거의 완벽한 교과서적 사례라는 주장도 있었다 (Saccomandi, 1998; Ventura, 2001; Milone, 2004).* 내부 자원과 외부 자원의 균형은 모두 '만들기'와 '구매하기' 사이의 선택 문제이기 때문이다.

* 신제도주의 이론 틀 안에서, '구매'는 거래 비용(구매한 제품 가격을 넘어서 발생하는 비용)을 수반한다. 가령, 한 농민이 특정한 가격에 건초를 구매할 수 있다. 그러나 그 건초가 어디에서 온 것인지 모른다면(독성 농약을 심하게 살포하는 포도밭 주변에서 온 것일 수도 있다), 온갖 종류의 리스크를 안아야 한다(가령, 소가 중독될 수 있다). 이러한 리스크 그리고/또는 상품이나 서비스의 기원과 품질에 관한 정보를 얻는 비용을 거래 비용이라 한다. 신고전주의 경제학의 관점에서 보면, 적극적으로 이뤄낸 자급자족 상황(즉, 상대적으로 자율적이고 역사적으로 보증된 재생산)과 시장에 대한 높은 의존성이라는 특징을 갖는 상황 사이에는 어떤 유의미한 차이점도 존재하지 않는다. 신고전주의 경제학자들에게, 선택에는 그저 기존 시장 가격을 따져보는 것만이 수반된다. 이는 차야노프의 입장(그리고 제도주의 경제학자의 입장)과는 정반대되는 것이다.

<그림 3.1> 영농 활동에 수반하는 흐름들

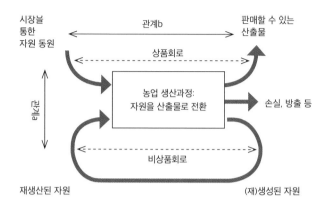

〈그림 3.1〉은 내부 자원과 외부 자원의 기술적 교환 가능성을 종합하여 보여준다. 관련된 흐름들도 조명하고 있다(Georgescu-Roegen, 1982; Dannequin and Diemer, 2000). 우선, 〈그림 3.1〉은 농업이 전환 과정임을 보여준다. 자원은 유용한 산물로 전환된다. 전환 과정은 두 겹의 자원 동원에 기초한다. 어떤 자원은 농장 안에서 생산되고 재생된다. 다른 자원은 시장을 통해 얻는다. 그다음에는 생산과정이 세 개의 흐름을 만들어낸다. 시장에 판매할수 있는 잉여의 흐름, 농장에서 재사용되는 부분의 흐름, 매우 가변적이지만 불가피한 손실과 방출의 흐름이다. 그리고 시장에 판매할 산출물과 재사용할 산출물이 결합된 채로 생겨나는데, 이

는 살아 있는 자연의 물질적 특징 때문이라는 점도 **빼놓을** 수 없다. 즉, 감자를 생산하면 씨감자가 생겨나게 마련이다. 우유를 생산하면 동시에 송아지가 나오게 마련이다(어미 소의 자궁을 제거하지 않았다면 말이다). 물론, 필요하다면 씨감자를 먹어치울 수도 있다(또는 '개량된 품종'의 씨감자를 구매해, 지금 갖고 있는 씨감자를 대체할 수도 있다). 나중에 송아지를 팔아 다른 축종의 암소를 구매할 수도 있다. 요점은 다양한 선택을 허용하는 전략적 여지가 있다는 것이다. 왼쪽 윗단의 흐름(필요 자원의 구입)이 왼쪽 아랫단의 흐름(필요 자원의 자급)을 압도하는 순간, 상품관계가 영농 과정의 핵을 관통하게 된다. 이로써 농장이 (특히 흐름의 상류 부분에서) 시장에 의존적이게 된다. 그리고 농장은 경영자형 경영체로 구조화된다. 그런데 자원을 획득할 때 아랫단의 흐름이 우세하면, 농민 농업으로 구조화되는 상대적 자율성과 영농 경향이 존재하게된다. 농민 농업에서 시장은 우선 (하류 측면에서) 방출구이지만, 경영자형 농업 및 기업형 농업은 본질적으로 시장에 의해 질서화되며 시장논리를 따라야 한다.

외부 자원 이용은 기회를 가져오는 동시에, 가끔은 아주 왜곡된 결과를 낳기도 한다. 이는 세밀하게 심사숙고하여 내부 및 외부 자원 사이의 평형을 규정하고 구성하는 일을 반복할 필요가 있음을 뜻한다. 외부 자원에 의존하면 가족농이 직면한 수고를 상당히 줄일 수 있다. 그러나 상류의 시장에 크게 의존하는 농장은 그 시장에 먹혀버릴 가능성이 있다. 올바른 균형*을 판단하는 것도 상대적 자율성을 창출하는 데 도움이 된다. 상대적 자율성이란 농가의 이익과 전망에 적합한 영농 스타일을 가능케 하는 조건을 뜻한다(다음 절 참고).

상대적 자율성(또는, 역으로, 시장 의존성)은 '상품화 정도'로 측정될 수 있다. 다양한 측정 방법이 있다. 〈그림 3.1〉은 두 종류의 운용 방식, '관계 a'와 '관계 b'를 보여준다. '관계 b'는 (차야노프가 정의한 노동소득과 동일한 것인데) 네덜란드 농업의 전 역사에 걸쳐 농민 스스로 '명확한 부분'이라고 부르며 활용한 것이다(Ploeg, 2003). 이것은 거의 보편적인 척도인 듯하다. 21세기의 중국 농민도 언어적으로는 다르게 표현하지만 내용상으로는 동일한 개념으로 계산한다(Yong and Ploeg, 2009).

차야노프는 상품화 정도에 전략적 중요성이 있다고 본다. "농

---

* 여기서 다시 말하지만, 문화적 레퍼토리(또는 도덕경제)가 결정적으로 중요하다. 특히 시장 기회주의를 억제하는 데에는 일반적인 가치가 효과적이다. 이런 관점에서 홉스봄은 '노동 습관habit of labour' 같은 '인간 행동의 근본적 동기'를 언급한다(Hobsbawm, 1994: 342). "자본주의 체제는, 심지어 시장의 작동이라는 토대 위에 마련된 것이라도, 개인의 이익 추구와는 아무런 내재적 연관이 없는 다수의 성향에 의존해왔다. 그 성향들은 자본주의의 엔진에 연료를 공급했다"(Hobsbawm, 1994: 342). 노동의 습관과는 별개로, 그런 성향에는 다음과 같은 것들이 포함된다. "오랜 기간이 걸리는 것을 위해 즉각적인 만족을 지연시키는 의지, 가령 장래의 보상을 위한 저축이나 투자, 성취에 따른 긍지, 상호 신뢰의 관습, 그리고 합리적 [이윤] 극대화라는 말에 내포되지 않은 여타의 태도 등"(Hobsbawm, 1994: 342). 홉스봄은 자본주의가 부분적으로는 그런 가치에 의존하는 동시에 그런 가치를 파괴한다고 주장한다.

민의 농장 조직 계획들에서 나타나는 [수많은] 차이점 가운데, 농장 구조의 전체적 특징을 결정하는 가장 기본적인 차이점은 농장이 시장과 얼마나 연계되어 있느냐 하는 점이다. 즉, 농장 안에서 상품 생산이 얼마나 발전하느냐다"(Chayanov, 1966: 120-1). 차야노프 본인은 농민 농장의 산출물 측면에 국한해 분석했다. "어떤 농민은 생산물 대부분을 시장에 내다 팔고, 다른 농민은 생산물 대부분을 자가 소비하고 일부분만 상품화했다"(Chayanov, 1966: 12102ff). 차야노프가 하나의 농장에서도 투입재 측면의 시장 의존성이 투입재 종류마다 다를 수 있다는 점을 다루지는 않았지만, 20세기 초에 꼴을 갖추기 시작한 광범위한 산업관계, 거래관계, 금융관계에 농장들이 점차 종속되었다는 점은 잘 알고 있었다.

앞 장에서 말한 대로, 차야노프의 분석에서는 노동소득이 농민 농업 안에서 핵심 소득원이다. 우리도 알다시피 사실상 '유일하게 가능한 소득 범주'다. 그 같은 노동의 결과를 두 종류의 거래가 결정한다는 점이 중요하다. 하나는 농장의 산출물 측면에서 이루어지는 거래들이다. 이 거래들이 조생산gross product을 결정한다. 조생산과 총생산은 다르다는 점에 유의해야 한다. 생산물의 일부분이 농장 내부에서 사용될 수도 있기 때문이다. 〈그림 3.1〉에서는 농장 내부에서 사용되는 생산물 일부분을 '재생산된/(재)생성된 자원'의 흐름이라고 표현했다. 다른 하나의 거래는 투입 측면에서 일어난다. 모든 금전적 지출(차야노프는 '물질적 지출'이라고 했다)이 여기서 발생한다. 그러므로 노동 산물은 조생산에서 모든 금전적 지출을 뺀 것과 같다(〈그림 3.1〉에서는 판매할 수 있는 산출물에서 시장을 통해 동원한 자원을 뺀 것이다).

농업인이 받아들일 수 있는 만큼의 노동 산물을 얻으려면 두 종류의 거래 사이에서 균형을 잡아야 한다. 그 한 가지 방법은 외부 자원에 관련된 지출을 최대한 줄이는 것이다. 내부 자원을 개발하고 활용하여 외부 자원을 대체하면 되는데, 농생태학운동이 선호하는 방법이다. 이는 차야노프가 당대에 이미 언급했던 장기적인 경향에 대항하는 운동이다. 특히 지난 60년 동안 외부 자원에 대한 농장의 의존성이 현저하게 증가했다. 의존성이 그렇게 높아진 결과, 역설적이게도 농업인이 영농 활동의 상류 쪽에서 시장으로부터 독립적일수록 더 좋은 위치에서 하류 쪽의 시장과 관계를 맺을 수 있다는 오래된 농민의 지혜가 되살아난다. 그래서 상품화 과정이 계속될수록 (상대적인) 탈상품화 과정도 점점 더 많이 등장한다.

자율성과 의존성의 균형

자율성과 의존성의 균형이 낳는 효과를 평가할 때는, "부의 생산과 분배를 둘러싼 사회 제도"(Little, 1989: 118)를 고려해야 한다. 농장의 경제는 분명 "사회적 관계 그리고 독립적 의사결정으로 이루어진 시스템"(Little, 1989: 117)이다. 그런데 동시에 농장의 경제가 자신이 배태된 의존관계를 통해 잉여 수탈에 종속되어 있다는 점도 사실이다. 대니얼 리틀(Little, 1989: 118, 여러 곳)이 설득력 있게 주장했듯이, 바로 그 지점에서 "잉여를 수탈하는 기존 체계의 계급관계와 특수성들"이 분석 대상이 된다. 리틀의 논지를 조명해보자. 리틀은 빅터 리피트(Victor Lippit, 1987)를 인용했는데, 그는 중국의 잉여 수탈의 틀을 적용해 전통적인 농촌 경제를 분석했다. 리피트는 전통적인 농업경제가 꽤 많은 잉여를 가지고 있었으며 농촌의 엘리트들이 농민이나 장인으로부터 잉여를 효과적으로 수탈했음을 보여준다. "수탈 메커니즘은 지대, 이자, 과세, 부패한 과세 시행 등 다양하다. 하지만 그 효과는 같다. 즉, 직접 생산자에게서 소규모 엘리트 계급에게 이전되는 양이 농촌에서 나는 전체 생산물의 25~30퍼센트다"(Lippit, 1987: 120). 이 같은 수탈은 끊임없이 반복되는 침체를 낳았다. 농민에게는 영농 활동을 더욱 심화·발전시킬 투자 수단이 부족했지만, 농촌 엘리트는 수탈한 잉여를 사치스러운 소비에 쓸데없이 낭비했다. 그래서 "잉여-수탈 모델은 … 엘리트 계급의 다양한 요소가 생산적 경제활동에서 창출된 잉여의 일부분을 포획할 수 있게 해주는 체계를 검토하도록 우리를 이끈다. 잉여는 어떻게 만들어지며, 누가 만드는가?"(Little, 1989: 118)라고 결론 내렸다. 농업 발전의 방향은 "계급 체계에 의해 계급 파당들에 부여되는 인센티브, 기회, 권력 등에 크게 좌우된다. 즉, 계급 관계는 그런 식으로 체계에 발전의 논리를 부과한다"(Little, 1989: 118). 여기에서 우리는 차야노프주의 접근방법이 (때로는 계급 분석을 배제한다고 가정되기도 하지만) 계급 분석을 배제하지 않는다는 점을 분명히 알 수 있다. 농민 생산 단위를 둘러싼 맥락 안에서 농민 생산 단위의 작동을 분석하자마자 (계급 분석을 포함하여) 정치경제학적 분석에 진입하는 것이다. 거시 수준에서 분석을 시작해도 마찬가지다. 예를 들어, 특수한 정치경제학적 구성체가 농촌 발전에 어떤 영향을 끼치는지 질문할 때 그런 일이 일어난다. 그때 농민 단위에 대한 차야노프주의적 이해가 필요하다. 자신의 생산 단위 안에서 작동하는 지배적 요인을 준거로 중요한 균형들을 평가하는 직접 생산자가, 특수한 정치·경제적 구성체의 효과를 매개하기 때문이다.

이 같은 등식의 양쪽 부분을 모두 고려한다면, 농민의 조건* 은 곧 자율성을 위한 투쟁이라고 정의할 수 있다. 그리고 의존과 수탈을 안겨주는 맥락에서도 소득을 증대하려는 투쟁이라고 정

---

* 플루흐의 저서, 《새로운 농민층: 제국과 지구화 시대의 자율성과 지속 가능성을 위한 투쟁The New Peasantries: Struggles for Autonomy and Sustainability in an Era of Empire and Globalization》을 참고하라. - 옮긴이

의할 수 있다. 잉여-수탈 모델로 그런 맥락을 분석할 수 있다. 차야노프주의의 접근방법으로 그런 상황에 대응하는 농민의 활동을 가장 잘 이해할 수 있다. 구체적인 분석에서는 활동과 맥락, 양자 가운데 하나가 다른 하나를 전제한다. 그 역도 성립한다.

'농부의 자유'라는 발상을 무대의 중앙에 올려놓은 농업사학자 슬리허 판바트Slicher van Bath는 자신의 기념비적인 저작에서 이 부분을 아름답게 조명했다. 농부의 자유라는 발상에는 두 개의 요소가 있다. 하나는 '~으로부터의 자유'이고, 다른 하나는 '~을 향한 자유'다. 정치경제학의 분석으로는 전자를 확인할 수 있고, 차야노프주의의 분석으로는 후자를 더욱 심화해 구체화할 수 있다. "특정한 비용 지출과 의무라는 부담에 짓눌려 있어서, 과거의 농민은 활동에 제약을 받았다"(van Bath, 1978: 72). 농민은 많은 의존관계 그리고 관련된 세금, 비용 지출, 징발 등**으로부터** 자유롭지 못했다. 그러므로 '명확한 부분'(앞부분 참고)이 제한되었고, 이는 다시 스스로의 이익과 전망에 따라 농장을 발전시키는 것**을 향한** 자유를 축소했다. 즉, '~으로부터의 자유'가 줄어들수록 '~을 향한 자유'도 제약된다. 판바트는 "여러 요인이 그 같은 이중의 자유를 결정하는데, 그 요인들은 역사적 환경의 결과"(van Bath, 1978: 80)라는 점을 관찰했다. 그는 "자유가 정지된 상태로 존재하는 곳은 어디에도 없으며, 자유는 어디서나 역사적 진화와 역사적 탈선 모두에 종속되어 있다"(van Bath, 1978: 80)는 점을 보여준다.

　같은 방식으로, 에른스트 랑탈러Ernst Langthaler도 1930년부터 1990년까지 오스트리아의 농업에 관한 방대한 연구를 통해, "헤게모니를 지닌 투입재 시장과 생산물 시장에 대한 종속이 심할수록, 축적과 프롤레타리아화로 표상되는 계급 분화가 더 많이 일어난다. 거꾸로, 농장 스스로 통제하는 자원 기반이 강화될수록, 농가 구성원은 자신의 생활세계에 존재하는 정치·경제적 체계의 비우호적인 조건들에 대처하는 능력을 더 많이 갖게된다"(Langthaler, 2012: 400)라고 결론 내렸다. 그는 다음과 같이 덧붙인다. "관료제적이고 자본주의적인 환경에서도 회복력 있는 resilient 가족농 체계는 오뚜기를 닮았다. 은유적으로 말하자면, **가족농은 흔들린다, 그러나 쓰러지지 않는다**"(Langthaler, 2012: 400, 강조는 랑탈러의 원문). 가족농은 필요한 평형을 정립하려고 다양한 균형을 계속 (재)설정하고, 시간이 지나면 또 (재)설정한다.

규모와 집약도의 균형(그리고 영농 스타일의 출현)

　농장을 구체적으로 조직할 때 주의 깊게 평가해야 할 균형이 또 있다. 규모와 집약도의 균형이다. 규모란 노동력 단위당 노동 대상의 수(토지, 가축 등의 단위)를 가리킨다. 집약도란 노동 대상 단위당 생산의 크기를 가리킨다(《글상자 5.1》에서 논의를 확장할 것이다). 하야미와 루탄은 국제 비교를 통해 농업에는 두 개의 대조되는 소득 증대 방법이 있다고 주장했다(Hayami and Ruttan, 1985). '집약화'와 '규모 확대'다(물론, 그 둘 사이에 모든 종류의 조합이 가능하며 중간 입장도 가능하다).

여기서 잠깐 '공동 생산'이라는 개념으로 되돌아가자. 다른 무엇보다도, 공동 생산은 농업에 유연성이 있음을 뜻한다. 서로 다른, 대조되는 방법으로 농업을 조직할 수 있다. '농장 조직 계획'(Chayanov, 1966: 118-94)이 농가의 필요, 이익, 전망에 따라 설정되게 해준다는 점에서, 그런 유연성이 중요하다. 여러 종류의 균형을 조정함으로써 그런 '설정'이 이루어진다.

집약도와 규모는 2차원 공간을 이룬다(《그림 3.2》 참고). 2차원 공간에서 다양한 위치, 즉 다양한 영농 스타일을 구별할 수 있다. 생태, 경제, 제도 등의 조건이 유사한 곳에서도 거의 언제나 다양한 영농 스타일(또는, 차야노프의 어법을 빌리자면, 서로 다르게 조정된 기계들)을 발견할 수 있다. 그 가운데 몇 개를 개관해보자.

절약형 영농 스타일은 상대적으로 규모가 작고 집약도도 낮은 특징을 지닌다. 하야미/루탄 모델에 따르면, 이는 빈곤을 뜻한다. 그러나 꼭 그런 것도 아니다. 오히려 절약형 영농 스타일은 비용 절감에 바탕을 두기 때문에, 하야미/루탄 모델에서 이론적으로 생략된 부분을 조명해준다. 즉, 하야미/루탄 모델은 비용을 포함

<그림 3.2> 영농 스타일

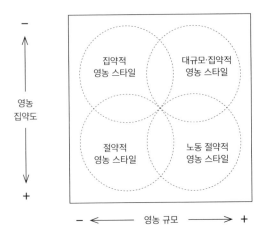

하여 다루지 않는다. 절약형 영농 스타일에서는 외부 자원에 대한 지출을 최소화하는 방식으로 균형이 설정된다. 그러면서 공동 생산에 우선순위를 둔다. 이는 의존성을 줄이고 자율성을 늘린다. 그와 동시에 (성장 관련한) 금융 비용도 최소화된다. 그래서 전체적인 비용 수준이 낮고 (또한 상대적인 관점, 예를 들어 우유 100kg당 노동소득처럼 표현할 때) 노동소득이 높다. 위기 상황에서는 절약형 영농 스타일이 회복력이 매우 높은 것으로 판명된다.

집약적 영농의 핵심 목표는 다수확이다('좋은 소'라는 말이 그 전형적인 상징이다). 노동 절약형 영농 스타일에서('힘 좋은 트랙터'가 가장 강력한 상징이다) 그 목표는 최대한 많은 노동 대상을 가지고 영농하되 노동 투입을 최소화하는 것이다. 그리고 이 두 영농 스타일은 뜨거운 논쟁거리인 농장 규모와 생산성 사이의 "역逆관계"를 이룬다. 한때 그 역관계가 지배적인 상호 연관이었던 때도 있었다. 오늘날에도 여전히 그런 관계를 식별할 수 있다. 그러나 유일한 관계인 것은 아니다. 절약형 영농 스타일 외에도 다른 영농 스타일이 출현했다. 대규모·집약적 영농 스타일이다. 대규모·집약적 영농 스타일은 농업 정책과 기술 발전의 공동-구성물이다. 동시에 다른 한편으로는 농업 경영자들의 전략이다. 예컨대 칸막이식 축사, 홀스타인종 젖소, 질소에 민감한 초지 작물, 농후사료 등 과학적으로 정교하게 만든 새로운 인공물의 형태로 기술이 밀려 들어오고 있다. 그 기술들 덕에 영농 규모 확대 효과를 지니는 기술 주도형 집약화를 할 수 있다(5장 참고). 대규모 농장 창출을 자극함으로써(예를 들어, 투자 보조금, 공간 재조직을 통해) 그리고 가격을 안정적으로 유지하여 장기간의 안정성을 보장함으로써 농업 정책이 영향력을 발휘한다. 이는 유럽연합의 초기 공동농업정책Common Agricultural Policy, CAP에서 드러나는 사실이다. 이 과정에서 농업 경영자의 역할은 다른 농부에게서 자원을 인수함으로써 영농을 키우려 노력하는 것이다.

《사회적 농학》에서 차야노프는 영농의 이질성이 생겨나는 과정을 약간 언급했다.

직접 생산자의 개별성, 그의 창조적 에너지, 그의 농장이 지닌 특수성, 그 농경지 상태 등은 개별 농장이 언제나 평균적인 유형과 어긋날 수 있음을 뜻한다. 호기심과 새로운 해법에 대한 탐구는 모든 농부의 특징이다. 결론적으로, 모든 농장은 운동 상태에 있다. 즉, 광범위하게 퍼져 있는 실험, 탐구, 창조적 시도 등으로 인해 농장들은 계속 변화하는 상태에 있다(Chayanov, 1924: 2).

능동적으로 만들어낸 이질성(여기서는 다양한 영농 스타일이라고 압축해 표현했다)은 영농 활동을 배태한 맥락 안의 수많은 변화와 계속 상호작용한다. 그런 변화의 영향 때문에 다양한 영농 스타일을 실천하는 농장마다 얻는 결과가 달라질 것이다. 그러므로 선택이 일어난다. 즉, 어떤 영농 스타일은 변화하는 환경에 대처하도록 잘 조정되었음을 스스로 입증할 것이다. 한편, 다른 영농 스타일은 밀려날 것이다. 이는 변이와 선택을 낳는다. "[변이와 선택은] 대개 농촌 발전 메커니즘의 특질이다. … 집합적 의지는 존재하지 않는다. 모든 것을 아우르는 하나의 의식은 존재하지 않는다. 지휘자도, 계획도 존재하지 않는다"(Chayanov, 1924: 3-4). 변이와 선택이 중요하다고 해서 가장 적절한 스타일을 찾으려는 노력을 지지하거나 강화하는 일이 중요하지 않다는 것은 아니다. 차야노프는 '사회의 비율'(Chayanov, 1924: 3)을 통해 가장 적절한 스타일을 찾을 수 있다고 생각했다. 그것이 바로 정확하게 차야노프가 제안한 사회적 농학의 목적이다. 온갖 종류의 입장과 혼합체 가운데 나타나는 창조적 구성물을 포함하는 그런 탐구는 여전히 중요하다. 랑탈러가 장기 지속longue durée*에 관한 인상적인 연구에서 결론 내렸듯이, "전후戰後에 조직된 자본주의의 도전적 환경 속에서 가족농 체계의 회복력을 증가시킨 것은 가족농 스타일들의 혼종성hybridity이다"(Langthaler, 2012: 402).

적대적 환경 속에서 진보를 위한 투쟁

오늘날 세계에서는 노동-소비 균형이 차야노프가 묘사했던 것과는 아주 다른 형태를 취한다. 20세기 초 20년 동안 러시아 농민에게, 등식의 소비 항은 주로 식품, 의복 등이었다고 (그게 전부를 차지한다고 말할 수는 없지만) 요약할 수 있다(가령, Chayanov, 1966: 122의 〈표 4.2〉 참고). 그러면서도 농장이 자급자족 상태였다는 점은 말할 필요도 없다. 그런 모습은 자명한 것이었다. 부족한 재화나 서비스는 사회적으로 조절되는 교환을 통해 얻을 수 있었기

---

* 아날학파의 정점에 있었던 페르낭 브로델Fernand Braudel의 역사학을 대표하는 용어다. 거칠게 표현하자면, 시간이 오래 지나도 거의 변화하지 않는, 즉 아주 미세하게만 변화하는 장기 지속의 구조가 있다는 것이 브로델의 주장이다. 브로델은 특정한 정치적 격변 따위의 사건은 그런 장기 지속 구조의 표면 위에 떠다니는 우연한 먼지와도 같은 것이라고 말한다. ‒ 옮긴이

에 더욱 그렇다. 농장은 시장 때문에 생산하지만, 자가 소비와 자급을 통해 가장 직접적인 필요가 충족되기 때문에 생산할 수 있었다.

요즘에는 농장 안에서 제공받을 수 없는 수많은 요소가 소비 범주에 포함된다. 예를 들어, 교육, 전기, (적어도 어느 정도의 이동 반경을 넘어서는) 이동성, 통신, 사치품 등이 포함된다. '응대해야만 하는 고객의'(Chayanov, 1966: 128) 수요가 상당히 변한 것이다. 마찬가지로, 오늘날 농장 운영에도 농장 자체 안에서 만들어낼 수 없는 물품(트랙터, 에너지, 펌프 등)이 다양하게 필요하다. '작업 기계'는 크게 변했다. 이런 변화는 이제 노동-소비 균형과 관련해 훨씬 더 넓은 범위의 시장을 고려해야 함을 뜻한다. 노동과 소비의 직접적 관계는 줄어들고, (여러 종류 시장 거래의 결합을 중요하게 여기는) 간접적 관계가 더 중요해졌다. 지금은 노동-소비 균형을 평가하려면 수많은 시장, 그 시장들의 상호관계, 이들 시장 안의 주요 경향과 예상치를 숙고해야 한다. 서로 다르지만 상호의존적인 시장들로 이루어진 복잡한 집합을 고려해 가족과 농장의 필요를 정렬해야 한다. 그것도 수용과 저항 모두를 포함하는 변증법적인 방식으로 말이다.

게다가 이들 다양한 시장의 배치는 농업을 압박한다. 가령, 상류의 시장은 계속 가격 상승을 강제한다(비용을 증가시킴으로써). 동시에 하류의 시장은 가격 하락 또는 정체의 경향을 지닌다. 그래서 생산물 가격과 생산 비용의 간격은 압박을 받아 좁아지고 노동소득은 감소한다. 둘째, 그런 다양한 시장이 점점 더 세계 시장으로 변하고 있다(그리고 지역, 광역, 국가 수준의 공급 부족 상황이 시장에 반영되는 일은 점점 줄어든다). 심지어 물리적으로 국경을 넘어 이동하는 농산물이 전체 농산물의 16퍼센트에 불과한데도, 식품제국들(먹거리 생산, 가공, 유통, 소비에 관한 통제력을 점점 더 강화하고 있는 확장된 연결망[Ploeg, 2008])의 현존과 동학은 지구적 수준에서 동일한 표준, 모수, 절차가 적용되고 있음을 뜻한다. 그리하여 거래되지 않거나 국제적으로 운송되지 않는 생산물 전부에 영향을 끼치고 있음을 시사한다. 날이 갈수록 식품제국들이 농업 생산을 원래의 장소에서 이탈시켜 노동, 토지, 물, 환경적 공간이 값싸고 정치적 지지를 얻거나 사들일 수 있는 지역에 재배치한다는 점이, 바로 식품제국들의 중요 작동 메커니즘이다. 혹은, 식품제국들은 대규모 기업농 생산에 우호적인 기술적·제도적 조건을 갖춘 지역으로 생산을 이전한다. 그 같은 이전과 재배치가 농민농업에는 급작스럽고 전격적인 충격으로 다가올 수 있다. 시장 접근성은 사라지고, 지역 전체가 경제적으로 완전히 쓸려나갈 수 있다. 현재의 시장 배치가 지닌 세 번째 특징은 휘발성을 높이고 있다는 점이다. 앞에 언급한 내용들과 부분적으로 관련이 있는데, 선물 시장의 투기로부터 초래되는 것이다. 마지막으로, 식품 및 농산물 시장이 일반적인 경제 및 금융 위기의 효과에 점점 더 많이 노출되고 있다. 기존 방식의 차환 신용은 점점 더 드물어지며 더 값비싸진다. 그러면서 소비자 대부분의 구매력이 심각하게 영향받는다.

이 모든 것이, 현재 농장들이 불리하고 적대적인 맥락 안에서 운영되고 있음을 함의한다. 시장은, 정도의 차이는 있겠지만, 대부분 혹은 거의 모든 농장의 지속성을 위협한다. 고용 수준, 소득, 미래에 대한 전망을 위험한 지경에 빠트리는 동시에, 여러 세대가 쌓아 올린 유산이 파괴될 가능성을 낳고 있다. 간단히 말해, 시장은 절망과 비참함과 굶주림을 가져오겠다고 위협하고 있다. 아니, 이미 그렇게 하고 있는지도 모르겠다.

앞에서 언급했듯이, 전 세계에서 14억의 인구가 하루 1.25달러 미만의 소득으로 살아간다(IFAD, 2010). 그들은 극단적인 빈곤 속에서 살아간다. 그 대부분(70퍼센트)이 농촌에 거주한다. 즉, 10억 명의 농촌 빈곤층이 있다. 그들 대부분은 부분적으로 또는 크게 영농에 의지하여 살아간다. 이 극단적 빈곤선 바로 위에 있는 사람들, 전 세계에 아주 가난한 30억 명의 인구가 또 있다. 그들 중 다수가 굶주림에 직면해 있다.

유럽 지역 대부분에서 농업인 다수가 법정 최저 임금 수준 이하의 소득을 얻는다. 파산의 위험에 직면한 농업인이 많다. 특히 동유럽에서는 이런 상황이 엄청나게 심각하다(Bryden, 2003).

이 같은 시장 배치 안에서(이는 현재의 제국적 식량체제imperial food

regime의 필연적 결과다) 영농을 계속하려는 노력은 저항의 한 형태로 출현한다(Chayanov, 1966: 267; Netting, 1993: 329). 새로이 농민 영농에 진입하는 것 또한 저항의 표현이다. 이런 종류의 저항에 참여하는 사람의 수가 적지 않다. 그들은 하나의 다중이다. 협력을 위한 적응, 변화, 새로운 접근방법, 대안적 패턴 등을 적극적으로 찾고 실천에 옮기는 농민이 많다. 다양한 재설계 과정이 일어나고 있다. 그리하여 영농 실천을 크게 바꾸고 있다(농업의 다원적 기능 확대 그리고/또는 자율성 축적을 예로 들 수 있다). 바로 그 같은 재설계 과정이야말로 농장들이 서로 관계를 맺는 방식 그리고 보다 넓은 맥락과 관계를 맺는 방식을 바꾸고 있는데, 이로부터 새로운 수준의 회복력이 나타나고 있다(Oostindie, 2013에서 논의하고 있다). 새로운 회복력으로 인해, 농민은 주류를 이루는 시장에서 버림받아도 자신의 자리에 머물 수 있고, 비참함과 빈곤을 퍼뜨리는 외부의 힘이 지닌 경향에도 불구하고 번성할 수 있다.

그 같은 저항, 재설계, 회복력의 흐름들에서 새로운 커먼스가 나타나기도 한다. 유럽, 브라질, 중국 등지에서 새롭게 구성되는 시장 경로가 바로 그 사례다(Ploeg, Ye and Schneider, 2012). 마찬가지로, 라틴아메리카 지역의 농민 공동체가 관개 시스템을 스스로 통제하는 동시에 물에 관한 농민의 권리를 전유하려는 국가나 기업과 투쟁할 때에도 새로운 커먼스가 출현한다(Boelens, 2008;

Vera Delgado, 2011),

이 같은 새로운 대응은 6장에서 더 상세하게 논의할 것이다. 여기서는, 새롭고 상호연계되기도 하는 실천들이 기본적으로 영농의 유연성에 기초한다는 점을 강조하고 싶다. 이 유연성에 관해 차야노프의 사상이라는 관점에서 이 장 전체에 걸쳐 논의했다. 일상적인 투쟁 속에서, 오늘날의 농민들이 자신의 농장 구조를 뒷받침하는 여러 주요 균형을 재측정하고, 그 균형들을 새로운 방식으로 재연결함으로써 새로운 영농 스타일들이 등장하고 성숙해진다. 새로운 영농 스타일은 주변 체계의 메커니즘 및 요구와 불화한다. 이는 더욱 심화된 투쟁과 새롭고 더욱 포괄적인 대응을 가능케 하며 새로운 균열을 낳는다.

종합을 대신하여: 농민 농장

지금까지 논의한 (그리고 지면이 허락하지 않아 여기에서는 논의할 수 없었던) 균형들에 근거하여,* 오늘날 농민 농장이 존재하고 기능

---

* 논의하지 못한 균형들에는 다음과 같은 것이 포함된다. 과거, 현재, 미래 사이의 상호 연관을 지배하는 단기적인 것과 장기적인 것 사이의 균형, 알려진 것과 알려지지 않은 것 사이의 균형, 혁신과 보수 사이의 균형, 농가와 농촌의 이웃 또는 지역공동체 사이의 균형 등이다. 인류학 연구에서 이들 균형에 대한 풍부한 정보를 만날 수 있다. 듀렌버거(Durrenberger, 1984)나 롱(Long, 1984)의 연구를 참고하라.

하는 그대로의 모습을 종합하여 제시할 수 있겠다. 이 같은 종합은 세 가지 핵심 이슈를 조명하려는 것이다. 첫째, 오늘날 농민 농장이 과거의 농민 농장과 맺는 관계다. 예를 들어, 연속성뿐만 아니라 불연속성 및 재생renewal이 있다(불연속성과 재생이라는 두 요소는 부분적으로는 크게 변화된 정치경제학적 맥락에 기인한다). 둘째, 이 같은 종합 모델에는, 나중에 살펴보겠지만, 북반구과 남반구 둘 다 포함된다. 예를 들어, 세계 여러 지역의 농민 사이에는 어떤 근본적인 차이점도, 어떤 내재적인 적대감도 없다. 셋째, 이 분석은 주변화된 농장 및 빈곤한 농가뿐만 아니라, 아주 생산적이고 잘 유지되는 농민 농장 및 번창하는 농가와도 관계가 있다. 즉, 이 분석은 현실태와 관계가 있는 동시에 현실태 속에 담지된 가능태와도 관계가 있다.

농민 농장은 농가의 전략적 숙고와 검토에서 나오는 복잡하고 역동적인 결과물이다. 실제의 농민 농장은 특정 시공간에서 스스로를 보여준 그대로, 영농의 기예art of farming를 드러내는 수많은 표현이다. 영농의 기예는 농장 안에, 그리고 다양한 균형을 능숙하게 조율하면서 각각의 균형을 미세 조정하는 수많은 활동 속에 살아 있다. 경지와 소의 모습을 다시 형성하고, 작물 품종을 주의 깊게 선택하고 개량하며, 노동 투입을 결정하며, 자본을 형성하고, 지식을 개발하고, 연결망을 탐색한다. 그 많은 균형이 함께 묶여 일관된 전체가 되고, 농장 조직 계획으로 이어진다.

영농의 기예, 즉 신중하고 전략적으로 근거를 확보한 다양한 농장 구성은 그 정치경제학적 환경과 결코 분리되지 않는다. 많은 균형에 주의 깊게 평형을 맞추는 기예는, 정치경제학적 환경에서 오는 지표, 기회, 위협 등에 대한 검토를 동반한다. 위협, 기회, 지표 등은 직선적인 방식으로 농장에 반영되지 않는다. 대신, 다양한 고저장단을 검토하는 농부가 언제나 매개자가 된다. 위협, 기회, 지표 등은 농가마다 특이한 방식으로 평형을 맞추는 균형의 일부다. 그러므로 환경의 일반적 경향은 꽤 자주 차별적 결과를 낳을 것이다. 영농의 기예는 이질성 재생산과 내재적으로 엮여 있다. 결과로 나타나는 이질성이 심사숙고의 일부분이 되므로 더욱 그렇다. 예를 들어, 이질성은 논쟁을 불러일으키고(어떤 실천이 더 나은 성과를 가져오는가), 변화를 초래할 수 있다(단절이 일어날 때 가장 회복력 있는 실천들이 다른 실천들에 영감을 불어넣는다. 그런 식으로 더 광범위한 변화를 향한 이정표가 될 수 있다).

결정적으로, 농민 농장들의 이질성 때문에 "단순한 경험적 일반화는 불가능하다"(Bernstein, 2010a: 8). 오늘날 사회 안에서 농민의 위치를 생각할 때, 살림살이를 향상하려는 농민의 투쟁이 대부분 스스로 농장을 주조하고 재주조하는 활동을 통해 일어난다는 점을 고려하면, 내 생각으로는, 우리가 이론적 근거를 갖추면서도 경험적으로 타당화할 수 있는 여섯 개의 양상을 아주 잘 설명할 수 있을 것 같다.

첫 번째이자 아마 가장 중요할 양상은, 농민 농업이 주어진 환경 아래서 최대한 많은 부가가치(또는 노동소득)를 생산하는 방향에 맞추어져 있다는 점이다. 그래서 농민 농업은 내재적으로 경제 성장에 기여한다. 그러나 여기에는 단서 조건이 하나 있다. 그 같은 농민 농업의 기여가 눈에 띄지 않을 수도 있다는 점이다. 창출한 가치를 제3자가, 가령 식품제국이나 국가가 전유할 때 그런 기여는 눈에 보이지 않는다. 식품제국이나 국가의 전유(또는 누출)는 아주 광범위해서 모든 종류의 성장, 자본 형성, 농촌 발전을 더디게 한다. 심지어는 농민 농업의 열화(오늘날 우리가 목격하고 있는 퇴축involution*의 한 형태)를 초래하기도 한다.

부가가치 창출 및 확대에 초점을 둔다는 것이야말로 농민의 조건을 보여준다. 농민은 단기적으로나 중기적으로나 장기적으로나, 각기 독립적으로 소득을 창출함으로써 적대적인 환경에 대응한다. 그러므로 농민층은 분명 근대성의 주체들 가운데 일부다. 이 점에 관해서는 최근에 랄라우(Lallau, 2012)와 들레아주(Deléage, 2012)가 주장한 바 있다. 농민 농업의 틀 안에서 부가가

---

* 문맥상 'involution'은 클리퍼드 기어츠Clifford Geertz의 저서 《농업 퇴축: 인도네시아에서의 생태적 변화 과정Agricultural Involution: The Processes of Ecological Change in Indonesia》에서 그리고 있는 현상을 가리킨다. 기어츠의 'involution'을 '퇴행'이라고 번역하는 것은 의미가 충분히 전달되지 않는다. 국내에서는 기어츠의 저서가 《농업의 내향적 정교화》라는 제목으로 번역되기도 했지만, '내향적 정교화'라는 용어 또한 'involution'에 함의된 부정적인 말맛을 살리는 데 부족하다. 여기에서는 '퇴축'이라고 번역한다. – 옮긴이

치 생산의 중요성은 당연해 보일 수도 있지만, 그것이야말로 농민 농업과 다른 유형의 영농을 구별하는 결정적인 모습이다. 경영자형 영농양식은 다른 농업인의 자원 기반을 인수하려는 그만큼의, 인수합병을 통해 이루어지는 직접적 부가가치 창출을 지향한다. 자본주의적 농업은 이윤 창출에 중점을 둔다. 심지어 총부가가치가 감소하더라도 이윤이 난다면 그것을 추구한다. 이 세 종류의 영농양식에서 조건이 동일하다면, 농민 농업이 가장 생산적인 영농양식으로 나타난다. 가장 많은 단위수확량을 실현하며 그 자체의 자원 기반을 심화 증진하려고 계속 일하기 때문이다. 농민 농업은 또한 가장 지속 가능한 영농 스타일이다. 이 명제는 산업화된 지역이든 저발전 지역이든 관계없이 전 세계에서 동일하게 적용된다.

농업이 배태된 환경이 부가가치 수준에 크게 영향을 끼친다는 점은 분명하다. 그리고 시간이 흐르면서 부가가치가 실현되는 방식에도 환경이 영향을 끼친다. 농민 농업이 그 잠재력을 실현하려면 공간이 특별히 필요하다. 그런 공간이 없다면, 농민 농업에 대한 환경의 부정적 상호작용으로 인해, 농민 영농의 잠재력 실현 능력은 봉쇄된다. 그래서 농민의 투쟁은 농민 농업과 사회 전체의 상호작용이 지니는 다면적 성격을 반영한다.

두 번째 양상은, 개별 농민 생산 단위 및 소비 단위가 쓸 수 있는 자원 기반과 관련된 것이다. 자원 기반은 제한되어 있으며 거의 언제나 압력을 받고 있다(Janvry, 2000). 이는 부분적으로는 내부 메커니즘에 기인한다. 가령, 흔히 볼 수 있듯이, 제한된 가용 자원을 점점 늘어나는 새로운 가족들에게 분배하는 상속 행위 같은 것 말이다. 기후 변화 그리고/또는 대규모 수출 지향적 기업의 이익에 따른 자원 강탈 등 농민 단위의 가용 자원에 외부로부터의 압력이 가해지기도 한다. 그런 압력들에 대해 일반적으로 농민은 생산 요소 시장과 튼튼하고 오래가는 관계를 정립하면서 자원 기반을 확대하는 방식으로 대항하려고 하지 않는다. 그런 전략은 농민의 자율성 추구에 반하며, 높은 거래 비용을 수반할 것이다. 상대적으로 부족한 가용 자원이 점점 더 부족해지고 있으므로 기술적 효율 개선이 더욱 중요하게 된다(5장 참고). 농민 농업에서 이는, 자원의 품질을 오염시키지 않으면서도 주어진 자원으로 최대 산출을 달성한다는 뜻이다.

세 번째 양상은, 자원 기반의 양적 구성과 관련된다. 때로는 노동력은 풍부한 반면, 노동 대상(토지, 가축 등)이 상대적으로 부족할 수 있다. 첫 번째 특징과 결합해보면, 농민의 농업 생산이 노동 집약적인 경향이 있고, 노동을 투자해 자본을 형성하는 경우가 자주 있으며, 발전 경로는 지속적인 노동 주도형 집약화 과정의 꼴을 갖추게 되리라는 점을 알 수 있다.

네 번째 양상은, 자원 기반 내부에 존재하는 상호관계의 질적 특성도 중요하다는 것이다. 자원 기반은 대립하고 모순되는 요소들(가령, 노동 대 자본, 또는 육체노동 대 정신노동)로 분리되지 않는다. 쓸 수 있는 사회적·물질적 자원은, 노동과정에 직접 참여하는 사람들이 소유하고 통제하는 유기체적 통일성을 표상한다. 보다 정치적인 용어로 말하자면, 그것은 자기 조절적 단위다. 행위자 사이의 관계를 지배하고 행위자와 자원의 관계를 규정하는 규칙은 대개 지역의 문화적 레퍼토리에 배태되어 있고 거기에서 나온다. 젠더관계도 여기에 포함된다. 차야노프 식의 내부 균형들도 중요한 역할을 한다.

다섯 번째 양상은, (앞의 네 번째 양상과 긴밀하게 엮여 있는데) 노동의 중요성과 관계된다. 즉, 노동의 양과 질이 농민 농장의 생산성과 향후 발전을 좌우한다. 노동 투자(계단식 농지, 관개 시스템, 건축물, 개량되고 주의 깊게 선발된 소 등)의 중요성, 적용한 기술의 성격(기계적인 것에 반대되는 의미에서의 숙련 지향적인 기술), 농민의 혁신성 등을 예로 들 수 있다.

여섯 번째 양상으로, 농민 생산 단위와 시장 사이에 정립되는 관계의 특정성을 언급해야 하겠다. 농민 농업은 대체로 상대적으로 자율적이고 역사적으로 보증된 재생산에 토대를 둔다(그리고 동시에 그것을 포괄한다). 비상품 흐름의 경로는 상품 흐름의 경로만큼이나 중요하다. 생산 주기는 매번 바로 앞 주기에서 생산되고 재생산된 자원에 기초한다(《그림 3.1》 참고). 이들 자원은 상품을 생산하는 데 사용되는 비상품으로서 생산과정 안으로 들어오고, 동시에 생산 단위의 재생산에 도움을 준다.*

때로는 오인되고 물질적으로 왜곡되기도 하지만, 앞에서 부연 설명한 특징들이 농민 농업의 독특한 성격을 이룬다. 이때 농민 농업이 지향하는 바는 우선 부가가치와 생산적 고용을 모색하고 창출하는 것이다. 자본주의적 영농양식과 경영자형 영농양식에서는 노동 투입을 줄임으로써 그리고/또는 (어떤 식으로든) 타자의 자원 기반을 인수함으로써 이윤과 소득수준이 높아진다. 이와는 달리 농민 농업은 전체 농민 공동체에 의한 부가가치 증대와 농장 단위당 부가가치의 지속적 증대를 병행하려고 노력한다.

전체로서 농민 공동체는 일반적으로 특정 농가가 특정한 자원 기반을 소유하는 것을 용인한다. 농민 공동체의 지배적인 문화적 레퍼토리(또는 도덕경제) 안에서, 인접한 필지를 인수해 소유하는 것은 결코 진보라고 여겨지지 않는다. 하나의 전체를 이루는 농민 공동체에게 개별적 필지 인수 및 소유는 자기 파괴나 마찬가지이기 때문이다. 그러므로 개별 농가는 서로 리듬과 성공 정도가 다르지만 스스로의 노력으로 그리고 스스로의 자원을 활용하여 진보하려고 분투한다. 그런 노력이 지역공동체 또는 지역경제 수준에서 부가가치 총량을 늘린다. 자본주의적 영농이나

---

* 앞서 논의했듯이, 이 같은 패턴은 자원 전체 또는 대부분을 시장을 통해 동원하는, 그리하여 상품 생산과정에 진입하는 시장 의존적 재생산과 극명하게 대비된다. 그런 식으로 상품관계는 실로 노동과정과 생산과정을 관통한다.

경영자형 영농에서 개별 경영체의 성장은 대개 전체적인 수준에서 부가가치 총량의 정체 또는 심지어 감소와 관련된다. 농민경제는 그런 패턴이 발생하지 않게 한다.

분화에 관한 마지막 메모

앞에서 급진 좌파들이 뜨겁게 논쟁하는 다른 이슈를 몇 가지 언급한 바 있다. 농민 사회의 분화 또는 계층화가 바로 그것이다. 농업에서 이질성이라는 말은 여러 차원을 포괄하지만, 종종 계층화라는 관점에서 규모가 큰 농장과 작은 농장 사이의 차이점을 (어떤 식으로 측정하든) 그리고 부유한 농가와 가난한 농가의 차이점을 (종종 대규모 농장 및 소규모 농장과 상응하는 것으로 가정되기도 하지만, 꼭 그런 것은 아니다) 묘사한다. 이는 농민 사회가 (발산하는 그리고 대립하는 계급들로 발전하고 있는) 서로 다른 계층들로 이루어져 있다는 가정에 근거한다. 그렇더라도, 많은 질문이 남는다. 서로 다른 계층으로 분화시키는 발산 경향의 근원은 무엇인가? 계층화는 무엇을 시사하는가?

이 물음과 관련하여 서로 다른 두 개의 관점이 있다. 마르크스주의/레닌주의 관점은 계급 분화에 초점을 둔다. 그와 반대되는 관점으로서 차야노프가 발전시킨 개념이 인구학적 분화다.

마르크스는 계급 분화에 관한 고전적 관점을 명확하게 특정한 바 있다.

스스로 생산수단을 갖추고 생산하는 농민은 점차 타자의 노동을 착취하는 소규모 자본가로 변하거나, 자신의 생산수단을 잃고 … 임금노동자로 변하는 고통을 겪을 것이다. 이는 자본제 생산양식이 지배적인 사회 형태에서 드러나는 경향이다(Marx, 1951: 193-4).

이 같은 도식을 따르자면 농촌 인구는 결국 자본주의적 농업인, 자본주의적 농업인을 위해 일하는 임금노동자, 아직은 분해되지 않은 농민 농장으로 구성될 것이다. 그리고 마지막 범주는 세 개의 하위 범주로 나뉠 수 있다. 프롤레타리아가 될 운명에 놓인 '소규모' 농민, 중간에 고착되어 있는 '중규모' 농민, 자본주의적 농업인이 되는 일에 거의 근접한 '대규모' 농민으로 나뉠 수 있다.*

차야노프의 인구학적 분화 모델은 그와는 다른 관점을 제시한다. 농장 크기의 차이는 기본적으로 일시적인데, 그 차이점들이 농가 내부의 소비자/일꾼의 비율 변화에서 유래하기 때문이라고 차야노프는 주장한다. 젊은 부부는 작은 농장을 가지고 출

---

* 이런 내용은 1960년에서 2000년 사이에 신고전주의 경제학에서 자세하게 설명된 분류 도식과 상당히 유사하다.

발힌다. 그러니 일꾼 대비 소비자 수가 증가하면 농장은 커질 것이다. 부부가 늙어가고 아이들이 제 앞가림을 할 때까지 말이다. 그다음에는 농장이 다시 위축된다. 차야노프(Chayanov, 1966: 242-57)가 《농민경제 이론Theory of the Peasant Economy》에서 풍부하게 기술한 바 있는 이 주제에는 많은 변주가 존재한다. 나중에 페이 샤오퉁(Fei Xiao Tung, 1939)은 그 인구학적 주기가 너댓 세대까지 이어지는 것도 당연한 일이며(Yang, 1945: 132 참고), 그런 인구학적 주기가 영농 스타일의 상당한 변화를 뜻할 수 있음을(Garstenauer et al., 2010) 보인 바 있다.

차야노프는 당대의 러시아 농촌에 실제로 "두 개의 강력한 흐름"(Chayanov, 1966: 248)이 있음을 인정했다는 점에서 현실주의자였다. 두 개의 흐름이란 계급 분화와 인구학적 분화를 말한다. 그 둘이 때로는 복잡한 방식으로 서로 얽히기도 했다. 차야노프의 입장을 나중에 대니얼 리틀이 다시 반복했다. 그는 때로는 한 과정을 강조하고 또 다른 때에는 다른 과정을 강조하면서 두 개의 과정 모두 일어날 수 있다고 주장했다. 다른 한편, '레닌주의자'들은 인구학적 분화는, 그것이 존재했다 하더라도, 상관없는 것이라는 입장을 견지했다.

역사가 어떻게 전개되었는지 안다는 이점을 그대로 가지고 당대의 논쟁을 되돌아보면, 몇몇 예외를 제외하고는, 1880년대 이후 전 세계 농업에서 앞의 인용에서 시사된 그런 종류의 견고하고 심대한 계급 분화는 일어난 적이 없다고 분명히 말할 수 있다. 오히려 다른 방향으로 분화가 진행되었다. 특히 1880년대와 1930년대의 국제적 농업 위기 때, 자본주의적 농업은 약화되었다. 혹은 많은 지역에서 완전히 사라졌다. 해리엇 프리드먼은 미국의 대평원 지역을 대상으로 한 연구에서 이를 능란하게 논의하고 분석한 바 있다(Friedmann, 1980; 1993). 잔덴도 유럽에서 일어났던 동일한 현상을 기술했다(Zanden, 1985). 네팅도 이 같은 현상에 대한 일반적인 논의를 제시하고 있다(Netting, 1993: 296, 여러 곳).

분화의 새로운 메커니즘들(100년 전에 비해 아주 다른 효과를 낳으리라 예상되는 메커니즘들)에 관한 논의로 그럭저럭 옮겨 온 듯하다. 첫 번째 새로운 메커니즘은 경영자형 영농의 등장과 관련 있다. 이 모델은 인수를 통해 작동하는데, 농민 농업에서는 인수가 아주 제한되거나 심지어 금기시되기도 한다. 농업 경영자들(근대화 및 녹색혁명과 더불어 비로소 출현한 역할 모델이자 정체성이다. Ploeg, 2003 참고)은 다른 이들에게서 토지, 물, 쿼터, 상징, 시장 접근 등을 인수한다. 그렇게 해서 농업 경영체의 양적 성장 속도를 높인다(예를 들어, Gerritsen, 2002. 그는 멕시코를 배경으로 이 과정을 기술했다).

두 번째 분화 메커니즘은 오늘날 대규모 자본주의적 농업 경영체가 주로 남반구에서 다시 등장하는 것과 관련이 있다(Schutter, 2011). 자본주의적 농업 경영체들은 식품제국들과 강력하게 연계되어 있다. 또는, 심지어 그 자체가 식품제국의 일부분이다. 새롭게 등장한 자본주의적 농업 경영체들은 토지 및 물 상탈을 통해 생겨나는데, 이제는 농민 부문과 가격을 두고 경쟁하지 않는다. 전형적으로, 그들의 '경쟁력'은 (대부분 전 지구적인) 농산물 구매 및 판매 경로에 대한 통제력에 기초한다. 특권화된 접근, 인증, 농산물 표준화, 판매량 등이 그런 통제에 결정적으로 중요하다. 간단히 말해, 그것은 경제 외적인 강압에 근거한 '경쟁력'이다.

이렇게 새로운 형태로 나타나는 분화들이 한데 어울려 오늘날 전 세계 농민층에 대한 아주 심각한 위협을 표상한다.

4

보다 넓은 맥락에서 본
농민 농업의 위치

나는 앞 장에서 농가 및 농장 단위에서 유지되는 다양한 균형이 보다 넓고 일반적인 층위의 사회적 관계에 영향을 줄 수 있다고 밝혔다. 마찬가지로, 넓고 일반적인 사회적 관계는 농가 및 농장에도 투영된다. 통상적으로는 영농 활동에 직접 참여하는 행위자가 내부 균형들의 성격을 규정하고 설정한다. 그런데 넓고 일반적인 사회적 관계 속의 균형은 그런 식으로 규정되거나 설정되지 않는다. 이 장에서는 보다 넓은 맥락 안의 균형들을 논할 것이다.

외부 균형은 가족이나 농장 내부에 그리고/또는 가족과 농장 사이에 존재하지 않는다. 전체로서의 농업 부문과 그 농업 부문을 배태한 사회 및 시장이 만나는 접촉면에 위치한다. 이 외부 균형을 개별 농업인이 설정하거나 영향을 끼칠 수는 없다. 그러나 이 외부 균형은 분명 개별 농장이나 농가에 큰 영향을 끼친다.

차야노프는 외부 균형에 관해 명시적으로 논의하거나 이론화하지 않았다. 그러나 그의 저술 중 일부(특히 1966년 판의 6장)에서 외부 균형의 영향을 암시했다. 예를 들어, 차야노프는 농민경제가 노동 시장에 영향을 끼치는 방식을 분명하게 언급했다(Chayano, 1966: 240). 브라질의 루이즈 노르데르(Luiz Norder, 2004)가 최근에 이 주제를 다시 다루었다. 농민층에 영향을 끼치는 국가 정책에도 똑같은 논리를 적용할 수 있다. 이는《농민 협동조합 이론The Theory of Peasant Co-operatives》에서 차야노프가 '수직적 협동 대 수평적 협동'을 논의하면서 조명한 바 있다. 그다음으로는 물론, 가명으로 쓴《내 형제 알렉시스가 농민 유토피아로 떠난 여행My Brother Alexis to the Land of Peasant Utopia》이 있는데, 여기서 차야노프의 입장을 보다 분명하게 확인할 수 있다. 이 소설에는 "도시와 농촌 사이의 최적 평형 상태"(Kerblay, 1966: xlvii)에 관한 도발적인 논의가 나온다. 가령, "**유토피아**에는 아주 큰 도시가 더 이상 없다"라는 언급을 예로 들 수 있다. 차야노프는 또한 농업 집약화에 관해 글을 쓰기도 했고, 사회에서 농민의 역할에 관해서도 저술했다. 그리고 (무려 1920년에) 볼셰비키 통치의 종언과 직접민주주의의 확립을 예견하는 예언자적 통찰을 보여주었다.

교환이 매개하는 도시-농촌 관계

농가 외부에 존재하는 첫 번째 균형은 농장과 생산물 시장의 상호관계와 관련된다. 시장은 시간과 장소에 따라 다르게 작동할 수 있다. 어떤 시장에서는 오랜 기간에 걸쳐 가격이 떨어지는 현상을 발견할 수 있다. 반면, 다른 시장에서는 차야노프가 언급했듯이 "시장 상황이 개선"될 수도 있다(Chayanov, 1966: 105, 83의

〈그림 2.4〉 참고). 이탈리아 농부들은 시장 여건이 호전되는 상황을 '흡인력 있는 시장un mercato che tir', 즉 농부로 하여금 더 많이 생산하도록 자극하는 시장이라고 부른다. 농산물 수취 가격이 생산비용보다 높아 농업인이 자본을 형성할 수 있는 시장이다. 긍정적인 전망(가격이 비교적 높은 수준에서 안정되리라는 예상 같은)도 그런 상황에 좀 더 기여한다. 가격이 낮고 앞으로 더 떨어지리라 예상되면, 정반대의 상황이 벌어진다. 이런 상황이 되면 사람들은 불리한 시장 여건을 이야기하기 시작한다. 이런 상황이 농장 유지 혹은 재생산을 가능케 하는 일은 거의 없다. 추가적인 자본 형성도 어렵고 농장 발전을 저해한다. 생산자들은 그런 시기를 감내해야 한다. 심지어 생존하려면 생활수준을 상당히 낮춰야 한다. 이 같은 시장 여건은 도시에 유리한 편향(Lipton, 1977), 전 지구적인 의존관계(Galeno, 1971), 또는 지금처럼 식품제국이 농업을 쥐어짠 결과로 나타날 수 있다.

앞서 이야기한 두 가지 시장 여건은 다양한 유형의 농장에 각각 다른 영향을 끼친다. 농장 내부 자원과 외부 자원 사이의 균형은 그런 힘들이 미시 수준에서 영향을 발휘하는 방식에 결정적인 역할을 할 수 있다. 〈그림 4.1〉은 그런 상호작용을 간략하게 보인 것이다. 이 그림에서 화살표는 최근 수십 년 동안 세계 농업에서 나타난 지배적 경향을 표현한 것이다.

〈그림 4.1〉은 농장과 시장 사이에 다양한 평형이 존재할 수

있음을 강조한다. 농장 단위는 그러한 평형들을 흡수하여 번역한다. 평형들은 다양한 '내부' 균형에 영향을 끼친다(가령, 결정적으로 만족에 영향을 줄 것이다). 그런데 농장과 시장 사이의 균형은 정태적이지 않다. 농민은 특정 시장에서 철수해 다른 시장에 진입할 수도 있다(그럴 때 여러 품목을 생산하는 농장이 상당히 유연할 수 있다). 농민이 협동조합을 활용하여 시장의 힘에 맞설 수도 있다. 극단적 불균형이 있을 때에는 농민이 국가 개입을 요구하면서 거리에서 시위를 할 수도 있다. 심지어는 농민 스스로 새로운 시장 채널을 조직할 수도 있다(Ploeg, Ye and Schneider, 2012).

〈그림 4.1〉 시장과 농장의 상호작용

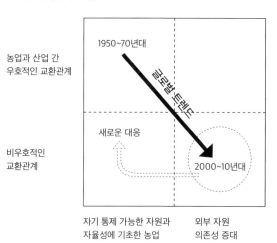

오늘날에는 외부 자원에 점점 더 의존하면서도 우호적이지 않은 교환관계에 직면한 농가가 많다. 그중 다수가 신자유주의 기획이 초래한 힘겨운 덫에 갇혔다. 신자유주의 기획은 농업 정책을 무너뜨리고, 시장을 자유화하고 세계화하며, 자본에 대한 모든 통제를 풀어버렸다. 신자유주의는 농업을, 상대적으로 우호적인 시장 조건을 마주하고 있던 상대적으로 자율적인 생산 단위들이(물론, 이는 보편적으로 적용되는 이야기는 아니다), 상류의 투입재 시장에 크게 의존하게 되고(3장 참고) 우호적이지 않은 시장 조건을 마주하는 위치로 이동시키는 데(〈그림 4.1〉의 화살표) 크게 기여했다. 그 결과, 남반구든 북반구든 전 세계에서 수많은 농장이 지속하기 어려운 상황에 직면했다.* 이에 대응하여, 많은 농업인이 〈그림 4.1〉의 아랫단 오른쪽에서 왼쪽으로 이동하려고 애쓰고 있다. 적대적인 시장에 더욱 잘 대처할 능력을 갖추려는 것이다. 즉, 더욱 농민-스럽게 농사짓고 자신의 자원에 더 많이 기초하려고 애쓰고 있다.** 어떤 농민집단은 새로운 시장이나 유통 경로를 구성함으로써 왼쪽 아랫단의 위치에서 윗단의 위치로 이

* 이 추세가 전 세계 식량 생산을 크게 감소시킬 수도 있다는 점이 절박한 위험이다.

** 모투라가 관찰한 바에 따르면, "농산물 가격이 좋은 시기에 [〈그림 4.1〉 아랫단 왼쪽과 오른쪽에 위치한] 두 농장 집단의 행태는 비슷할 수 있다. 그러나 차야노프가 밝혔듯이, 가격이 안 좋으면 차이점이 나타난다. 외부 자원에 크게 의존하는 (아랫단 오른쪽) 집단은 경제활동을 줄이지만, 자체 자원을 활용하는 (아랫단 왼쪽) 집단은 노동을 투자할 기회를 계속 찾는다"(Mottura, 1988: 27).

동하려고 노력한다. 이 두 가지 노력은 모두 오늘날 농민운동의 풍성함과 다차원성에 기여한다. 그러나 그 시도들이 널리 알려졌다 해도 아직은 일반적인 규칙이라기보다는 아주 드문 예외다.

이주가 매개하는 도시-농촌 관계

시장이 농업과 도시 경제를 연결하는 유일한 메커니즘은 아니다. 이주도 마찬가지로 아주 중요한 메커니즘이었고 지금도 그렇다. 이주 형태는 다양할 수 있다. 그것은 일방향의 흐름일 수도 있다. 사람들이 농촌에서 도시로, 그리고 건설 현장, 공장, 항만, 그 밖의 비공식 부문으로 이동하는 흐름 말이다. 도시 외곽의 빈민가 확대는 그런 과정의 거의 피할 수 없는 결과다(Davis, 2006). 농촌 빈곤이나 농촌에서의 전쟁이 압출 요인으로 작용할 수도 있다. 그러나 때로는 도시경제에서 임금을 상대적으로 더 많이 받을 수 있다는 점(Chayanov, 1966: 107) 때문에 도심이 사람을 끌어들일 수도 있다. 농민이 상당히 숙련된 기술을 도시경제로 이전하는 경우는 흔하다. 제2차 세계대전 이후 이탈리아의 사례가 그렇다. 그때 소작농mezzadri은 도시로 이주하면서 자신의 네트워킹 능력을 함께 가지고 와서 중소기업 부문을 꽃피웠는데, 중소기업 부문이야말로 이탈리아의 '기적'에서 핵심이다(Bagnasco,

1988).

그러나 농촌 인구의 '대규모 이동'에는 형태에 관계없이 부정적인 측면이 뒤따르는데, 바로 농촌의 침체와 방기다(Chayanov, 1966: 107-108). 이주가 단선적이지 않고 주기적이라면 그런 부정적 효과를 피할 수 있다. 다른 부정적 효과가 나타날 수도 있기는 하지만 말이다. (보통 결혼이나 약혼 후에) 농촌을 떠나 도시 생활을 경험하고 돈을 벌고 저축하는 젊은 층 사례에서 주기적 이주의 특징이 나타난다. 조만간 그들 젊은 층 이주자는 고향으로 돌아와 영농, 상점, 소기업 등에 투자한다. 때로는 그런 인구이동 패턴이 농업에 상당한 역동성을 불어넣곤 했다. 그런 패턴은 유럽 전역에서 중요한 것이었는데, 지금은 중국에서도 중요하다. 도시 및 산업과 연계된 여러 가지 주기적 이주 패턴을 이해하지 않고는 중국 농업을 이해할 수 없다(Ploeg and Ye, 2010). 그 같은 주기적 이주 패턴은 때때로 국경을 넘나드는 것일 수도 있다.

역사적으로, 도시경제 부문에서 일하면서도 (아내나 부모가 돌보는 경우가 많은) 농장을 유지하는 농민이, 수많은 갈등에도 잘 버텨낼 수 있는 강력한 노동 계급을 형성하는 데 기여했다. 그들에게는 돌아갈 곳, 즉 자신의 농장이 있었기에 그럴 수 있었다. 오타르 브룩스(Brox, 2006)는 노르웨이 사례를 기술한 바 있다. 노르웨이에서 20세기 초반에 등장한 노동 계급은 농촌에 뿌리를 둔 사람들이었다. 그들은 사회적으로 생산된 국가의 부를 상대적으로

공정하게 분배하게 만든 결정적 투쟁에 크게 기여했다. 그 결과는 오늘날의 관계에도 반영되어 있다. 노르웨이는 석유에서 얻는 막대한 이익을 과두정치체제의 집권층과 민간 자본이 포획하게 두지 않고 전체의 이익을 위해 사용하는 세계에서 유일한 산유국일 것이다.

요컨대, 이주는 농촌-도시의 전반적인 균형에 중요한 요소다. 어떤 형태의 이주는 농촌의 활력을 저해할 수도 있다. 한편, 또 다른 패턴의 이주는 농촌 부흥에 크게 기여할 수 있다. 이를 좌우하는 결정적인 요인 가운데 하나가 문화적 레퍼토리다. 즉, 사람들이 농촌으로 돌아가고 농촌 여건을 개선하는 것이 중요하다고 생각하느냐 그렇지 않느냐가 중요하다.

영농 대 식품가공 및 마케팅

역사적으로, 식품가공 및 마케팅을 '외부화'하는 과정이 지속적으로 있었다. 오늘날 영농은 대부분 원료 생산 및 유통에 국한되어 있을 뿐이다. 영농을 통해 나온 원료를 가공하는 것은 전문화된 식품산업체인데, 그들 가운데 다수가 전 세계를 누비며 제국주의적 방식으로 활동한다(Bonnano et al., 1994). 대형 무역회사 및 소매 체인이 무역을 통제하는 경우가 점점 늘고 있다. 1차 생산으로 흘러가는 투입재 흐름을 통제하는 농기업들과 협력하면서 이들 산업체, 기업, 체인 등이 연결망을 구성하는데(Vitali et al., 2011), 점점 더 수탈 체계로 기능한다.

1차 생산자와 식품산업의 상호작용은 돈 때문에 상품을 교환하는 '단순' 거래의 차원을 훨씬 넘어선다. 이미 당대에 차야노프가 다음과 같은 사실을 목도했다.

> 수집한 상품의 표준화된 품질에 신경 쓰는 교역 기계가 생산을 조직하는 일에도 적극적으로 관여하기 시작했다. 교역 기계는 기술 조건을 규정하고, 종자와 비료를 공급하며, 윤작 여부를 결정하고, 고객을 자신의 설계와 경제적 기획을 실천하는 기술적 실행자로 바꾼다(Chayanov, 1966: 262).

나중에, 이탈리아의 농촌사회학자 브루노 벤베누티Bruno Benvenuti가 이 측면을 완전하게 이론화했다. 벤베누티는 상품관계에는 '기술-행정' 관계가 수반되며 함께 얽힌다는 점을 발견했다(Benvenuti et al., 1983). 상품관계와 '기술-행정' 관계가 결합되어 농업인이 무엇을, 언제, 어떻게, 어떤 순서로 해야 하는지 정확히 처방하는 제도적 틀을 만들어낸다. 3장에서 논의했듯이, 이런 구조는 '~을 향한 자유'를 거의 완전히 없애버린다. 결론적으로, 벤베누티에 따르면 농업 경영자는 '유령'이다. 농업 경영자는 스스도 경영사로서 내릴 수 있는 다양한 결정을 즐기기는커녕, 타자들, 특히 식품산업, 무역회사, 소매 체인, 투입재 공급 산업, 은행, 국가기관 등이 규정한 방침에 구속된다(Benvenuti, 1982; Benvenuti et al., 1988).

차야노프가 살던 시대에도 협동조합은 효과적인 대항력을 가져다주리라는 기대를 심어주었다. 협동조합은 계급에 기반을 두었고(Chayanov, 1991) 농민경제에 대규모 영농의 이점을 가져다주었다.

> 농민 협동조합은 … 거의 완벽한 형태를 갖춘 농민경제의 변주를 표상한다. 협동조합을 통해 소규모 상품 생산자는 자신의 농장 조직 계획을, 대규모 생산 형태가 소규모 생산보다 의심할 나위 없이 유리해지는 계획 요소로부터 분리할 수 있다. 그것도 자신의 개성을 희생하지 않으면서 말이다. 생산자는 그 이웃과 함께 협동조합을 구성하여 대규모 생산 형태를 달성할 수 있다(Chayanov, 1991: 17-18).

오늘날 상황은 아주 다르다. 지금은, 예전의 협동조합이 진화하여 식품제국과 같은 방식으로 농민을 다루는 조직이 되었다. 결론적으로, 새로운 협동조합 구조는 이제 더 이상 농민에게 일반 상품 시장에 접근할 연결 고리를 약속해준다고 볼 수 없다. 그 대신, 새로운 '커먼스'를 창출하려 노력하는 새로운 농촌운동이 나타나고 있다. 예를 들어, 생산자와 소비자가 (새로운 규범적 틀에 배태된) 새로운 시장을 공유한다. 이 새로운 시장은 대부분 틈새, 즉 대규모 상품 시장이 아주 불만족스럽게 기능하는 장소에서 출현한다. 마찬가지로, 식품가공 부문에서도 거래라는 용어는 더 이상 협상해야 할 최우선적 이슈가 아니다. 이제 주된 이슈는, 가공 활동이 영농 활동 또는 지역경제와 다시 통합할 수 있는지, 할 수 있다면 어떠한 조건하에서 가능한지 등이다. 소규모화된 새 기술이 이것을 현실화할 가능성을 갖췄기에, 이런 질문들은 특히 중요하다. 가공과 거래를 농장 안으로 재배치하는 문제는 오늘날 농촌운동이 결집하여 외치는 핵심 문제 가운데 하나가 되었다(Schneider and Niederle, 2010).

국가-농민층 관계

국가는 도시경제와 농촌경제의 관계를 직·간접적으로 반영하고 지배하는 실체다. 이런 점에서 국가는 시장과 1차 생산자의 관계, 이주의 성격, 농민-상인-식품가공업체의 상호관계도 반영하고 지배한다. 그러나 그 이상의 것이 있다. 국가는 농촌의 역학관계에 고유한 발자국을 남기는 자율적인 힘이기도 하다. 따라서 권력관계의 균형, 즉 서로 대립하는 사회적 힘들의 상관관계야말로 검토해야 할 아주 중요한 모습이다. 〈그림 4.2〉는 이 점을 보여준다. 이 그림은 페루 북부 지역의 한 농업 협동조합에서 일어난 단위수확량의 증감을 보여준다. 그 농업 협동조합에서 재배하는 쌀, 수수, 면화, 옥수수, 바나나 등 모든 품목의 단위수확량 평균값을, 1973~74년 단위수확량을 100으로 놓고 지수화하여 나타냈다.

여기서 주목해야 할 점은, 단위수확량 수준이 농촌 지역의 권력관계를 거의 한 치의 오차도 없이 정확하게 반영하는데, 국가가 이를 매개했다는 점이다. 페루 정부가 1969년에 토지개혁법 Land Reform Law*을 공포했지만, 단위수확량이 크게 증가하고 지속적으로 늘어난 때는 1972년 노동조합이 대지주의 토지에 침범해 들어가 새로운 협동조합을 결성한 때뿐이었다. 이는 생산과정에 대한 1차 생산자의 권력이 증대되었음을 분명하게 보여준다. 이러한 상황은 1976년까지였다. 1976년에 국가가 협동조합에 개입하여 경영권을 가져갔고 고용을 절반으로 줄였다. 그 결과, 단위수확량은 크게 감소했다. 오랜 기간의 파업 끝에 정부에서 지

---

* 후안 벨라스코 알바라도Juan Velasco Alvarado 군사정권이 1969년 6월에 시행한 법이다. 일부 지주가 농촌 지역에서 행사하는 영향력을 혁파하려는 목적을 가지고 있었다. 약 2,200만 에이커의 농지를 재분배했으나 여러 가지 문제점을 초래했다. 과거에 관리한 경험이 없는 농민들에게 토지 관리를 맡겨 생산성이 떨어졌다. 계획 수립과 실행 단계에서도 많은 문제점을 노출했다. 토지를 소유하지 못한 농민 중 토지를 분배받은 이의 비율은 20퍼센트에 미치지 못했다. 생산성이 저하되면서 농산물 수입을 늘릴 수밖에 없었고, 이로 인해 식량 생산과 경제 여건이 악화되었다. – 옮긴이

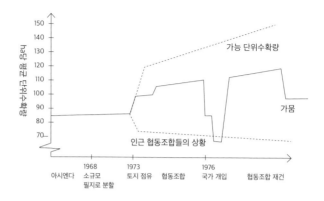

명한 기술자가 물러난 뒤에야 이전 수준을 회복했다. 이후 단위
수확량은 1983년 심각한 가뭄이 닥칠 때까지 지속적으로 상승
했다.

이 농업 협동조합Luchadores del 2 de Enero의 단위수확량은 주변의
다른 협동조합보다 현저하게 많았다. 노동조합이 있었다는 점이
그 원인이다. 노동조합은 더 많은 고용을 통해 집단적 형태의 노
동 주도형 집약화를 이루려고 투쟁하고 있었다(5장 참고). 사실,
이 농업 협동조합의 단위수확량은 더 많을 수도 있었다. '~으로
부터의 자유'(금융회로, 대형 무역회사, 국가기구 등으로부터의 자유 등)가
부족했다는 점이 그 같은 상대적 저성과의 이유다(더 상세한 논의
는 플루흐[Ploeg, 1990]의 4장 참고).

여러 차례 언급했듯이, 국가와 농민의 균형은 너무나 중요하다.[*] 앞의 사례에서도 보았듯이, 국가와 농민 사이의 균형이 농경지 안에서 이루어지는 생산과정에 영향을 끼치는 일은 흔하다. 제임스 스콧James Scott은 이 균형의 두 측면을 더할 나위 없이 훌륭하게 묘사했다. 한편으로는 "국가나 그 비슷한 것들" (Scott, 1998)이 최고의 지위를 차지하고, 다른 한편으로 농민은 "지배당하지 않는 기예" 측면에서 탁월한 능력을 보인다(Scott, 2009).

이 같은 균형을 구성하는 평형 상태들은 종종 구체적인 농업 정책들로 결정화結晶化한다. 급진 좌파는 그런 정책들의 여러 측면을 비판했다. 실제로, 그런 정책들이 농민의 이익과 반대되는 방식으로 작동하는 경우는 자주 있다(한 예로, 유럽연합의 농업인 중 소득수준 상위 20퍼센트 계층, 특히 이른바 농업 경영자가 농업 보조금의 80퍼센트를 수령한다). 그러나 목욕물을 버리려다 아기까지 버릴 수야 없다. 농업 정책은, 특히 1930년대에, 심각하고 거대한 위기에 대처하고 치유하려고 구성된 것이다. 미국의 뉴딜New Deal 정책과

---

[*] 리틀은 권력 균형이 농촌 지역 발전에 결정적인 역할을 할 뿐만 아니라, 도시 거주민에게도 간접적으로 영향을 준다고 주장했다. "농민이 전통, 조직, 그리고 저항할 힘을 사실상 박탈당한 지역에서" (계몽된 상류층enlightened gentry과 신예 부르주아 등의) 다른 계층이 자본주의적 농업을 통해 이윤과 과학적 혁신을 지향하는 가운데 농업관계들을 재구조화할 수 있다(Little, 1989: 119). 그러나 "농민 공동체가 전통적인 배치를 방어할 수 있는" 지역에서는 "자본주의적 농업 그리고 농촌 지역 내 임금관계가 등장할 수 있는 출현적 속성을 농민이 차단할 수 있다"(Little, 1989: 119). 또한, 무어(Moore, 1966)를 보라.

나중에 공동농업정책CAP으로 통합된 유럽 국가들의 다양한 정책이 그 대표적인 사례다. 농업과 사회의 관계, 농업과 생태계의 관계, 농업과 영농에 직접 참여하는 이들의 이익 및 전망의 관계 측면에서, 농업 정책이 근본적인 불균형에 대응해야 할 지속적이고 긴급한 필요가 있다. 때로는 상충하기도 하는 이해관계를 화해시킬 정책을 설계하는 것이 시급한 도전 과제로 떠오른다. 형평성과 평등을 촉진하는, 또는 최소한 기존의 불공평과 불평등을 악화시키지는 않는 정책을 확립하는 것은 아주 골치 아픈 일이다. 농업의 모든 수준에서 커다란 불평등이 이미 특징으로 자리잡고 있기 때문이다. 차야노프에게는 "소득 분배의 민주화" (Chayanov, 1988: 142)가 농업 개혁의 주요 목표 중 하나였다. 그러나 전 지구적 수준에서 북반구와 남반구 간에는 깊은 골이 있다 (Mazoyer and Roudart, 2006 참고). 게다가 그 같은 차이는 광역의 수준이든 작은 농촌 지역의 수준이든 관계없이 눈에 잘 띈다. 그래서 농업 정책은 거의 불가피하게 차별화된 효과를 낳을 수밖에 없다. 지원이 필요한 사람들에게는 충분하게 지원하지 않으면서 다른 사람은 부유하게 만든다. 농업 정책의 비용과 편익은 때때로 불평등하게 분배된다. 이런 문제들에 어떻게 도전해야 할지는 아직까지 그다지 명확하지 않다. 특히 정치적 의제에서 농업 개혁 문제가 주변부로 밀려날 때 더욱 그렇다(Thiesenhuisen, 1995). 농민층 내부의 불평등을 해소했다는 역사적 기록이 별로 없다는 점을 고려하면, 문제는 더욱 복잡해진다.

농업 성장과 인구 성장의 균형

미시적 수준에서는 노동과 소비의 균형을 평가함으로써(2장 참고), 농민은 생산과 소비 사이의 평형 상태에 도달한다. 거시 수준에서 이는 농업 성장과 인구 성장의 균형에 반영된다. 에스테르 보세루프(Ester Boserup, 1970)가 아프리카의 사례를 들어 입증한 바 있다. 인구 성장은 먹어야 하는 입뿐만 아니라 땅에서 일할 손도 늘어남을 의미한다. 그렇게 해서 농업 성장을 가져올 수 있다. 이와 비슷한 관계가 아프리카 외에 전 세계 다른 곳에도 있다는 설명이 있다. 황Huang은 중국의 인구 밀집 지역에서 인구 성장의 중요성을 강조했다. "가족농의 독특한 속성 때문에 인구 증가는 명-청 왕조 때 양쯔강 삼각주 지역의 상업화를 가속화시켰는데, 마치 상업화 때문에 인구가 증가한 것 같았다"(Huang, 1990: 11). 황은 또한 등식의 다른 항도 알고 있었다. "농민경제의 퇴축 정도는 인구와 가용 자원의 상대적 균형에 상당 부분 좌우될 것이다"(Huang, 1990: 11). 농업 성장은 분명히 한계에 직면하게 되어 있다.

오늘날 세계 곳곳에서, 한때 명백했던 농업 성장과 인구 성장의 균형이 다시 혼돈 양상을 보이고 있다(보다 자세한 논의는 네팅 [Netting, 1993: 272] 참고). 이런 현상은 아프리카에서 가장 잘 드러나고, 가장 드라마틱하다. 지난 50년 동안 아프리카의 1인당 농업 생산은 지속적으로 감소했다(Li et al., 2012). 한때 자명해 보이던 생산-소비의 연결이 무너졌다. 생산-소비 균형 붕괴는 국가 수준에서만 일어나는 게 아니다(그래서 먹거리주권food sovereignty 요구를 촉발한다). 미시 수준에서도 일어난다. 그 결과로 나타난 비극적인 상황을 한 페루인의 말이 잘 요약한다. "땅이 있어도 경작할 사람이 없고, 경작할 사람이 있어도 땅이 없다tierra sin brazos y brazos sin tierra." 이것이 가난으로, 심한 경우 굶주림으로 고통받는 농촌 가족의 전형적 상황인데, 동시에 농가 주택 주변의 토지는 경작되지 않는 상태로 남아 있다. 농민에게는 지금 당장 땅을 경작할 수단이 부족하다. 그리고 완전히 왜곡된 균형을 재조정할 가능성은 농민의 능력 범위를 한참 벗어난 일이다.

5

단위수확량

농민 농업의 역사는 계속 진행되는 집약화의 역사다(〈글상자 5-1〉 참고). 수백 년에 걸쳐 농부들은 의도했든 의도하지 않았든 생산과정에 약간의 변화를, 가끔은 상당한 변화를 도입함으로써 단위수확량을 꾸준히 증가시켰다. 그런 과정을 방대하게 기술한 연구자들로는 판바트(van Bath, 1960), 보세루프(Boserup, 1970), 위트(Wit, 1992), 리처즈(Richards, 1985), 비엘레만(Bieleman, 1992), 오스티(Osti, 1991), 마주아예와 루다르(Mazoyer and Roudart, 2006), 바르테나(Wartena, 2006), 피테르스(Piters, 1995), 잔덴(Zanden, 1985) 등이 있다.

단위수확량은 그저 기술적 지표에 불과한 게 아니다. 단위수확량은 미시 수준과 거시 수준 사이에서, 지역적인 것the local과 전 지구적인 것the global 사이에서 일어나는 복잡하고도 아주 흥미로운 상호작용을 반영한다. 달리 말하면, 단위수확량을 좌우하는 딱 그만큼의 사회적 관계를 단위수확량은 반영한다. 단위수확량은 노동과정의 산물이다. 그러므로 노동과정에 질서를 부여하는 많은 종류의 균형, 특히 자율성과 의존성 사이의 균형을 계속 조정한 결과가 단위수확량에 반영된다. 단위수확량이 부진하면 절망적인 비참함이나 굶주림을 초래할 수 있다. 단위수확량 증대는 보다 풍요로운 시대의 징후이며 농민층이 더 많이 해방

될 가능성이다. 난위수확량이 더 많아진다는 것은 증가하는 농산물 수요를 농업이 충족할 수 있다는 뜻이다. 그러므로 거시 수준에서는 단위수확량이 국가 수준의 수입-수출 균형과도 관련된다. 딱 꼬집어 말하자면, 식량안보food security라는 전략적 중요 이슈와 관련된다.

차야노프의 저작 가운데 (적어도 영미권에서는) 가장 널리 퍼지고 가장 잘 알려진 《농민경제 이론The Theory of Peasant Economy》의 쏘너 편집본은 단위수확량과 집약화 문제에 거의 신경 쓰지 않는다. '단위수확량'과 '집약화'를 모두 지나가듯 언급하고 끝난다 (Chayanov, 1966: 241 참고). 젬스토프 통계에 기록된 러시아의 상황이 그런 사정을 반영한다. 19세기 말에서 20세기 초에 이르는 당시 러시아에서는 토지가 결코 부족하지 않았다. 농민 공동체가 규칙적으로 토지를 재분배했기에 더욱 그렇다. 결과적으로, 농가는 경지 규모를 확대함으로써 생산과 소득을 증진했다. 그러나 다른 간행물에서, 예를 들어 《농민 농장의 기능에 관한 에세이Essays About the Functioning of the Peasant Farm》*(1924)에서 차야노프는

---

* 러시아어 판본 제목에는 '노동 농장'이라고 되어 있다. 이는 '농민 농장'에서 '노동 농장'으로 바뀌는 그런 변화가 막바지에 이르렀음을 암시하는 것 같다. 아마도 나중에 차야노프의 유형流刑과 죽음을 야기한 격렬한 비판과 긴장 때문에 그 같은 제목 변경이 있었던 것 같다. 애석하게도 역사적으로는 아무런 기억도 남아 있지 않은 듯하다. 수십 년 뒤에, 브라질 군사정부는 (1970년대 초부터) 농민peasant이라는 말을 공식적으로 금지했다. 이 사건은 그 군사정부가 난폭하게 탄압했던 농민연맹Legas Camponesas에 관계된 많은 것을 떠올리게 한다.

상당한 분량을 할애하여 집약화 과정을 논의했다. 이 저작이 이탈리아를 제외하고 다른 곳에서는 거의 알려지지 않은 것이 유감이다(이탈리아에서는 1988년에 스페로토Sperotto가 재출간했다). 이 저작은 오늘날의 농민경제를 이해하는 데, 특히 농민의 투쟁이 표현된 결과인 노동 주도형 집약화를 이해하는 바탕이다.

집약화는 단위수확량 증대를 낳는 과정이다. 그것은 "지금 하나의 수상꽃차례*밖에 없는 곳이라면 어디든지 두 개의 꽃차례를 재배하는"(Chayanov, 1988: 115) 것이다. 차야노프는 자본주의적 농업 경영체와 농민 농업의 집약화 수준이 명백하게 차이가 난다는 점을 관찰하고는, 농민 농업과 높은 수준의 단위수확량을 동일시했다. "자본제 농업의 집약화 수준은 농민 농업에 비해 훨씬 열등하다"(Chayanov, 1988: 117). 그런 차이가 나는 것은 세 개의 메커니즘 때문이다.

첫째, 농민 농업은 자본주의적 경영체가 진입하지 않은 분야로 나아간다. 한계지를 개간하여 경지 혹은 초지로 개발한다. 자본주의적 경영체에게는, 한계지의 개량은 대개 이익이 나지 않는 일이다(물론, 이는 자본주의 경제 전체의 평균 이윤율이 어느 정도인가에 좌우된다). 농민에게는, 토지에 접근할 수 있다는 것 자체가 집약화

---

* 꽃자루가 없거나 또는 짧아서 축에 접착하여 수상이 되어 있는 꽃차례를 '수상꽃차례spike'라고 한다. 수상화서穗狀花序라고도 한다. 대개 곡물의 이삭 모양이다. 질경이, 오이풀, 화본과 식물 등의 꽃이 이에 속한다. - 옮긴이

의 메기니즘일 수 있는데, 이때 토지는 농민의 노동을 통해 구성된다(Chayanov, 1988: 80).

둘째, 농민 농장은 훨씬 더 높은 수준의 토지 단위면적당 자본 형성을 보여준다(2장 참고). 단위면적 기준으로 볼 때 더 많은 종자, 더 많은 퇴비, 더 많은 경축耕畜(소 혹은 말)을 사용한다. "대부분의 사례에서 농부는 더 많이 수확하기 위해 종자, 비료, 가축 등의 요소 사용을 증가시킬 것이다. 그런 투입 증대는 농장 전반의 차원에서 당연한 일이 될 것이다"(Chayanov, 1988: 145). 이는 보다 집약적인 단위면적당 노동 투입과 결합된다. 그리고 더 많은 단위수확량을 가능케 한다. "땅을 대상으로 더 낫게 작업할수록(더 깊게 갈고 더 정확하게 간다), 땅에 비료를 더 많이 줄수록, 작물을 더 잘 돌볼수록 농장은 더욱 집약화될 것이다"(Chayanov, 1988: 146).

셋째, 생산 조직의 원리가 근본적으로 다르다. 자본주의적 농장은 이윤, 즉 조생산가치Gross Value of Production, GVP에서 비용(노동 비용 포함)을 뺀 차액을 극대화하려 한다. 농민 농장에서는 순생산 또는 노동소득(즉, 조생산가치에서 노동 비용을 제외한 투입재 비용을 뺀 차이)을 극대화하는 게 목표다(Chayanov, 1988: 122). 이런 차이점 때문에 집약화 수준이 달라진다는 점을 이해하기는 어렵지 않다(이어지는 논의 참고). 간단히 말해, 농민은 노는 땅을 생산 자원으로 전환함으로써, 거기에 높은 수준의 노동과 자본을 결합함으로써, 가능한 한 최대치의 집약화 생산을 추구함으로써 개선을 이루어낸다. 그러나 농민은 필요한 정치경제적 공간을 가질 때만 그렇게 할 수 있다(Halamska, 2004).

단위수확량을 늘리는 것이야말로 가장 중요하다. 차야노프(1988: 141)는 '생산력 발전'은 의심할 바 없는 '진보의 징후'라고 보았다. 바로 단위수확량 증대야말로 생산력 발전의 한 부분인 것이다. 같은 논리로, 생산에 적대적인 사회관계가 성립되면 집약화를 손쉽게 제한하거나, 심지어는 그 반대로 조방粗放화를 초래할 수도 있다.

이 모든 논의에는 정교하고 구체적인 내용이 뒤따른다. 특히, 반복해서 등장하면서 논란을 일으키는 '역관계' 논쟁을 이해하는 데 중요하다. 역관계란, 소규모 농장이 대규모 농장보다 더 높은 수준의 집약화를 달성할 때가 많다는 사실에서 나오는 말이다. 그 같은 경험적 사실, (그것이 참이라면) 그 원인, 함의(가령, 대규모 경영체를 소규모 경영체들로 분할하면 전체 생산의 도약을 가져올까?) 등은 모두 뜨거운 논쟁거리다.* 차야노프의 입장에서 보면 그런 논쟁은 과열된 것일 수 있다. 논점은 소규모와 대규모의 차이점에 관한 것이 아니다. 어떻게 해서 작은 필지 혹은 작은 생산 단위 그 자체로 큰 필지 또는 큰 생산 단위보다 더 많이 생산할 수

---

* 최근의 논쟁 사례로는 센더와 존슨(Sender and Johnson, 2004), 그리고 우드하우스(Woodhouse, 2010) 등을 참고하라.

있나는 말인가? 소규모 단위 또는 대규모 단위기 그 지체로 내재적인 속성을 갖지는 않는다. 농민 농장은 대부분 (필연적으로 그렇다는 게 아니라) 자본주의적 농장보다 규모가 작기는 하다. 그러나 본질적인 차이는 규모의 문제가 아니다. 본질적인 차이는 생산양식이 다르다는 데 있다. 농민 생산양식은 자본주의적 생산양식보다 더 높은 수준의 집약화를 지향하는 경향이 있다. 정확하게는, "자본주의적 농장과 농민 농장은 근본적으로 목표를 달리 하기 때문이다"(Chayanov, 1988: 72).

기본적으로, 집약화의 경로에는 두 종류가 있다. 노동이 집약화를 주도하거나, 기술이 집약화를 주도한다. 농민 농업에서는 대체로 노동 주도형 집약화가 이루어진다. 그 반대 경로는 기술 주도형 집약화인데, 무엇보다도 신기술을 적용하거나 신기술 관련 투입재를 적용한 결과로 단위수확량이 증가한다. 이론적으로는 그 둘이 양립할 수 있으며 결합될 수도 있다는 주장이 가능하다. 그러나 실제 생활에서 그리고 기존의 사회-경제적 관계 안에서 그 둘은 서로 배타적인 경향이 있다(Hebinck, 1990: 2000 참고). 그렇다고 노동 주도형 집약화에 기술적 요소가 전혀 없다거나 기술 주도형 집약화에 노동의 요소가 전혀 없다는 뜻은 아니다. 하지만 노동 주도형 집약화와 기술 주도형 집약화에는 각기 아주 다르게 고안된 기술이 동반된다. 이 장의 말미에서 그 같은 결정적 차이점을 다시 논의할 것이다.

모든 노동과정은, 농업에서 이루어지는 것을 포함하여, 상호작용하는 세 개의 요소를 수반한다. 노동력, 노동 대상, 노동 수단이다.

노동 대상을 원래보다 더 많은 가치를 지닌, 때로는 다른 종류의 가치를 지닌 생산품으로 전환하는 것이 노동과정이다. 노동 대상이 살아 있는 자연의 일부분이라는 점은 농업의 특징 가운데 하나다. 작물 성장에 필요한 양분을 전달하는 풍요로운 토양 생태를 지닌 비옥한 토지를 그 예로 들 수 있다. 토지는 언제나 토지를 둘러싼 주변 생태계의 일부분이다. 동물(우유, 고기, 경운, 퇴비 등을 제공한다), 식물, 유실수, 포도원 등은 모두 살아 있는 자연을 분명하게 표상하는 각각의 노동 대상이다. 물도 마찬가지다. 안데스 지역의 농민 공동체 사람들은 물을 "살아 있는 신성한 존재"(Vera Delgado, 2011: 188)라고 인지한다.

살아 있는 자연은 농업의 노동과정 및 생산과정에 크게 영향을 주기 때문에 중요하다. 살아 있는 자연은 다양성과 어느 정도의 예측 불가능성을 낳는다. 그래서 농업에서는 끊임없이 관찰하고 해석하고 적용하고 평가하는 주기적 활동이 필요하다. 이런 활동들이 장인의 노동과정과 '펼침unfolding'을 구성한다. 이 펼침에서 농장의 생산 및 재생산에 결정적으로 중요한 새로운 통찰이 탄생한다(Sennett, 2008).

여러 형태의 노동력, 즉 남성, 여성, 아동, 서로 돕는 이웃이 필요할 수 있다. 생산과정에 참여할 때, 그들은 노동력이다. 요점은, 그들의 노동이 노동 대상을 더욱 유용한 물품으로 바꾼다는 사실이다. 여기에는 수단(혹은 도구)이 필요하다.

노동 수단은 노동과정을 촉진하고 개선하는 데 활용된다. 노동 수단 역시 노동 대상이나 노동력과 마찬가지로 아주 다양하다. 노동력이 담지한 지식과 노동 수단이 결합해 기술technology 혹은 기법technique을 구성한다. 이때 숙련skill 지향적 기술과 기계 기술을 구별하는 것이 중요하다(〈글상자 5.3〉 참고).

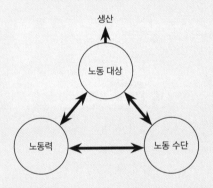

노동력, 노동 수단, 노동 대상은 다양하게 조합된다. 당대의 지배적인 사회적 생산관계에 따라 그 같은 조합의 성격이 결정된다. 사회적 생산관계가 노동과정의 틀을 결정한다. 사회적 생산관계가 구체적인 시공간에서 노동과정에 특정한 형태와 동학을 부여한다. 사회적 생산관계는 생산된 부의 분배를 좌우하기도 한다. 그 같은 사회적 관계는 광범위한 요소들로 구성되는데, 아주 다양한 결과를 낳을 수 있다. 젠더관계나 기술이 핵

심 요소일 수도 있고, 혹은 농업과 식품산업의 관계도 그러할 수 있다. 구체적인 영농 패턴을 조사하려면, 특정한 경험적 환경 안에서 영향력 있는 사회적 생산관계가 어떠한지 반드시 검토해야 한다. 사회적 생산관계들은 대체로 아주 복잡할 뿐만 아니라 계속해서 패턴을 바꾸는데, 상호작용하는 하위의 관계들로 이루어져 있다.

농업에서 노동 대상 단위당 생산된 가치의 양(농업에서는 단위수확량이라고 한다)을 집약화 수준이라고 이해한다. 노동 대상 단위당 생산 수준(가령, 1헥타르당 곡물 생산량 혹은 소 1마리당 우유 생산량)이 높을수록, 집약화 수준도 높은 것이다. 집약화란 단위수확량 증대와, 그것을 달성한 과정을 모두 가리킨다. 아주 다양하면서 서로 대조적일 때가 많은 집약화 방법들이 있다. 어떤 방법을 선택하느냐는 뜨거운 논쟁거리인데, 이 문제는 이 장의 뒷부분에서 다시 다룰 것이다.

집약화와 더불어, 영농 규모는 또 하나의 핵심 개념이다. 영농 규모란 노동 대상을 유용한 생산물로 전환하는 데 필요한, 노동 대상과 노동력 사이의 정량적 관계를 말한다(가령, 농작업자 1명당 농지 면적, 혹은 농작업자 1명당 젖소 수). 사용하는 노동 수단에 따라 영농 규모가 달라진다. 더 일반적으로는, 사회적 생산관계에 따라 결정된다.

규모와 집약화(2, 4장 참고)의 상호관계는 농민 연구에서 많이 논의되는 이슈다. 농민 농업과 대규모 기업적 농업을 비교하고 평가하는 데 규모와 집약화 같은 기준이 자주 사용되며, 이러한 기준이 우월하다고 가정될 때가 많다.

농업의 발전 경로는 다양하다. 농업은 지속적인 집약화를 통해 발전할 수도 있고, 다른 패턴, 즉 규모 확대라는 경로를 따라갈 수도 있다. 물론, 집약화와 규모 확대 사이에 있는 중간 형태의 발전 경로도 얼마든지 있을 수 있다. 하야미와 루탄(Hayami & Rutan, 1985)은 국제적으로 다양한 경로가 존재한다는 점을 관찰해 서술했다. 농업 발전 패턴에는 요소들의 상대 가격(가령, 노동력 대비 토지의 상대 가격)이 반영되어 있다고 설명했다. 토지가 값싸고 노동력이 값비싸면, 규모 확대가 지배적이게 된다는 것이다(그리고 그 역도 가능할 것이다). 이런 설명은 심각한 논쟁을 불러일으켰다.

현재의 노동 주도형 집약화 메커니즘

현재 관찰할 수 있는 노동 주도형 집약화는 대부분 다섯 개의 상호의존적 메커니즘에 뿌리를 둔다.

첫 번째 메커니즘은, 2장에서 살펴본 대로 차야노프가 이미 확인한 것으로, 노동 대상 단위당 노동과 자본을 더 많이 활용하는 데 중점을 둔다(노동 대상 등의 개념에 관해서는 〈글상자 5.1〉 참고). 단위면적당 혹은 사육 두수당 노동이 더 많이 투입된다. 그리고 더 많은 수단과 투입재(차야노프 식으로 말하면 '자본')가 들어간다. 이는 작부체계나 재배 방법의 변화를 초래할 수 있다. 그리고/또는 가축을 돌보는 데 드는 노력을 증가시킬 수도 있다.

경운, 재배, 심지어는 수확 방법조차도 노동 및 자본 집약도 측면
에서 변화를 겪을 수 있다. 예를 들어, 동일한 감자류 작물을 재배
하여 동일한 단위수확량을 거두는 데 필요한 노동일수가, 적게는
40일에서 많게는 120일까지 될 수 있다. 1데샤띠나의 휴경지에 뿌
려야 하는 분뇨의 양이, 적게는 1,000뿌드에서 많게는 3,000뿌드*
까지다(Chayanov, 1966: 47).

이때 노동과 자본(다시 말하지만, 차야노프 방식으로 이해해야 한다)
은 서로 보완하는 양상으로 작용한다. 둘 중 하나가 다른 하나를
대체하지 않는다.

두 번째 메커니즘은 잘 조정된 농업 생산과정을 수반한다. 농
학의 관점에서 엄밀하게 볼 때, 아주 다양한 생장 인자가 농업 생
산의 토대를 이루며 농업 생산을 좌우한다. 가령, 토양 양분의
양과 구성 그리고 이동 가능성, 뿌리의 양분 흡수 능력, 물 활용
가능성, 시간에 따른 물 활용 가능성의 분포 등에 좌우된다. 수
천 년 동안 실천된 밀 재배의 경우, 200개 이상의 생장 인자가 관

---

* 데샤띠나desyatina는 러시아의 토지 면적 단위로, 1데샤띠나는 약 1.1헥타르다. 뿌드pud
는 러시아에서 사용하는 무게의 단위로, 1뿌드는 16.38킬로그램이다. – 옮긴이

련된다. 그리고 과학 지식이 발전하면서 생장 인자는 더 많이 등장한다. 복합영농의 경우, 여러 작물과 가축을 (그리고 그 둘 사이의 상호작용을) 포함하는데, 수천 개의 생장 인자가 관련된다.

결정적으로, 이들 생장 인자는 시간의 흐름과 무관하게 일정한 상태로 머물지 않는다. 생장 인자들은 태초부터 그저 거기에 있었던 게 아니다. 생장 인자들은 계속 변화한다. 개별적으로도 변화하고, 전체로서도 변화한다. 노동과정을 통해 생장 인자들이 끊임없이 조절되고, 수정되며, 조율되기 때문이다. 가령, 농업인의 농작업은 양분의 양과 구성을 바꾼다. 쟁기질에 따라 양분의 이동 가능성이 달라지며, 관개 배수가 물 활용 가능성을 조절한다. 간단히 말해, 생장 인자들의 '거동'은 농업노동 과정을 구

〈그림 5.1〉 생장 인자들과 단위수확량 수준

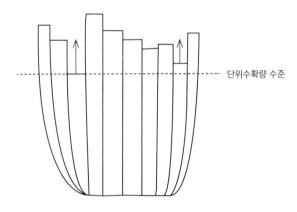

단위수확량 수준

성하는 특정한 농작업들 각각의 대상이다.[*]

단위수확량 수준은 가장 크게 제한된 생장 인자에 좌우된다.[**] 〈그림 5.1〉은 물통을 구성하는 판자들의 모습으로 이들 생장 인자를 표상한 고전적 사례다. 물통의 수위를 가장 짧은 판자가 결정하듯이 가장 부족한 생장 인자가 단위수확량을 결정한다.[***]

농민은 자신의 프락시스praxis[****] 속에서 '가장 짧은 판자'를, 즉 제한된 생장 인자를 끊임없이 찾아낸다. 관찰, 해석, 재조직이라는 복잡하고 확장된 주기적 활동(때로는 초보적인 형태의 실험도 이루

---

[*] 이는 1930년대와 1940년대에 북서유럽과 그 식민지 몇몇에서 발전한 '사회적 농학'의 중요한 기념비적 발견 가운데 하나다. 사회적 측면과 농학적 측면이 어떤 방식으로 하나의 단일한 공동 생산 및 공진화 과정 안에 함께 유입되는지에 관한 이해를 촉진했다(티머르[Timmer, 1949]와 프리스[Vries, 1931]를 참고하라. 그 둘의 연구는 차야노프에 크게 빚지고 있다). 그렇게 해서 사회과학과 농경학이 통합된 하나의 단일한 '사회적 농학'이 이론적으로 타당하게 되었다. 현재 농생태학은 그 궤적을 계승하고 더욱 심화·발전시킨 것이라고 볼 수 있다.

[**] '최소량의 법칙law of minimum'을 말한다. "식물에는 필요 원소 또는 양분 각각에 대하여 그 생육에 필요한 최소한의 양이 있다. 만일 어떤 원소가 최소량 이하면 다른 원소가 아무리 많아도 생육할 수 없으며, 원소 또는 양분 중에서 가장 소량으로 존재하는 것이 식물의 생육을 지배한다는 것이다. 1843년 독일의 화학자 리비히J. Liebig가 무기영양소에 대하여 제창한 법칙이다"(두산백과(www.doopedia.co.kr), 2014년 4월 11일). – 옮긴이

[***] 〈그림 5.1〉에 표현된 이미지는 리비히 이후로 곧잘 사용되는 것이다. 이 그림은 교육 목적에 아주 큰 도움이 된다. 그러나 이 그림이 특정한 생장 인자들 사이에 존재하는 다중적인 상호작용이나 시너지 효과를 설명하지는 못한다.

[****] 저자가 단순히 실천practice이라고 표현하지 않고 프락시스praxis라고 썼다는 점에 유의해야 한다. 프락시스는 '이론과 구별되는 의미의 실천'이라는 뜻을 갖는데, 다른 한편으로는 인간이 행동을 통해 의식적으로 환경을 변화시키는 것을 뜻한다. – 옮긴이

어진다[Sumberg & Okali, 1997 참고])과 평가를 통해, 농민은 제한된 생장 인자를 찾아내고 상태를 보정한다. 이런 작업은 일상적으로 반복되던 기존 농작업을 바꾼다. 그 변화가 성공적이면 단위 수확량이 늘어난다. 이런 과정은 지속된다. 즉, 처음의 제한되었던 생장 인자가 '확대'되면, 다른 생장 인자가 새로운 제한된 인자로 등장한다. 가장 짧은 판자를 찾아내고 그에 따라 '재형성'하는 것, 이것은 지식을 창조하는 과정이다. 이것은 실천적 지식이다. 또는 망드라(Mendras, 1970)가 명명한 것처럼 "토착 기술art de la localité"이다(〈글상자 5.2〉 참고). 그 같은 실천적 지식은 노동 주도형 집약화 과정을 통해 펼쳐지고, 노동 주도형 집약화 과정을 성숙시키고 진전시킨다. 아울러 지식 생성 과정도 확대된다. 이 메커니즘은 장소마다 다양한 조건에 특수하게 적용된다. 토착 기술 혹은 토착 지식은 시간 및 공간에 매우 특정적이다. 즉, 장인적인 지식이다. 과학적 지식(특히 현재의 기술관료적 지식)과는 아주 다른 문법을 지닌다. 장인의 솜씨를 낳는 지식이며 장인적 기술의 일부분이다. 농부는 이러한 지식과 기술의 보유자다. 이것은 암묵적인 지식일 때가 많다. 즉, (아직) 명료하게 기술記述되지 않은 경험적 지식이다. 그리고 숙련 기술과 밀접하게 관련되어 있다.

개선을 위한 탐색과 관찰-해석-재조직-평가의 주기적 활동이 개별 경영체와는 그다지 관련이 없다는 점에 유의할 필요가

토착 지식

포탄은 군사공학자들이 탄도학 법칙을 이해하기 한참 전부터 만들어져 발사됐다. 선박은 아르키메데스가 유체에 뜬 물체에 작용하는 부력의 법칙을 설명하기 수백 년 전부터 대양을 향해 했다. 사람들의 숙련 기술에 바탕을 둔 실천이 많다. 그 실천들이 매우 역동적으로 드러날 때가 많다. 숙련 기술과 실천 사이의 변증법적 관계 속에서 숙련 기술이 계속 발전하기 때문이다. 새로운 실천을 만들어내는 데, 그리고/또는 기존 실천을 개선하는 데 엄밀한 의미의 과학적 지식이 꼭 필요한 것은 아니다. 그것은 다른 방식으로도 이루어질 때가 많다. 오히려, 풍요롭고 이질적이며 역동적인 실천들이 (그 성격이 무엇이든 간에) 이미 발전했기 때문에 과학적 지식이 구성될 수 있다. 과학은 그런 실천들에 바탕을 두고 실천에 함축된 법칙을 도출하고 이해한다. 이로부터, 과학이 지식의 (아주 강력한 원천이기는 하지만) 유일한 원천은 아니라는 결론이 나온다. 숙련 기술은 또 다른 원천이다. 그리고 토착 지식은 그 원천의 중요한 일부분일 수 있다. 제도 또한 중요한 역할을 할 수 있다.

있다. 그 같은 지식 생성 과정은 개별 농장 수준을 벗어나는 경우가 많다. 지식 생성 과정에서 지식을 소통하고 공유하는 연결망이 확대되기도 한다. 상당한 시간이 걸려 그 같은 지식 생성 과정이 진행될 수도 있고, 특정한 노동분업이 전제되어야 할 수도 있다. 말하자면, 이런 연결망은 농민 농업의 신경 체계로서 많은 다양한 지점으로부터 정보를 수용하고 메시지를 송신한다. 때로는 그런 연결망이 농촌에서 일어나는 사회-정치적 투쟁 안의 중요한 메커니즘으로 전환되기도 한다(Rosset et al., 2011 참고).

관찰에서부터 적용 결과 평가에 이르는 일련의 과정은 결정적으로 지식에 좌우된다. 그렇게 활용 가능한 지식 재고가 확충된다. 여기서 우리는 경험적인, 실천적인 혹은 토착적인 지식을 논하고 있다. 그리고 지식을 미세 조정하는 지속적인 과정이자 결과인 지식 발전이 특수한 유형의 기술을 낳는다. 프란체스카 브레이(Bray, 1986)는 이것을 숙련 지향 기술이라고 불렀다(《글상자 5.3》 참고).

기술적 관점에서 보자면, 동일한 양의 자원으로 생산 수준의 증대를 실현하려고 사용하는 생산과정의 기술적 효율성은 미세 조정이 성공적일 때 증대된다. 결정적으로 노동의 질이 그 같은 기술적 효율성 증대를 좌우한다.

활용 자원을 체계적으로 개량해나가는 과정에서 노동 주도형 집약화의 세 번째 주요 메커니즘이 작동한다(Boelens, 2008). 생산과 재생산의 균형을 주의 깊게 측정하여 자원 하나를 개량할 수 있다. 그 개량이 대개는 점진적인 방식으로 진행되지만, 가끔은 상당한 수준의 도약이 일어나기도 한다. 그때, 단절적이고 상당한 진전이 생긴다. 가령, (퇴비 살포, 계단식 농지 축조, 관개 배수 시설 설서구의 세계관은 물질적 산출 증대 및 기술적 효율성을 기술과 연관시킬 때가 많다. 그러나 프란체스카 브레이(Francesca Bray, 1986)가 '쌀 경제rice economies'에 관한 연구에서 아름답게 보여주었듯이, 꼭 그런 것만은 아니다. 브레이는 기계 기술과 숙련 지향 기술을 구별했다. 숙련 지향 기술은 수단을 가지고 작업하는 사람의 지식 및 솜씨와 결합된 상대적으로 단순한 수단(〈글상자 5.1〉 참고)을 사용한다. 기계 기술을 사용할 때는 그 반대로 일이 진행된다. 수단은 매우 복잡해지면서(예를 들면, 자동화된 착유기), 아주 적은 지식만으로도 충분히 기계를 작동할 수 있다. 그러므로 기계 기술이 탈숙련화를 초래하는 경우가 많다.

치, 평탄 작업, 심경深耕 등을 통한) 경지 개량, 토양 생태계 강화(그리하여 토양의 질소 생성 능력을 증진한다), (오랜 기간에 걸쳐 진행되는 선발, 교잡, 도태의 과정을 통해) 보다 생산적이고 지역 환경에의 적응력을 키우는 축종 개량, (가령, 단위수확량 손실을 줄이려는) 새 건물 건축, (사이짓기와 우연한 교잡, 검사, 증식을 통한) 신품종 육성, 토착 지식 확장, 숙련 기술 개발, 새로운 연결망 전개 등의 과정이 있다. 실제로는, 노동 대상 단위당 투입 노동과 자본의 증가(첫째 메커니즘) 그리고 미세 조정(둘째 메커니즘) 각각에 속하는 활동을 동반하면서 그 같은 개선이 이루어질 때가 많다. 그렇지만 우리는 그 과정을 분리해 분석해야 한다. 노동 대상이 더 많은 노동과 자본을 흡수할 수 있게(첫 번째 메커니즘) 해주는 것이 바로 개량(세 번째 메커니즘)이다. 그리고 자원 개량이 두 번째 메커니즘, 즉 물통에서 가장 짧은 판자를 찾아내려는 노력을 뒤따르는 경우도 많다.

네 번째 메커니즘은 앞의 논의와 긴밀하게 관련되어 있지만, 여기에서는 별도로 논의한다. 그 메커니즘은 '참신한 생산novelty production'이다.

참신함은 알려진 것과 알려지지 않은 것을 분별하는 경계선상에 놓여 있다. 참신함은 새로운 어떤 것이다. 새로운 실천, 새로운 통찰, 예상하지 못했던 흥미로운 결과 등을 말한다. 유망한 결과, 실천, 혹은 통찰이다. 그러나 여전히 참신함이 온전하게 이해되지는 않는다. 참신함은 규칙으로부터의 일탈이다. 참신함은 지금까지 축적된 지식과 일치하지 않는다(Ploeg et al., 2004: 200).

린과 켐프의 표현을 반복하자면, 참신함이 있는 어떤 것이란 "들어맞을 것 같은 하나의 새로운 배치configuration"다*(Rin & Kemp, 1998). 수세기 동안 농민은 '참신한 생산'을 통해 단위수확량을 꾸준히 증대시켰다. 이 같은 과정은 상세하게 서술된 바 있다. 예(Ye, 2002)는 탈집단화 이후 시기 중국에서 이루어진 '참신한 생산'에 관해 유용한 정보를 제공했다(Ye et al., 2009 참고). 오스티(Osti, 1991)와 밀로네(Milone, 2004)도 유럽 주변부 농업에서 이뤄지는 '참신한 생산'을 서술했다. 아데이(Adey, 2007)는 남아프리카를 배경으로 같은 종류의 연구를 했다. 비스케르케와 플루흐(Wiskerke and Ploeg, 2004)는 '참신한 생산'에 관한 일반적 개관을 제시한 바 있다.

'참신함'은 지역의 농업 실천 안에 감추어져 있을 때가 많다. 그 확산이 더디고 제한될 수 있다. 그러나 연구자들이 '참신함'을 식별하고 받아들여 더 깊이 시험하고 개발함으로써, 마침내 개선되고 견고한 버전으로 농업 부문에 재도입할 수 있다. 이런 과정(그리고 그 결과로 생겨나는 과학자와 농부 사이의 협력)이 아주 강력한 메커니즘이라고 입증되었다. 그런데 제2차 세계대전 이후로 농업 과학이 더욱 기술 주도적인 경로를 따라 발전하면서부터 '참신함'은 규칙이 아니라 예외가 되기 시작했다. 요즘 확산되고 있는 농생태학(Altieri, 1990; Altieri et al., 2011)은 '참신함'을 바탕으로 선도적인 길을 걷고 있다. 그리고 농생태학 스스로를 더욱 폭넓게 적용할 수 있는 개선 사항으로 펼쳐내고 있다.

---

* X 효율성 개념을 통해 참신함의 효과를 설명하기도 한다(Yotopoulos, 1974). X 효율성이란 일종의 우월한 경제적 성과를 설명하는 용어다. 가용한 생산 요소와 기술로 설명할 수 있는 경제적 결과를 초과하는 결과가 나올 때 X 효율성이 존재한다고 한다. X 효율성은 '알려지지 않은 부분'이다(그래서 X라고 한다). 참신함은 X 효율성을 만들어내는 결정적인 요소다. 참신함은 경제적 성과를 더 좋게 할 수 있으며, '프런티어 함수'를 상향 이동시킬 수 있다(Timmer, 1970). 그리고 '추상화된 기술 변동'에서 결정적으로 중요하다(Salter, 1966).

‘참신함’은 점증적일 수 있다. 여러 종류의 ‘참신함’이 서로를 바탕으로 작지만 누적적인 단위수확량 증대를 이룰 수 있다. 한편, ‘참신함’은 급진적일 수도 있다. 기존의 실천과 지식 체계에 근본적인 변화를 초래하고, 상당히 비약적이고 급격한 단위수확량 증대를 만들어낼 수 있다. 쌀 집약화 체계system of rice intensification, SRI가 바로 그 같은 급진적 ‘참신함’의 현존 사례다. “농부는 눈앞에 있는 농생태학적이고 사회경제적인 여러 조건에 대응하여, 테크놀로지가 아니라 일련의 다른 실천과 원칙을 따르고 유연하게 실행한다”(Stoop, 2011: 445). 이는 “국제적으로 주류를 형성한 벼 농학과는 상대적으로 분리된 상태에서 쌀 집약화 체계SRI가 출현했다”(Maat and Glover, 1012: 132)는 말이다. 실제로 쌀 집약화 체계는 농학적 배경 지식을 갖춘 프랑스인 성직자 드 롤라니de Laulanie와 마다가스카르의 벼 재배 농민이 협력해 만든 것이다. 쌀 집약화 체계는 기근과 적대적인 기상 조건에서 탄생했다. 벼 재배의 매 단계마다 직관적으로 보기에는 비생산적일 듯한 요소들이 쌀 집약화 체계에 존재한다. 아주 어린 모를 이앙하거나, 분얼分蘖 때 옆으로 퍼져 공간을 많이 차지하게 되거나, 토양을 (계속해서 물에 잠겨 있게 하는 대신) 건조와 습윤 상태를 번갈아가면서 반복적으로 유지하거나, 무기질 비료 대신 유기질 비료를 사용하거나, 잡초를 자주 제거하는 등의 실천을 수반한다. 그런데 이런 변화들이 함께 작용하여 상당히 많은 비용을 줄이는 동시에 비약적인 단위수확량 증대를 낳았다. 이로써 쌀 집약화 체계가 광범위하게 확산되는 현상을 설명할 수 있다. 현재 쌀 집약화 체계는 많은 나라에서 실천되고 있다. 돌이켜보면, 쌀 집약화 체계는 패러다임 전환을 표상한다. 쌀 집약화 체계는 정해진 면적에 모를 더 많이 정식하고 비료를 더 많이 주어야 단위수확량을 더 많이 얻을 수 있다고 보는 모델과 근본적으로 결별하는 것이다. 녹색혁명이 퍼뜨린 품종들과는 달리, 쌀 집약화 체계에서 사용되는 품종은 특유한 분얼 양상을 보인다. 이런 품종은 근계根系가 풍성하게 발달한다는 점 또한 강조된다.* 잘 발달하고 더욱 활동적인 이 근계는 내한성耐旱性과 양분 흡수 효율을 높여주고, 따라서 비료 사용량을 줄인다(Stoop, 2011: 448). 그리고 토양 유기물을 건전하게 공급함으로써 뿌리와 토양생물상 사이의 호혜적 관계를 강화한다.

쌀 집약화 체계는 제도화된 농업과학의 바깥에서 그리고 농민의 프락시스로부터 만들어진 급진적이고, 심원하며, 설득력 있고, 강력한 변화다. 처음에는 과학 기관들로부터 조롱의 대상까지는 아니어도, 무시되었다. 노동 주도형 집약화의 가장 큰 한계

---

* 녹색혁명의 근간을 이루었던, 빛에 영향을 덜 받고 키가 작은 품종과는 다른 중요한 차이점이다. '현대적인' 벼 재배는, 녹색혁명 안에서 그리고 녹색혁명에 의해 정의된 것처럼, 빛 에너지 및 인간 노동을 떠나 화학비료 형태로 강력하게 증강된 화석 에너지를 지향하는 전환을 동반했다. 쌀 집약화 체계는 토양생물학, 태양 에너지, 토착 지식 등에 기초하는 재배 방법으로 돌아온 것이다.

섬들 가운데 하나인 '유령'에 관해, 이른바 '수확체감의 법칙'에 관해 논의할 때 이 문제를 다시 살펴볼 것이다.

마지막으로, 다섯 번째 메커니즘은 농업 생산을 최적화하려고 농민 농업에서 사용하는 특정한 계산법이다(〈글상자 2.4〉를 참고하고, '좋은 소출'이라는 말의 핵심 뜻을 살펴보라). 농민은 최대한 높은 노동소득을 얻으려 투쟁하는데, 이는 투자 자본에 비해 최대한 높은 이윤을 추구하는 것과는 아주 다르다(Chayanov, 1988: 73). 그렇게 하면서 농민은 할 수 있는 한 최대한 (집약화를 수행하는) 앞의 네 가지 메커니즘을 동원한다.

차야노프가 발전시킨 접근방법에 기초하여, 나는 핵심 내용을 두 단계로 설명할 것이다. 첫째 단계에는 〈그림 5.2〉처럼 간단

〈그림 5.2〉 생산함수

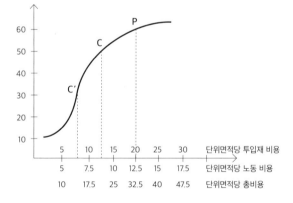

한 생산함수가 등장한다. 〈그림 5.2〉는 어떤 주어진 시점에 보리 생산에서 특징적으로 나타나는 물리적 투입/산출 관계를 보여준다. 더 많이 미세 조정한 후에, 또는 어떤 새로운 '참신함'이 창출되었을 때, 이 함수는 아주 쉽게 바뀔 수 있지만 〈그림 5.2〉에 보이는 것처럼 특정 시점에서 바뀔 것이다. 산출물 한 단위가 1유로라고 가정해보자. 투입재에도 똑같이 적용하자. 즉, 비용 한 단위가 1유로라고 하자. 노동 투입(시간 단위로)도 x축 아래에 있는 것처럼 주어져 있다. 한 시간의 노동이 (임금노동의 경우처럼) 마찬가지로 1유로와 동일하다고 가정하자. 총비용은 사용한 투입재 비용과 노동 비용을 더한 값이다.

이 그림에서 농민은, 가능하다면* 투입재 비용 수준을 20유로까지 올리려 할 것이다. 그 정도의 투입으로 58유로(생산함수 곡선상의 점 P)의 보리를 생산할 수 있다. 농민은 왜 그러는가? 이 지점을 넘어서 투입을 더 늘리면 바보라고 소문날 것이기 때문이다. 즉, 투입 수준을 20에서 25로 올리려면 농민은 5유로의 돈을 더 지출해야 하는데 추가로 얻는 것은 4유로뿐이다. 한편, 투입재 비용을 15유로에서 20유로 수준으로 올리면 6유로의 보리를 더 생산할 수 있다. 따라서 투입재 비용 20유로 수준에서(혹은 그보다

---

* 여기에서 결정적으로 필요한 것은 농민이 20유로 가치의 투입재를 구매할 수 있을 만큼 충분한 자원을 가지고 있어야 하며, 작물이 잘 자랄 수 있는 기상 조건이어야 하며, 더 큰 권력을 지닌 타자가 관개수를 빼앗아가지 않아야 한다는 점이다.

약간만 더 높은 수준에서) 농민은 가능한 최고 수준의 노동소득(산출물에서 투입재 비용을 뺀 값)을 얻는다. 이 경우, 그의 노동소득은 38유로(58유로에서 20유로를 뺀 값)가 된다.

자본주의적 농업 경영체가 똑같이 보리를 재배한다면, 계산이 달라진다. 경영자는 노동소득 극대화가 아니라 투자한 자본의 수익을 최적화하는 데 관심을 둘 것이다. 가장 높은 수익은 (따로 떼어놓고 볼 때) 투입재 비용이 12유로 정도 될 때 나타난다(곡선상의 점 C). 이 지점까지는 투입을 늘릴 때 추가되는 총비용보다 추가적인 편익이 더 높다. 이때 총비용에는 투입재 비용뿐만 아니라 임금노동 비용도 포함된다. 이 지점을 넘어서면 추가적인 편익이 추가적인 비용보다 더 낮아진다. 최적 투입 수준(12)에서 수익은 27유로다(48-21). 그러나 투자 대비 수익률이 가장 높아지는 지점은 그보다 더 낮은 수준으로 투입재 및 노동 투자가 이루어는 지점이다. 따라서 생산 수준도 더 낮아진다. 투입재 비용이 7.5일 때(즉, 점 C′에서) 총비용 대비 순수익률은 135퍼센트 정도다. 투입재 비용이 12일 때 총비용 대비 순수익률은 120퍼센트다. 이론적 세계에서는, 농민이 자본주의적 농업인보다 더 높은 수준의 집약화를 이루어낸다는 점을 알 수 있다. 농민은 〈그림 5.2〉의 점 P에서 생산을 하는데, 자본주의적 농업인은 C 내지 C′에서 생산한다. 계산법이 다르기 때문에 이런 결과가 나온다. 농민은 노동소득(총생산에서 투입재 비용을 뺀 값)을 최적화하는 데 관심을 둔다. 자본주의적 농업인은 가장 높은 수익(총생산에서 투입재 및 임금노동 비용을 뺀 값)을 추구한다. 전자의 계산법은 농민을 점 P까지 이동시키는데, 후자의 계산법은 경영자를 점 C′까지 이동시킨다.

물론, 이 모든 논의는 가설에 불과하다. 농민에 따라 그리고 경영자에 따라 생산함수의 기울기가 달라질 수 있는 이유는 많다. 가격이 차별화되어 그럴 수 있고, 특정한 비용이 지출되기 때문에 그럴 수 있고, 농업 정책이나 지원 체계가 농민과 자본주의적 경영자 중 어느 한 쪽에 더 우호적이기 때문에 그럴 수도 있다. 그러나 같은 조건하에서는 농민이 자본주의적 농업인보다 더 높은 수준의 집약화를 만들어낸다는 것이 요점이다.

실제 생활에서는 '같은 조건'을 발견하기가 아주 어렵다. 특히 현대 농업에서는 더욱 그러한데, 농민은 강력한 자본 집단capital group과 나란히 활동한다. 농민과 자본주의적 경영자가 동일한 생산법을 사용하는 경우도 드물다는 점도 유념해야 한다. 농민이 접근할 수 없는 테크놀로지에 자본주의적 경영자가 접근할 수 있는 경우가 점점 늘고 있다. 반드시 그렇다고 말하기는 어렵지만, '역逆관계'는 쉽게 모호해질 수 있다

나는 1980년대 초반에 페루의 해안 지역에서 이루어지는 쌀 생산에 관해 잘 알게 되었다. 당시에 네 개의 기술 수준을 분별해낼 수 있었는데, 〈그림 5.3〉에서 보는 바와 같다.

〈그림 5.3〉 테크놀로지, 단위수확량, 비용

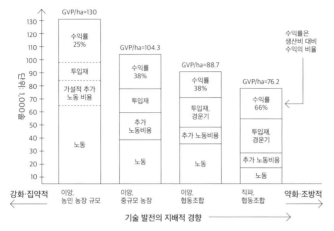

* GVP: 조생산가치

　〈그림 5.3〉에서 왼쪽 첫 번째 막대는 농업인이 들판에 볍씨를 직파하지 않고 모를 이앙하는 상황을 보여준다. 모를 이앙할 때에는 훨씬 더 많은 노동력이 필요하다. 이앙하면 잡초 제거에 드는 노동력을 절감할 수 있더라도 말이다. 그리고 이 경우 훨씬 더 많은 단위수확량을 낳는다. 사용되는 투입재(가령, 볍씨나 퇴비)는 대부분 농장에서 직접 만든다. 농민 농장에서는 이런 패턴을 자주 만날 수 있다. 농민은 노동 투입이 높은 것을 문제라고 여기지 않는다. 단위수확량이 많아져 상당한 노동소득을 보장하기 때문이다. 두 번째와 세 번째 막대(중규모 농장과 협동조합에서 찾아볼 수

있다)는 모를 이앙할 때 투입재는 시장에서 얻은 것(주로 화학비료와 제초제)을 많이 사용하며 더욱 기계화된(세 번째 막대에서 경운기 비용을 보라) 경우다. 노동은 (특히 세 번째 경우에서) 임금노동이다.

네 번째 막대는 기계화된 직파 기술을 사용하는 경우다(심지어 경비행기로 파종할 수도 있다). 가능하다면 작물 보호나 수확 등과 같은 여타의 농작업도 기계화한다. 단위수확량은 상당히 적다. 특히 농민 농장과 비교하면 더욱 낮다. 그러나 수익률(수익과 비용의 비율)은 가장 높다. 심지어는 절대값으로 따진 수익이 두 번째 막대의 경우보다 더 낮은데도 수익률은 더 높다(66퍼센트 대 38퍼센트). 그리하여 단위면적당 비용 지출이 높으면 융자를 꺼리는 농업은행과 투자 대비 수익을 추구하는 경영이 결합해 (높은 수준에서 위험을 회피하는 동시에) 가장 낮은 수준의 단위수확량을 가져오게 된다. 이는 역설적이게도 가장 '현대적인' 테크놀로지를 적용한 결과다.

몇몇 협동조합에서 노동자들이 경영진을 설득해 '생산적 고용 창출'을 경영 목표로 삼은 것은 상당한 수준의 사회정치적 투쟁이 있었던 이후의 일이다. 이로 인해 몇몇 대규모 협동조합은 첫째 막대와 같은 기술 사양으로 되돌아갔다. 그렇게 해서, 당시 내 동료였던 페레스Perez가 말한 것처럼, "들판을 녹색으로 입히고 페루가 자급하도록 도왔다"(Ploeg, 1990: 205-258).

노동 주도형 집약화의 의미와 범위

앞에서 논의한 다섯 가지 메커니즘의 잠재력 범위, 즉 노동 주도형 집약화의 잠재력은 농민 연구나 농업경제학, 발전경제학 등의 학문 분야에서 간과되거나 불공평하게도 과소평가되었다. 수확체감의 법칙이 그 모든 학문 분야에서 사용하는 핵심 개념 가운데 하나다. 수확체감의 법칙은 기본적으로 한계효용 학파의 논리에 근거한다. 한계효용 학파는 더 많은 자원을 부가하면(가령, 단위면적당 노동 투입을 더 늘리면), 추가 생산량이 점점 더 줄어든다고 가정한다. 특정 지점에 이르면 그 관계가 심지어 마이너스의 관계로 바뀔 수도 있다고 본다. 이를 농민 사회 전체에 적용하면, 그 같은 수확체감이 구조적 퇴축으로 이어질 것이라고, 즉 발전의 정반대 현상이 나타나리라고 본다. 얼핏 보면 수확체감의 논리는 설득력 있어 보인다. 들판에 씨앗을 너무 많이 뿌리면 작물들이 서로를 밀어낼 뿐이다. 비료가 과하면 토양을 오염시킬 수 있고, 물이 지나치게 많으면 작물이 익사할 것이다. 그러나 농민은 동네 바보처럼 보이기를 원하지 않는다. 농민은 특정 투입재 과다 사용을 삼갈 것이며, 대신 '가장 짧은 판자'를 찾아내 수확체감이라는 덫에 걸리지 않는 방식으로 농민 자신의 영농 실천을 재조직하여 집약화를 이룰 것이다.

생산생태학 이론은 수확체감이 법칙이라기보다는 예외에 가깝다고 주장한다(Wit, 1992). 영농 활동에서 수확체감은 새로운 해결책 탐색을 촉발하며 앞으로 더 나아가는 진보의 동력이 된다(쌀 집약화 체계가 그 사례다). 그런 식으로 영농 활동은 높은 생산성을 가리키는 새로운 함수를 따라 비약한다(〈그림 5.4〉 참고). 새로운 해결책이 그 자체의 한계에 부딪히면, 동일한 기본 과정이 반복된다. 그렇게 해서 경로 전체는 수확량 증가라는 특징을 갖게 된다(그림 5-4). 이 같은 수확량 증가는 궁극적으로 자연의 한계에 도달한다. 자연의 한계는 기본적으로 모든 식물 생장의 기초가 되는 빛 이용 가능성 및 광합성의 최상층 한계선과 관련되어 있다(지속 가능성과 관련된 한계와 혼동해서는 안 된다). 그러나 농업은 어떤 장소에서 이루어지든 그 같은 자연의 한계에 도달하려면 아직 멀었다.

역설적이게도, 농학 이론에서 그 같은 통찰을 예견한 최초의 인물들 가운데 한 명은 레닌이었다. 차야노프가 수확체감의 법칙에 관해 글을 쓸 때(Chayanov, 1988: 88), 레닌은 일찍이 1906년에 수확체감의 법칙이 공허한 추상화라고 주장했다.

[수확체감의 법칙은] 공허한 추상화다. 가장 중요한 것, 즉 기술 발전 수준, 생산력 상태를 무시하고 있다. 사실 '추가적인 노동 및 자본 투자'라는 용어 그 자체는 생산 방법의 변화, 기술 측면의 개혁을 **전제**하는 것이다. … 새로운 기계를 **발명**해야만 한다. 그리고 토

〈그림 5.4〉 법칙이 아닌 **특별**한 사례로서 수확체감

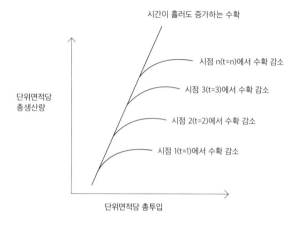

시간이 흘러도 증가하는 수확

시점 n(t=n)에서 수확 감소

시점 3(t=3)에서 수확 감소

시점 2(t=2)에서 수확 감소

시점 1(t=1)에서 수확 감소

단위면적당
총생산량

단위면적당 총투입

지 경운, 가축 사육, 생산물 운반 등등에서 새로운 방법이 있어야만 한다. 물론, 생산 기술이 동일한 수준에 머물 때에도 '추가적인 노동 및 자본 투자'가 일어날 수 있다. 그런 경우에 '수확체감의 법칙'은 어느 정도 들어맞는다. 생산 기술이 변하지 않는 한 상대적으로 아주 협소한 범위에서만 추가적인 노동 및 자본 투자가 가능하다는 점에서 그렇다. 결론적으로, 보편적인 법칙 대신 우리는 지극히 상대적인 '법칙'을 갖고 있는 셈이다. 참으로 매우 상대적이어서 법칙이라고 부를 수 없거나, 농업의 핵심을 이루는 구체적인 특징이라고 할 수도 없다(Lenin, 1961: 109. 강조는 레닌의 원문).

레닌에 따르면, 이 모든 것이 "마르크스도 마르크스주의자도 왜 그 '법칙'을 언급하지 않았는지, 그리고 왜 부르주아 과학의 대표자들만이 수확체감의 법칙을 그렇게 소란스럽게 떠들었는지"(Lenin, 1961: 110) 설명해준다.

그 같은 격렬한 비판이 있은 뒤에, 농민 농업은 그 자체로 수확체감의 경로를 초월할 능력이 있음을, 그리고 수확량 증가의 궤적을 창조할 수 있음을 반복해서 보여주었다(서아프리카 지역에서 수행한 리처즈[Richards, 1985]의 연구, 그리고 보다 일반적으로는 네팅[Netting, 1993]의 연구 참고). 그럼에도 농촌 연구 분야에서는 여전히 수확체감이라는 유령이 출몰하고 있다(Warman, 1976; Yingfeng Xu, 1999; Barrett et al., 2001 참고).

노동 주도형 집약화가 차단될 때

수확량이 증가할 가능성이 있다고 해서(《그림 5.4》 참고), 정체, 퇴보, 심지어 퇴축 같은 일이 일어나지 않는다는 뜻은 아니다. 오히려, 수확량 증대 가능성이 농민 농업 그 자체에 내재한 특징이 아니라는 점을 유념해야 한다. 수확량 증대 가능성은 정치·경제의 특정 패턴과 통치체제가 낳은 결과로서 존재하는 농민 농업의 특징이다.

수많은 이유로 정체가 일어날 수 있다. 아주 불균등한 교환관계가 정체를 초래할 수도 있다. 그런 상황에서 농민은 수고-만족의 균형을 재평가하기 어렵게 된다. 그 모든 만족을 농민이 아닌 다른 이가 전유하기 때문이다. 물을 얻을 수 없어서 정체될 수도 있다(Vera Delgado, 2011). 또는, 남아프리카공화국에서 아파르트헤이트 시기 동안의 흑인 자치 구역이나 식민지 인도네시아* 시기에 수출 플랜테이션 주변의 소규모 쌀 생산 지역처럼, 농민 농업이 국가 또는 자치구에 구속되어 있을 때는 언제나 농민 농업이 정체된다. 농촌 빈곤이 아주 만연해서 농민 자녀의 유일한 희망이라고는 짐을 싸서 도시로 탈출해 자신의 몸을 파는 일 말고는 없을 정도의 상황에서는 언제나 퇴보가 일어난다. 그러면 (세네갈, 감비아, 기니비사우 등에서 그랬듯이) 들판에 퇴비를 뿌리고, 가축을 돌보고, 논두렁을 에워싼 수로를 관리할 사람이 없게 된다. 강력한 가부장제 사회에서도 퇴보가 일어난다. 그런 사회에서 어머니들은 딸들에게 "농민만 아니라면, 원하는 사람이면 누구하고라도 결혼하라"고 말한다(일례로, 스페인 농촌 지역 상당수에서 그런 일이 일어나, 그 지역들은 현재 거의 완전히 사막이 되었거나 사막화가 진행되고 있다).

* 클리퍼드 기어츠(C. Geertz, 1963)가 농업 퇴축agrarian involution에 관한 자신의 이론을 설명한 배경이다.

새로운 자본 집약적 테크놀로지가 대규모 기업 농장에 적용될 때도 농민 농업은 퇴보한다. 그런 곳에서는 대규모 기업 농장이 같은 품목을 생산하는 농민 농장보다 더 성공적이며 농민 농장을 시장 바깥으로 밀어낸다. 이런 일은 자유무역 체제가 지배적일 때, 그리고 환경 위험이 고려되지 않을 때 특히 잘 일어난다.

이 같은 형태의 정체, 퇴보, 퇴축 등은 모두 농업 문제가 표현된 결과다. 한편에 존재하는 엉농 스타일(농업 부문을 조직하는 구체적인 형태)과 다른 한편의 사회, 생태계, 농업에 직접 관련된 당사자들의 이익 및 전망 등의 관계가 균형을 잃을 때, 우리는 농업 문제에 관해 이야기하게 된다. 앞에 거론한 사례들에서 농민은 빈곤을 경험하는데, 사회는 필요한 것 말고는 추가로 먹을거리를 받아들이지 않는다(이는 또한 자본 축적 과정에 해가 될 수도 있는 일이다). 1917년에 차야노프는 농업 문제에 관해 쓴 〈그렇다면, 농업 문제란 무엇인가Čto takoe agrarnij vopros?〉라는 중요한 에세이에서, 농업 문제의 등장을 사회적 생산관계가 조직되는 방식과 관련지었다(Chayanov, 1988: 131-172). 이는 다시 또 다른 결론, 즉 농업 개혁은 필연적으로 사회적 생산관계의 질서를 철저하게 재편하는 것을 뜻할 수밖에 없다는 결론으로 이어졌다. 농업 개혁을 단순히 토지 분배의 문제로만 환원시킬 수는 없다(차야노프는 인민주의적 슬로건이었던 '경자유전耕者有田'을 거부했는데, 나중에 경자유전이라는 슬로건은 라틴아메리카에서 중요한 역할을 했다는 점을 말해두고 싶다). 농업 개혁에 성공하려면 "농업 부문의 노동 생산성 극대화"(Chayanov, 1988: 142)와 "국민소득의 민주적 재분배"(아마도 왜곡된 도농 관계의 시정을 함의할 것이다)(Chayanov, 1988: 142)를 겨냥해야 한다. 마지막으로, "경지가 씨앗을 뿌리지 않은 채로 남겨지는 일, 혹은 가축이 방치되거나 도축되는 일"(Chayanov, 1988: 158)이 없어야 한다. 농업 개혁은 토지 사회화socialization of the land를 암시하는데(Chayanov, 1988: 156), 일종의 "계몽된 절대주의"*를 통해서 실현될 수 없고, "지방에서 민주적으로 선출된 위원회가 관여한 결과"로 이루어지는 것이다(Chayanov, 1988: 164). "오직 그럴 때에만 농업 개혁이 국가 건설 및 발전에 충분한 기여를 할 것이다"(Chayanov, 1988: 172).

무엇이 노동 주도형 집약화를 촉진하는가?

이 물음에 대한 답은 간단하다. 소득을 증진하려는 농민의 탐색에 의해, 더 구체적으로는 농민이 노동소득을 증진하려고 추가적인 부가가치를 추구함으로써 집약화가 이루어진다(Hayami,

---

* 차야노프는 레닌주의와 스탈린주의에 관한 날카로운 비판을 펼친 비공개 서신에서 이런 표현을 썼다.

1978; 2장 참고). 농민층이 소득 증진을 더욱 바랄수록, 그리고 적대적인 사회적 관계 때문에 그 희망이 금지된 곳이 아니라면, 그런 희망은 언제나 생산 증대를 통해 실현된다. 이야말로 차야노프가 제기한 근본적인 이슈 가운데 하나다. 차야노프는 그 같은 상호 연관을 경험적으로 증명했다(예를 들어, Chayanov, 1966: 99의 〈표 3.13〉 참고). (노동과 소비의 균형이라는 관점에서) '가족 내부의 노동력'이 많을수록, 그리고 (자본 형성, 그리고 그 자본 형성이 기대고 있는 잡다한 수고와 만족 사이의 균형이라는 관점에서) '노동자 1인당 고정 자본'이 많을수록, '가족 총소득'이 증가한다. '더 많은 가족 내부 노동력'과 '더 많은 노동자 1인당 자본'이 '소비자 1인당 경지 면적' 증가로 이어지고, 따라서 생산 증대를 낳기 때문이다(가용한 잉여 토지가 없다면, 단위수확량을 증대하기 위한 [노동 주도형] 집약화로 이어질 것이다). 간단히 말해, 먹거리 생산 증대는 농민층을 해방하는 동시에 인류 전체의 진보를 연결하는 다리 역할을 한다. 바로 정확하게 그 같은 연결이 농업의 역사를 이루어왔다.

과거와 마찬가지로 오늘날에도 농가의 (노동)소득이 상당한 압력 아래 놓여 있는 경우가 많다. 그 이유는 여러 가지다. 비용 압박, 시장 접근성 부족, 과도한 세금, 또는 다른 여러 이유가 있을 수 있다. 이런 상황에서는 소득 증대를 추구하는 것 자체가 다면적인 사회적 투쟁의 일부분이 된다. "스스로의 힘을 행사할 수 있는 범위 안에서, 농가는 자신의 자연적·역사적 위치와 시장 상황이 제공하는 기회란 기회는 모두 활용한다"(Chayanov, 1966: 120). 외부 압력이 농가의 지속성을 위협할 때에는, 더 많은 부가가치를 추구하는 것이 보다 일반적인 저항이 된다.

집약화와 농업과학의 역할

농업과학과 농업 성장 사이의 상호 연관을 설명하는 데 사용할 수 있는 두 개의 기본 서사가 있다. 농업의 동학은 (그리고 특히 지속적인 생산성 향상은) 본질적으로 과학에서 출현해 영농 실천의 영역으로 들어간 지속적인 혁신의 흐름 때문에 가능하다는 이야기가 헤게모니를 차지하고 있다. 그런 이야기는 농민이 수행했을 어떤 역할을 깡그리 무시하거나 농민의 역할을 크게 축소한다. 농업의 편익/비용을 평가하려는 많은 연구에서 그런 사례들이 이야기된다. 그런 연구들은 농업에서 일어나는 모든 생산성 향상의 사례를 단순하게 '편익'으로만 셈한다. 그리고 농업 연구 및 기술 개발에 수반되는 '비용'을 그 편익과 비교한다. 이런 그림에서 농민 자신은 등장하지 않는다. 그리고 농민이 노력한 결과조차도 농민에게 공을 돌리지 않고 농업과학만의 배타적인 성과라고 인정한다.

이 첫 번째 서사의 대척점에 두 번째 서사가 있다. 이 서사는 덜 발달해 초기 단계에 있는 이야기다. 농과대학, 농기업, 정부의 농업 관련 부처, 기타 기관 등에서는 지지받지 못하는 서사다. 그렇지만 이 서사의 근거와 표현을 수많은 곳에서 만날 수 있다. 차야노프의 《사회적 농학》(1924)이 그 같은 서사를 표현한 중요한 사례다. 차야노프는 자신의 사회적 농학을 스케치할 때, 영농 실천에 깊게 참여했던 이탈리아의 비초체로Bizzozzero 같은 농학자의 저술을 바탕으로 했다. 사회적 농학은 곧바로 다른 이들에게, 특히 유럽에서 준거가 되었다. 적어도 제2차 세계대전이 발발하기 전까지는 그랬다. 전쟁이 끝난 후, 미국의 농업과학이 헤게모니를 차지함으로써 사회적 농학은 실천적으로나 준거로서나 사라질 운명에 처했다. 그런데 최근에 와서 사회적 농학의 실천이 부활했고, 그 타당성이 재발견되고 있다.

이 두 번째 서사의 기본 주장은 농업이 대부분 영농 실천의 현장에서 쇄신된다는 점이다. 농장을 혁신의 최종 목적지라고 이해하는 대신, 농장이야말로 혁신을 낳는 주된 기원이라고 본다. 참신한 생산 방법이 새로운 통찰, 실천, 인공물, 기술 등을 낳는다. 연구기관이 그것들 가운데 일부를 취해 더 발전시키고 확산시킨다. 이런 과정은 '우호적일' 수도 있다. 참신함을 개선해 그 새로운 결과물이 더 큰 규모로 순환될 수 있기 때문이다. 물론, '적대적인' 탈취 과정이 될 수도 있다. 원래의 창안자가 아닌 다른 행위자의 이익에 봉사하는 방식으로 재구성하고 독점적인 특허권을 취득할 수 있는 참신함은 선택하고 전유하면서, 전유할 수 없는 참신함은 억압하거나 무시하는 과정이 될 수도 있기 때문이다.

농민층이야말로 참신함의 주된 생산자라는 이야기를 지지하는 연구는 많다. 그런 서사들은 농민과 연구기관 사이의 상호작용을 강조한다. 파울 엥엘(Paul Engel, 1997)은 네덜란드의 지도사들이 네덜란드 농업인에게 전달한 혁신적 아이디어들의 원천을 검토했다. 그 결과 혁신적 아이디어들의 40퍼센트가 사실은 선도적인 농업인이 개발한 새로운 실천에서 직접 가져온 것이었다. 또한, 다른 지도사에게서 얻은 것이 40퍼센트를 차지했는데, 그것들의 대부분도 원래는 농업인의 새로운 아이디어에서 기원한 것이었다. 고작 20퍼센트만이 연구기관 등의 조직에서 직접 유래한 것이었다.

페이페르버흐(Vijverberg, 1996)는 네덜란드 원예 연구의 동학을 연구했다. 그는 원래부터 원예작물 재배자가 제안했거나 재배자로부터 취한 혁신을, 연구자가 제안했거나 일반 과학 또는 여타의 경제 부문에서 나온 혁신과 구별했다. 전자의 범주에 속하는 혁신은 긍정적이고 광범위한 확산을 초래한 반면, 후자의 유형은 실패하는 일이 잦았다. 실행에 옮기기에는 적절치 않은 불일치가 너무 자주 있었다. 즉, 새로운 기술이나 인공물이 원예작물 재배자의 타당성 지평에 부합하지 않았다. 재배자가 활동하는 조건, 재배자의 이익 및 전망, 재배자의 노동과정이 구조화되는 특정한 방식에 적합하지 않았던 것이다.

페이페르버흐의 그 같은 발견에 공명한 마주아예와 루다르 (Mazoyer and Roudart, 2006: 398)는 농업 변화의 다양한 역사적 궤적을 검토한 뒤에, 더 일반적인 용어로 다음과 같이 결론을 내렸다.

기술자 및 실천가 스스로 능동적으로 참여함으로써 그들이 습득한 경험을 호출하지 않고서는 어떤 기계도, 어떤 생산물도, 어떤 과정도 설계될 수 없었고 발전할 수 없었다. 혁신 사슬이 합당하게 기능하려면 연구자, 교수자, 학생 등 각 층위의 행위자가 실천, 제약, 필요 등을 세세하게 알아야 한다. 그러지 않으면 새로운 발명이 많이 나와도 적실하지 않은 것으로 끝나버리고, 거부되며, 믿을 수 없을 만큼 자원을 많이 낭비하게 될 것이다.

그 같은 역사적 교훈에도 불구하고 실천가들의 경험, 관점, 이해利害, 전망 등이 모두 무시될 때가 아주 많다. 특히 혁신 구조를 구체적으로 형성하는 틀이 농산업 부문의 이해 관심으로부터 나올 때 그런 일이 발생한다. 이로써 유망한 대안들이 유산될 수 있으며, 농업 성장 및 발전을 크게 왜곡할 수 있다.

수많은 부정적 경험과는 관계없이, 그리고 유망한 대안들이 있음에도 불구하고, 고립된 상아탑 안에서 작동하는 농업과학은 헤게모니 담론의 핵심 지위를 계속 점유한다(그리고 가용한 자원 가운데 제일 좋은 몫을 요구한다). 그런 헤게모니를 떠받치는 기둥 가운데 하나가, 2050년경에는 오직 과학과 자본만이 세계를 먹여 살릴 수 있으리라는 주장이다(이 주장은 이 장의 마지막 부분에서 다시 다룰 것이다). 농업과학의 중심적 위치를 유지하려는 서사를 강력하게 뒷받침하는 듯한 세 요인이 있다. 화학비료 발명(그리고 그와 관련된 "농업의 화학화"[Mazoyer and Roudart, 2006: 376]), 영농 기계화, 다수확 품종 개발이다.* 세 요인 모두가 중대하고 장기-지속적인 농업 생산성 도약이라는 돌파구를 만들어냈음은 명백하다. 그래서 다들 일반적으로 농업인 스스로는 그런 변화를 결코 만들어낼 수 없었을 것이라고 생각한다. 세 사례 모두 농업과학의 거대한 힘과 잠재력을 입증하는 증언으로 활용된다.

첫째 요인과 관련하여, 리비히가 화학비료를 규율하는 원리를 발견하기 한참 전부터 여러 세대 동안 농부들이 토양 비옥도를 증진해왔음을 인식하는 게 중요하다. "그 어떤 농학자의 창안 없이도 플랑드르Flanders, 브라반트Brabant, 아르투아Artois 지역에서는 15세기 이래로 휴한(休閑)이 없는 (휴한이 토양 비옥도를 크게 감소시키기 때문에) 농업을 실천해왔다"(Mazoyer and Roudart, 2006: 347).

---

* 이 같은 세 사례는 마주아예와 루다르(2006: 375)가 "현대의 2차 농업 혁명"이라고 부른 것이 작동하는 주요 메커니즘들과 일치한다. 그 메커니즘들이란 자동차화 및 기계화, 합성비료, 종자 선발법을 말한다(Mazoyer and Roudart, 2006: 375ff 참고).

체임버스와 밍게이에 따르면, 대영제국의 농업 혁명(1750~1880)은 1801년에 이르러 한 세기 전에 비해 커다란 농업 생산 증대를 이룩했고 650만 명이 넘는 사람들을 먹여 살릴 수 있게 되었는데, "어떤 의미를 둘 만큼, 규모가 큰 [외생적] 혁신의 결과는 아니었다"(Chambers and Mingay, 1966: 2).

영국 농업이 혁명을 경험했다고 말할 수 있다 해도, 그것이 테크놀로지 혁신 때문이었다고 말할 수는 없다. 여기저기서 마주치는 예외적인 사례들을 빼고 나면, 영국을 휩쓸었다고 이야기되던 '장치의 물결'은 19세기가 되어서야 퍼져나갔다. 1800년대 초반쯤 영국의 농업인과 지주는 인류 역사상 처음 있는 대규모로 토양의 잠재적 힘을 끌어내어 활용하는 위업을 달성한 바 있다.

그 같은 변화는 윤작 농업의 발전과 더불어 시작되었다. 고대에는 토지를 항구적 초지와 항구적 경지로 구분했는데, 초지와 경지 모두에서 비옥도가 저하되는 경향이 있었다. 이런 방식에서 벗어나 경지와 초지를 교대하기 시작한 것이다. 윤작 농업이란 사료작물이 자라던 토지를 농경지로 이용할 수도 있는 농법을 뜻한다. 즉, 경지의 일정 부분에 일정 시기 동안 사료용 목초가 덮이게 하는 것이다. 가령, 클로버, 넓은묏황기*, 자주개자리 따위처럼 많은 양의 건초를

---

* 사료로 사용하는 목초의 일종으로, 콩과식물이다. – 옮긴이

얻을 수 있으면서도 토양 비옥도를 높여주는 콩과식물 을 파종하는 것이다. 그러므로 목초를 거두고 난 다음 농경지로 활용할 때 그 토지는, 가축 분뇨 공급이 늘어나 있고 사료작물의 질소 고정 효과로 자연적 비옥도가 향상되어 있는 이중의 이점을 얻는 셈이다. 17세기 후반에는 정규적인 경종 작물로 순무가 재배되기 시작했는데, 퇴비를 많이 주고 꼼꼼하게 제초 작업을 해야 했다. 이때 새로운 토지 이용 방식의 토대가 성립되었는데, 특히 사토나 양토처럼 부드러워 경운하기가 쉬운 토양에서 그랬다. 이런 방식이 확산되지 않았다면, 토양에 손대지 않고 방목지로나 사용되었을 땅이었다 (Chambers and Mingay, 1966: 3-4).

토양 비옥도의 재생산 및 증진 방법은 계속 다양해졌다. 가령, 구아노guano(페루 및 칠레 연안을 따라 축적된 바닷새의 배설물 덩어리)의 도입이 중요한 역할을 했다. 화학비료를 도입한 것은 그다음의 일이다. 특히 제1차 세계대전 이후, 세계대전 당시 폭약을 생산했던 산업체들이 화학비료 생산으로 분야를 바꾸었다. 농민들은 원래 스스로의 지식을 활용하여 화학비료 사용과 여타의 가용한 방법들을 결합했다. 예를 들어, '잘 숙성된' 퇴비 사용과 경운 방법을 결합하여 토양 자체의 질소 생성 능력을 촉진했다. 이런 방법들이 토양 비옥도를 유지하는 데 긍정적으로 기여하던 것을, 화학비료의 과다 사용으로 망치기 시작한 것은 훨씬 뒤의 일이다.

퇴비를 주의 깊게 만들어내는 일은 점점 더 등한시되었다(그런 일에는 너무도 많은 노동이 필요했고, 규모 확대를 위한 가차 없는 추구에는 더 이상 적합하지 않았다). 그리고 동물 분뇨는 폐기물이 되어버렸고, 동물 분뇨를 최대한 신속하게 제거하는 신기술이 고안되었다(나중에는, 오염을 덜 시키고 더욱 환경친화적인 메커니즘을 개발해야 했다).

종합하자면, 농업인의 지식 체계에 비해 농업과학이 절대적으로 우월하다는 것을 부각시키려고 화학비료를 근거로 드는 것은 속임수다. 진짜 이야기는 그것과는 다르다. [화학비료를 널리 쓰게 된 것은] 아주 귀중한 잠재 자원(분뇨)을 잃는 비극이다. 농업과학이야말로 화학비료만을 사용케 하는 길을 닦음으로써 그런 손실이 일어나는 데 상당히 기여했다. 화학비료는 강력하고 설득력 있고 필수불가결한 것이 되어가고 있다. 분뇨, 토양생물학, 중앙아메리카의 밀파milpa에서 볼 수 있는 섞어짓기[혼작], 보완적 사이짓기[간작], 클로버 따위의 녹비, '잘 숙성된' 퇴비 만들기에 관한 토착적 레퍼토리 등을 무시했고, 결국에는 '흉물스러운 것'으로 다루었기 때문이다.

농업 '동력화motorization'[*]는 농업 생산성 발전의 또 다른 중요한 도약을 표현하는 말이다. 동력화 과정에 관련된 수많은 기계

---

[*] 마주아예와 루다르(Mazoyer and Roudart, 2006)는 트랙터 도입 및 확산을 언급하면서 이 표현을 사용했다.

장치 가운데 상당수를 농업인이 스스로 설계하고 제작했다. 농업인이 개발한 장비는 산업 부문이 개발한 장비와는 상당히 다른 설계 원리를 구현하는 경우가 많았다는 점이 중요하다. 예를 들어, 과학 혹은 산업 실험실에서 개발된 잡초 제거 기술은 노동 소요량을 줄이는 것을 목표로 한다. 반면, 농업인이 고안한 잡초 제거 기술은 가능한 한 최적 수준에서 가용 노동력을 투입하는 것을 전제로 한다. 이런 차이점으로 인해 두 종류의 기계 및 투입재는 극명하게 대비될 뿐만 아니라 매우 차별화된 대체 곡선과 생산물 품질을 낳는다.

농업 분야의 지배 담론에서는 동력화가 '클수록 더 좋다'는 관념과 연관된다. 그 때문에 농업 테크놀로지를 생산하는 산업에서 '군비 확충 경쟁'이 지속될 수 있었다. 그러나 대개 가장 무겁고 가장 힘이 센 트랙터가 가장 좋은 트랙터일 수 없다는 점은 분명하다. 이탈리안 아페Italian Ape*(20마력의 경량 모터와 바퀴 셋 달린 교통수단)는 무거운 트랙터보다 이탈리아 농업 발전에 훨씬 더 크게 기여했다. 아페가 있어서, 농부는 수확한 농산물을 집에 가져갈 수 있을 뿐만 아니라, 아내와 함께 성당의 미사, 시장, 동네 술집에 갈 수 있었다.

---

* [이탈리아어] 아페Ape는 문자 그대로 꿀벌을 뜻한다. 이탈리아에서 도시 교통의 상징인 베스파Vespa가 말벌을 뜻하는 것과 마찬가지다.

농경지는 수천 년 동안 비옥해졌다(Hofstee, 1985; Netting, 1993: 43). 농부들은 농경지를 비옥하게 하는 데 분뇨 사용, 윤작, 클로버 따위의 녹비 작물 재배, 영양이 풍부한 토양을 표층으로 끌어내는 심경深耕, 칠레와 페루에서부터 유럽으로 구아노를 선적해와 사용하는 것 등 광범위한 방법들을 동원했다. 탄도학彈道學이나 항해술의 근간이 되는 원리들 가운데 완전히 이해되지 않은 게 많듯이, 토양을 비옥하게 유지하려는 실천들에 대해 언제나 합당한 과학적 이해가 있었던 것은 아니다(〈글상자 5.1〉 참고). 테어*나 부생고** 같은 '최초의 농업과학자들'은 농부들의 실천에서 중요한 통찰을 얻었다. 그 통찰에는 부엽토(토양 내 유기물의 중요성)에 관한 이론이나, 식물은 그 구성 요소의 대부분을 공기(주로 CO_2)로부터 얻는다는 결정적인 아이디어들이 포함된다. 리비히는 식물 생장은 결정적으로 무기물, 특히 질소, 인, 칼륨에 좌우된다고 주장하고 증명함으로써 한 걸음을 더 내딛었다. 그는 또

* 알브레히트 다니엘 테어(1752~1828, Albrecht Daniel Thaer)는 독일의 농학자다. 당시 영국의 농업은 독일보다 발달해 있었는데, 테어는 그 영국식 농사법을 도입하여 독일 농업을 근대화하는 것을 평생의 목표로 삼았다. 《영국 농업 입문》을 저술하여 농학자로서 주목받았다. 프로이센의 농업 행정에 참여하면서 베를린 대학 등에서 강의했다. 《합리적 농업 원론》 등의 저서를 남겼다(두산백과[www.doopedia.co.kr, 2015. 8. 10]에서 인용). - 옮긴이

** 장밥티스트 부생고(1801~87, Jean-Baptiste Boussingault)는 농학에 중요한 기여를 한 프랑스 화학자로, 최초의 농업 실험 연구소를 설립했다(위키피디아[http://en.wikipedia.org, 2015. 8. 10]에서 인용). - 옮긴이

한 최소량 이론, 즉 생장 요인들(예를 들어, 여러 종류의 무기물 존재)은 길이가 다른 판자들로 조립된 나무통의 판자처럼 작용한다는 이론을 만들었다(〈그림 5.1〉 참고). 가장 짧은 판자가 나무통의 물 저장 용량을 결정하듯이, 마찬가지로 가장 부족한 무기물이 작물의 단위수확량을 결정한다는 것이다.

나는 리비히가 이룬 공헌의 중요성을 과소평가하고 싶지는 않다. 오히려 그 반대다. 내가 여기서 지적하고 싶은 요점은, 리비히의 발견과 그 발견 후 70년 동안 이어진 화학비료 생산 및 적용은 오직 영농 실천과의 상호작용 때문에 가능했다는 것이다. 시비施肥가 중요하다는 발상이 이미 널리 퍼져 있지 않았다면, 많이 그리고 풍부하게 확인된 시비 방법이 없었다면, 많은 '최초의 농업과학자들'이 수행한 작업이 없었다면, 리비히의 작업은 불가능했을 것이다. 그리고 높은 수준의 무기물(주로 질소)을 흡수할 수 있는 신품종을 개발한 식물 육종자들(그들은 대부분 농업인이었으며, 나중에는 농업인의 숙련된 기술과 실천에 근거한 전문가가 그 자리를 차지했다)이 없었다면, 리비히의 발견은 쓸모없게 되었을 터다. 화학비료를 널리 사용하게 되었을 때, 농업인이 재량으로 결정할 수 있는 대안적인 경로들이 많이 있었다. 특히, 영농 실천에 직접 의거하는 동시에 토양생물학이 핵심 역할을 수행하는 접근방법이 많이 있었다. 영국의 로덤스테드*는 그런 접근방법들의 타당성을 탐색하는 데 중요한 센터 가운데 하나였다. 그 같은 대

---

* 로덤스테드 시험장Rothamsted Experimental Station은 영국의 농학자 로위스 경이 설립한 영국 최초의 농업 연구소다. - 옮긴이

안들을 봉쇄하고 화학비료 사용이 헤게모니를 쥐게 되기까지는
세계대전을 치러야 했다는 점이 흥미롭다.

끝으로, 녹색혁명을 배경으로 개발된 다수확 품종 사례가
있다. 작지만 꾸준하게 단위수확량이 해마다 증가하는 것과는
대조적으로, 농업공학자들은 상당한 단위수확량의 갑작스러운
도약을 목표로 할 때가 많다. 그러나 베넷(Bennett, 1982)이 주장
했듯이, 그런 도약은 10년에 한 번꼴로 일어날 수 있었다. 10년
이면 '전통적인' 품종의 단위수확량이 '개량' 품종의 단위수확
량을 초과할 수 있는 기간이다. 그런 도약 이후에는 '개량' 품종
의 단위수확량이 증가하지 않거나, 심지어는 서서히 떨어질 때가
많았다. 녹색혁명의 핵심부에 있는 다수확 품종들에서 이런 일
이 많이 일어났다. 오늘날 많은 전문가에 따르면, 그 다수확 품
종들은 '소진되고' 있다. 축산에서도 유사한 이야기를 찾아볼 수
있다. 유럽 젖소의 '홀스타인화Holsteinization'는 소 1마리당 우유
생산량을 크게 도약시켰다. 더불어 전통적인 축종의 개체 수 급
감을 초래했다. 그러나 20년 뒤에 전통적인 축종, 가령 프리지안
Friesian종 소 사육을 완고하게 고집했던 농부들은 홀스타인종 소
를 사육하는 농부와 비슷한 우유 생산량을 달성했다. 훨씬 더 많
이 생산할 때도 가끔 있었다.

공학에 대한 녹색혁명 접근방법은 거의 언제나 광범위한 요소들을 수반한다. 즉, 상호의존적인 부분적 변화들이 초래된다. 다음과 같은 변화들이 포함될 수도 있다. 공간적·시간적 측면에서 영농 활동 조정하기, 식물 또는 동물 구조의 중요한 변화, 내부 자원 및 관련된 영농 실천을 외부 투입재로 대체하기, 농경지·농법·규범·파라미터 등을 표준화하기 등이다. 가령, 소의 홀스타인화는 시간적 리듬에 중대한 변화를 가져왔다. 장기간의 우유 생산 가능 연한 동안 이루어지던 우유 생산은 이제 2~3년의 짧은 기간에 집중되었다. 여기에는 대가가 따랐다. 소의 수명이 크게 줄었고, 역설적이게도 이제는 5년 주기로 따졌을 때 동일한 양의 우유를 생산하려면 예전보다 더 많은 소가 필요하다.

과학은 일반적인 관점에서 그리고 농업에 한정해 보더라도 생산력 발전에 중요한 역할을 한다(Bernstein, 2010b). 차야노프도 이 점에는 분명하게 동의했다. 그러나 농업과학이 그 자체의 정의상 생산력 발전에 기여한다는 주장이나 농업과학이 그런 생산력 발전의 유일한 동력이라는 주장은 성립하지 않는다. 실상은 훨씬 더 복잡하다. 농업과학의 역사에 등장하는 (앞에서 묘사한 것들과 같은) 일화를 면밀하게 검토해보면, 그 '첫 번째 서사'가 시사하는 바는 생각보다 훨씬 더 모호하다는 점을 알 수 있다. 농업과학에 의한 그 같은 발전들 가운데 일부에 대해, 우리는 아직까지도 그 대가를 치르고 있다. 농부의 지식 체계보다 농업 과학에 헤게모니가 있다고 주장하는 동안에는 결코 고려되지 않는 대가다.

농민의 참신성 추구와 과학적 연구, 그 둘 사이의 상호작용이 자발적으로 그리고 좋은 뒷받침을 얻어 이루어진다면 그것이야 말로 농업 성장 및 발전의 강력한 동력이 될 수 있다. 역사 속에서 그런 예를 많이 찾아볼 수 있다. 차야노프가 공들여 진술한 사회적 농학과 현재의 농생태학 운동이 바로 그런 예들 가운데 하나다(Altieri et al., 2011). 그러나 농업 연구 및 이론 형성이 배태되어 있는 제도적 상황은 날이 갈수록 그것들이 "제국의 과학" (Scott, 1998)의 일부분을 형성해왔음을 시사한다. 과학은 스스로를 결정적으로 중요하다고 주장한다. 그러나 과학이 농업을 과학적 법칙의 단순한 응용으로 환원시킬 때, 그리고 과학이 농업 실천을 표준화하고 예측하고 계량하며 계획하고 통제할 때, 과학은 제국주의적인 것이 된다. 그러는 가운데 과학은 (식품제국이 농업을 정복하도록) 영농이 외부의 처방이나 통제에 종속되게 만드는 길을 닦는다(Vanloqueren and Baret, 2009).

인위적인 장치를 새로 만들어냄으로써 농업 생산성을 증대시키려는 것이야말로 제국주의적 과학의 전형적인 양상이다. 그런 일은 이미 가용한 자원을 대체하거나 무언가 덧붙이는 외부 자원의 형태로 일어난다. 이와는 달리 고전적인 농학은 대개 내부 자원 개선을 추구했다. 이는 오늘날 농생태학의 경우에서도 볼 수 있다. 화학비료 대 퇴비 개량, 이것이야말로 현재 농업과학을 분열시키는 모순을 전형적으로 보여주는 예다. 가축 배설물을 '잘 숙성된' 퇴비로 바꾸는 것(토착 지식에서 결정적으로 중요한 부분이다)은 제국의 과학에는 너무도 이질적이다. 그런 실천의 내용이 장소마다 달라질 것이기 때문이다. 그것은 또한 너무도 변덕스러운 실천이라고 간주된다. 그런 실천은 예측할 수 없고 매우 다양한 수많은 요인에 따라 달라지기 때문이다. 일정한 거리가 있는 곳에서는 퇴비를 관리할 수 없다. 이는 토양 및 토양생물학, 혼작, 녹비, 모계 혈통을 따르는 가축 육종, 지하수 흐름, 살아 있는 자연이 지닌 많은 다른 측면 등의 사례에서도 마찬가지다. 퇴비는 앞에서 예를 든 다른 모든 것과 마찬가지로 상품이 아니다. 그것들은 판매 목적으로 생산되는 게 아니다. 따라서 그런 것들은 농산업에 이익이 되지 않는다.

제국의 과학은 상품화 과정을 촉진하고 외부 통제를 허용하는 수단들을 구성한다. 그래서 제국의 과학이 지닌 영향력과 성장 추세 그리고 식품제국이 지닌 영향력과 성장 추세는 구조적으로 비슷하다. 그 둘은 서로를 계속 강화하고 재생산한다. 제국의 과학이 지배적인 곳 어디에서도 제국의 과학이 생산력 발전에 얼마나 기여하는지는 언제나 부차적인 문제다. 대신, 제국의 과학이 견지하는 주된 초점은 (GMO 사례에서 명확히 볼 수 있듯이) 통제를 도입하고 확장하며 공고하게 만드는 데 있다. 현재의 농업과학은 또한 화석연료 사용을 증대하는 방향으로 편향되어 있다. (비옥한 평야, 대규모 필지, 물·에너지·자본·여타의 물질적 투입물을 무제한적으로 사용할 수 있는 가능성 따위의) '최적 조건', 즉 전형적인 연구 실험 시설에서나 볼 수 있는 조건에 농업과학이 편향돼 있기 때문이다. 이는 최적하지 않은 조건하에서는 잘 작동하지 않는 기술 개발을 낳는다. 그리고 그런 조건[최적하지 않은 조건]에 직면한 지역의 한계화를 가속할 가능성이 높다. 스툽(Stoop, 2011: 453)은 이렇게 지적한다.

육종 프로그램은 지표 아래의 식물 부분과 지표 위의 식물 부분이 맺고 있는, 즉 뿌리와 우거진 나뭇가지 사이의 상호의존성과 관련된 복잡하고 결정적으로 중요한 절차들의 집합 전체를 건너뛴다. 마찬가지로, 농학 연구도 토양과 식물 뿌리가 맺고 있는 다양한 상호작용의 (미시)생물학적·역학적 측면을 대개는 무시한다.

간단히 말해, 농학에 관한 아주 다른 관점이 존재한다(Sumberg and Thompson, 2012 참고). 그리고 농업과학은 아마도 그런 논란에서 자유롭다고 주장할 수 없을 것이다(Sumberg et al., 2013)

농민이 세계를 먹여 살릴 수 있을까?

다시 말하지만, 이 물음의 답은 상대적으로 간단할 수도 있다. 차야노프의 저작에 있는 논의가 이미 주요 요인을 확인했기 때문이다.

2장에서 지적했듯이, 농민 농업은 자본이 갈 수 없는 곳에도 진입할 수 있다.* 농민 농업은 경작 비용이 평균 자본 수익률보다 훨씬 높은 지역인 페루와 볼리비아의 알티플라노Altiplano 고원에도, 다른 지역의 가파른 경사지나 습지에도, 서아프리카의 볼라나스에도, 포르투갈 북부의 바우지우baldio에도 갈 수 있다. 세계의 토지 가운데 많은 부분이 이런 범주에 포함된다. 이런 땅의 상당수가 조방적으로 운용된다. 특히 소를 키우기 쉬운 초지다. 산업적 곡물-유지류-축산 복합체의 비호 아래(Weis, 2007, 2010), 비옥하고 경작하기 좋은 땅에서 재배된 콩이나 옥수수를 소가 먹는, 즉 폐쇄된 축사 안에서 소 사육과 우유 및 고기 생산이 이루어지는 경우가 점점 많아지고 있다. 증가하는 인구를 먹여 살릴 곡물을 생산하려면 세계는 점점 더 많은 경작지가 필요한데, 그런 일은 어처구니없고 지속 가능하지 않은 상황이다. 간단히 말해, 자본주의적 농업은 노동분업 측면에서 반反생산적 공간 패

---

* 라울 파스(Raul Paz, 2006)가 이름 붙인 것처럼, 그런 점에서 농민 농업은 '혐기성'이다.

턴을 초래한다. 이는 토지의 능력을 저하시키는 일이기도 하다. 다른 한편, 농민 농업에는 그런 왜곡이 거의 없다.

둘째, 자본 형성에서도 농민 농업이 강력하다고 차야노프는 주장했다. 토지의 단위면적당 투자는 자본주의적 농업보다 농민 농업에서 더 높은 경향이 있다(이는 1960년대에 유명했던 '미주 농업개 발위원회Comité Interamericano de Desarrollo Agricola, CIDA' 연구에서 사실인 것으로 드러났다).

여기에 우리는 세 번째 차이점을 덧붙일 수 있겠다. 농민 농업과 자본주의적 농업은 서로 다른 유형의 농장을 지향하는 아주 대조되는 목표를 갖는다는 점이다. 즉, 농민 농업은 노동소득 최적화를 지향하는데, 자본주의적 농업은 이윤 또는 수익성 극대화를 지향한다. 이런 차이점이 있기 때문에 자본주의적 농업보다 농민 농업에서 단위수확량이 더 많을 때가 많다.

이 같은 '고전적인' 요소에 덧붙여, 현재 상황에서 명백해지고 있는 몇 가지 추가적인 요인을 말할 수 있다. 네 번째 요인은, 농민 농업은 다른 유형의 농업이 진행되지 않는 곳에 진입할 수 있을 뿐만 아니라 다른 형태의 농업이 떠날 때에도 그 자리에 머물 수 있다는 점이다(Johnson, 2004). 이 점은 시장에 대한 취약성이 더 커진 현 시기에 아주 분명해지고 있다. 취약성이란 시장 가격이 큰 폭의 변동에 시달리고 있음을 뜻한다. 낮은 가격은 경영체 안에 마이너스의 현금 유동성을 초래하는데, 특히 비용 수준이 상대적으로 높고 단기간에 변화하지 않을 것 같을 때에 그렇다. (〈그림 5.3〉에서 40퍼센트의 가격 하락이 예상된다면, 첫 번째 막대의 소농이 안 좋은 영향을 받겠지만, 비록 더 낮은 노동소득을 얻는다 하더라도 계속 영농할 수 있다는 점을 금방 알 수 있다. 이와는 대조적으로 네 번째 막대가 표상하는 집단은 투자한 자본에 비해 마이너스의 수익을 얻게 될 것이다.) 그러므로 자본주의적 농장은 폐쇄되거나 잠정적으로 쉬게 될 것이다. 이는 세계 대부분의 지역에서 흔히 찾아볼 수 있는 현상이다. 다른 한편으로, 농민 농장은 영농 활동과는 별개로 다른 경제활동에 참여하는 경우가 많다(6장에서 이것을 농업의 '다기능'으로서 논의할 것이다). 그런 경제활동은 농민이 농산물 가격이 낮은 때에도 생존할 수 있게 도움을 준다. 간단히 말해, 농민 농장은 자본주의적 농장 경영체보다 훨씬 더 큰 회복력을 지니고 있다.

다섯째, 농민 농장은 스스로 발전시켜온 토착 기술에 힘입어 (〈글상자 5.2〉 참고) 지역 여건에 가장 적절한 자원 결합을 훨씬 더 잘 이뤄낼 수 있다. 지역 생태계(콘클린[Conklin, 1957]의 연구가 이런 측면에서 여전히 기념비적인 작품이다), 농경지, 가용한 종자 자원, 개별 가축 등에 관한 긴밀한 지식을 갖고 있기에, 농민은 지역적으로 가장 적합한 해법을 찾아낼 수 있다. 자본주의적 농업 경영체의 경영자에게는 이런 종류의 관점이나 깊은 지식이 부족하다. 필연적으로 그들은 본성상 표준화된 과학적 수단들을 운용하게 마련이며, 지역적 관점에서 형성된 상세한 내용들을 '조야한 체계systemic coarseness'라고 치부한다.* 이는 훨씬 더 높은 수준의 방출과 다른 유형의 손실을 초래할 수 있고, 최적의 자원 사용에 이르지 못하는 결과를 낳을 수 있다.

여섯째 요소는, 다섯째 요소에서 비롯된 것인데, '참신한 생산'을 통해 농민 농업은 그 기초인 자원을 발전시킬 수 있다. 이는 부분적으로 농민 농장과 그 경지 안에 주어진 적절한 다양성과 관련이 있다(Brush et al., 1981 참고).

다섯째와 여섯째 요소는 더불어 일곱째 요소로 이어진다. 농민 농업은 대부분 자본주의적 농업보다 더 지속 가능하다. 농민 농업은 자본주의적 농업보다 더 많이 토착 생태계에 뿌리내리고 있다(3장 공동 생산에 관한 논의 참고). 그래서 가뭄 같은 사태에도 더욱 저항력이 강하다. 가령, 농민 농업은 화석연료에 덜 의존한다(Ventura, 1995; Netting, 1993: 123-145). 농민 농업에서는 대부분 가축 수명이 더 길다. 농민 농업에는 (종종 재활용되는 잔여물들과 더불어) 추가적인 시너지를 낳는 혼작이 존재한다. 농민 농업은 기후 변화를 회피하는 데 도움이 된다(Alteri and Koohafkan, 2008). 끝으로, 농민 농업은 수자원 손실 최소화를 추구한다(Dries, 2002).

결론적으로, 농민 농업은 세계를 먹여 살려야 한다는 거대한

---

* 표준화된 비료 사용량(예: ha당 400kg의 질소)과 다양하게 존재하는 토양 비옥도 상태와 관련하여 한 필지 내에서도 달라지는 비료 사용량 사이의 대비가 바로 그 전형적인 사례다.

도전에 대응하는 데에도 잘 준비된 농업일 뿐 아니라, 그 같은 '새로운 부족new scarcities' 사태와 기후 변화의 문제에 대처하는 데에도 상당히 기여할 수 있다. 그리고 농민 농업은 생산적인 동시에 사회적·개인적으로도 의미 있는 고용을, 자본주의적 농업 경영체가 제공했던 것보다(또는 고용 문제와 관련해 도시에서 이루어지는 것보다)* 훨씬 더 많이 창출한다. 끝으로, 농민 농업은 존엄성 있는 일자리와 생계를 만드는 데 도움을 준다.

정규적이지는 않지만 나는 30년 넘게 이탈리아와 네덜란드의 동료들과 더불어 이탈리아의 파르마Parma 지역에 소재한 농민 농장 집단과 경영자형 농장 집단(그 운영 스타일이 자본주의적 경영체의 스타일에 가깝다)의 거동을 서술하는 작업을 해왔다. 두 집단 모두 낙농 부문에 전문화되어 있고 유사한 조건에서 활동한다. 〈그림 5.5〉를 구성하려고, 두 집단의 구체적인 양상들(규모, 노동 투입, 투자, 기술 효율성, 사육하는 소의 밀도, 수명, 단위수확량, 전반적인 단위면적당 생산량 등)을 1,000헥타르 규모의 가상적 구획 안에 옮겨서 두 대조적인 영농 스타일을 비교해보았다. 그렇게 해서, 실현될 수 있는 전체 생산량을 비교·제시해보았다.

그 결과는 충격적이다. 1971년에 농민 영농양식은 경영자형

---

* 여기서 내가 지적하려는 바는 자본주의적 토대 위에서 영농이 재조직될 때 넘쳐흐르는 농촌 인구를 흡수하는 데 도시가 무능하다는 점이다.

영농양식에 비해 15퍼센트 더 많은 단위수확량을 거두었다. 이런 격차는 시간이 지나면서 꾸준히 커졌다. 1999년에 농민 영농의 생산량은 56퍼센트 더 증가했고, 2009년에는 그 차이가 거의 두 배에 이르렀다(부분적으로는, 많은 경영자형 농장이 침체에 빠진 것에서 원인을 찾을 수 있다).[*]

이 같은 차이점의 원인은 광범위한 세부 내용들에 기인한다. 그 세부 내용들이 자잘한 사항인 경우도 자주 있다(가령, 소의 수명 및 생산성, 초지 생산성 등). 그 세부 내용들을 대부분 모르는 채 지나치지만, 그것들이 함께 모여 유의미한 차이점을 만들어낸다. 경영자형 영농 모델을 따르는 농장은 농민 영농의 농장보다 더 큰 경우가 대부분이다. 경영자형 농장은 훨씬 더 인상적이고 더 많이 기계화되어 있는데, 그 모든 것이 '더 강력하다'거나 '더 경쟁력 있다'고 번역되는 기호들이다. 하지만 그런 외양은 일종의 기만이다. 하나의 경영자형 경영체가 하나의 농민 농장보다는 더

---

[*] 때로는 다음과 같은 차이점이 가려지기도 한다. 파르마 지역 낙농 부문이 지닌 특수한 양상은 그것이 파르미지아노 치즈 생산과 연계되어 있다는 점이다. 그러므로 사일리지를 사용할 수 없다. 이는 실천적으로는 거의 모든 섬유질(목초)을 농장 자체 안에서 생산해야 한다는 뜻이다. 단위면적당 소 사육 마릿수가 지나치게 큰 폭으로 변동하기 어렵다. 이것이 다른 지역의 낙농에 비해 이 지역이 갖는 기본적인 차이점이다. 다른 지역에서 소 사육 밀도는 타지에서 들어온 사료 및 건초의 함수인 경우가 많다. 예를 들어, 네덜란드에는 약 200만 헥타르의 농경지가 있다. 그러나 네덜란드 농업은 해외 농경지 1,600만 헥타르를 활용한다. 그 같은 해외 농경지는 주로 사료 및 건초(주로 콩, 옥수수)를 생산하는 데 사용된다. 이 사료 및 건초는 네덜란드로 수입되어 가축 먹이로 사용된다.

〈그림 5.5〉 이탈리아 파르마 지역의 경영자형 영농과 농민 영농 비교

	경영자형 영농	농민 영농
1971년 조생산가치GVP	7억 3,500만 리라	8억 4,400만 리라 **(+15%)**
1979년 조생산가치	28억 4,500만 리라	38억 7,200만 리라 **(+36%)**
1999년 조생산가치	82억 3,500만 리라	128억 1,500만 리라 **(+56%)**
2009년 조생산가치	540만 유로	1,070만 유로 **(+98%)**

많이 생산하지만, 농민 농장들이 활용하는 1,000헥타르의 농지가 경영자형 농장 또는 자본주의적 농장이 활용하는 동일한 면적 1,000헥타르의 농지보다 더 많이 생산한다.

농민 농장은 세계를 먹여 살릴 수 있는가? 그렇다. 먹여 살릴수 있다. 그리고 식품제국이 뽑아 먹는 부가가치의 양을 우리가줄일 수 있다면, 농민 농장은 세계를 더욱 잘 먹여 살릴 수 있을것이다(Polanyi, 1957; Friedmann, 2004). 그 제국들이 농민 단위에서생산되는 가치를 덜 전유한다면(혹은 전유하지 못한다면), 농민이 더많은 경지에 접근할 수 있다면, 농민 농장의 노동소득은 증가할 것이며 더 많은 자본 형성이 가능해지고 심화된 발전 및 성장이 가능해질 것이다. 농업과학에 내장된 편향을 교정하여, 차야노 프가 제안한 사회적 농학에서 전형화된 것처럼 농업과학이 적절한 방식으로 세계의 농민들과 관계를 맺게 된다면, 농민 농장이 세계를 먹여 살릴 수 있는가라는 질문의 답은 더욱 긍정적인 것이 될 터다.

6

재능민화

1978년 중국 안후이성의 작은 마을인 샤오강小崗의 농민들은 코뮌 체제 아래서 계속 일하는 게 불가능하다는 데 동의했다. 그 체제는 농민을 나락으로 떨어뜨렸다. 그들 눈앞에 남은 유일한 운명은 굶주림이었다. 그들은 이런 식으로 계속 농사짓느니 구걸을 하는 게 더 낫다고 결론 내렸다(Gulati and Fan, 2007). 이런 결론은 농민으로 하여금 비밀리에 개별 농민 가족과 계약을 맺어 생산팀의 토지를 맡기고 그들이 계약된 필지에서 각자의 능력과 필요에 따라(즉, 농민 가족의 특정한 노동-소비 균형에 따라) 일하게 하는 결과로 이어졌다. 이것이 농업 부문의 일원으로서 국가와 국가 발전에 기여해야 한다는 원칙의 거부를 뜻하지는 않는다. 이들이 내건 현수막 중 하나에는 국가와 집단농장에 기여하겠다는 내용이 분명하게 나타나 있었다. 그러나 "남은 산출물은 모두 우리 것이다"라고 밝히고 있었다(Wu, 1998). 참여한 18명의 농민이 비밀문서에 서명했다. 이 문서는 이들 중 누군가가 살해당하거나 감금되면 남은 사람들이 서로의 자녀를 돌보겠다는 약속을 담고 있었다. 비밀문서의 이 약속이 자녀가 18세가 될 때까지만 유효하다고 적시되었다는 점에서, 이 계약은 전형적인 농민의 문서다. 농민은 결코 불필요한 지출을 감수하지 않는다.

이 사례는 (매우 막연하지만, 대략 '큰 계약'이라고 번역할 수 있는*) 따바오간**이 어떻게 시작되었는지 보여준다. 처음에는 지역 공산당 당국으로부터, 그리고 나중에는 덩샤오핑鄧小平이 지지하면서, 따바오간은 오늘날 농가 책임제Household Responsibility System라고 알려진 형태로 발전했다. 농가 책임제를 도입하고 일반화하는 데 조력했던 사람들이 이해하기로, 농가 책임제는 '제도 혁신'이자 '미시 수준의 주체'를 회복하는 '변혁'이었다(Du, 2006: 2, 11). 농가 책임제 덕분에 중국 농민은 국가 차원에서 다시 한 번 두각을 나타낼 수 있었다. 인민들로 이뤄진 코뮌의 영농에 대한 국가-관리 경영을 농민 가족의 개별적 의사결정이 대체했다.

이 같은 형태의 재농민화는 농업 생산을 엄청나게 증대시켰다.

1978년에서 1984년 사이에 농업 생산액은 (정부 고시 가격 기준)

---

* 이런 모호성은 중국에서 실시했던 다양한 실험과 정치·경제 변화에서 발견할 수 있는 흥미로운 특징이다. 이런 모호성 덕분에 초기 갈등이나 불필요한 알력을 피할 수 있다.

** 따바오간大包干이란 '경작지를 가족별로 나눠 생산책임을 각 가족에 맡기자'라는 내용으로, 집단 생산제 방식을 전면 청부제 방식으로 바꾼 것이다. 따바오간은 농민이 국가로부터 토지를 임대해 생산량 중 일정 부분을 국가에 바치고 나머지는 개인이 처리할 수 있도록 한 제도로서, 중국 경제에 자본주의 요소가 처음으로 도입된 것이었다. 당시로는 개혁개방 정신이 아직 공식적으로 추진되기 전이라 이 같은 생산방식 변경은 명백히 불법이었다. 그러나 이 사건은 이후 덩샤오핑의 전폭적인 후원을 받으며 전국적으로 개혁개방 바람을 불러일으키는 계기가 됐다. - 옮긴이

42.2퍼센트 증가했다. 이 같은 성장의 46.9퍼센트는 체제 개혁 덕분이고, 32.2퍼센트는 비료 사용 증가에 기인한 것이다. 나머지는 다른 요인들에 의한 것이다. 농업 생산이 증가하면서 종래의 식량 부족 문제는 단기간에 해결되었고, 빈곤 인구도 1978년 2억 5,000만 명(전체 인구의 30.7퍼센트)이었던 것이 1990년에는 2,150만 명(전체 인구의 2.3퍼센트)으로 줄었다(Ye et al., 2010: 23-4. Deng[2009]과 Li et al.[2012]도 참고하라).

네팅은 "1인당 소득이 생산보다 더 빠르게 증가했다(102퍼센트). 그리고 평균 주거 면적 등 생활수준 지표는 거의 3분의 1 늘어난 13.41제곱미터에 이르렀다"(Netting, 1993: 252)고 첨언했다.

2012년 봄에 나는 18명으로 구성된 최초 집단의 일원이었던 두 명의 농민과 오랫동안 이야기할 기회를 얻었다. 두 사람, 얀훙창Yan Hongchang과 얀진창Yan Jinchang은 여전히 농사를 짓고 있었다. 두 사람의 설명에서는 단위수확량 문제가 중요한 역할을 했다. 그들은 내게 이렇게 말했다.

당시 우리는 300무畝를 경작했지만, 단위수확량은 2만 근斤에 그쳤다.* 수확물 중 일부는 다시 파종했고, 일부는 공용으로 사용했고, 나머지가 우리 몫이었다. 그러나 이것으로는 충분하지 않았다. … 만약 20근을 파종하여 60근밖에 수확하지 못했다면, 무엇인가 크게 잘못된 것이다. 우리는 이 상황을 바꿀 수 있다는 것을 알고 있었다. 1951년 첫 농지개혁 이후 우리 부모들은 같은 경지에서 훨씬 많은 양을 수확했다. 우리는 1962년 긴급상황[**]을 겪으면서도 훨씬 더 많이 생산할 수 있었다는 점에 다시 주목했다. 그러나 코뮌 체제 아래서 [1959년 이후로 계속] 총생산량은 감소했다. 농부들은 열심히 일할 동기를 얻지 못했고, 우리는 좌절했다. 더 이상 가족을 먹여 살릴 수 없게 되면서, 삶의 의미를 잃어버렸다. 단위수확량이 형편없는 것을 보면서 스스로가 쓸모없다고 여겼고 죄책감도 느꼈다.

농민으로서 다시 일을 시작했을 때, 우리는 높은 수준의 단위수확량을 실현할 수 있었다. 심지어는 내야 하는 할당량보다 훨씬 많은 양을 국가에 납부했다. 이는 국가에 좋은 인상을 주어 지원을 받고 싶어서였다. … 결정권을 갖는 것이 우리에게는 정말 중요했다. 자기 땅을 가지고 농작물을 더 잘 돌볼 때, 개인적 동기는 원동력이 된다. … 이것만은 분명하다. 농사짓는 목적은 좋은 결과를 얻는 것이다.

－ 안홍창과 안진창, 개인적 대화에서

(앞쪽) * 1무는 15분의 1헥타르(약 200평 또는 670제곱미터), 1근은 500그램을 의미한다. 즉, 20헥타르에서 10,000킬로그램의 쌀과 밀을 재배한 것이다. 단위수확량으로 환산하면 헥타르당 500킬로그램에 불과하다. 참고로, 우리나라 논벼의 헥타르당 평균 단위수확량(논벼 기준)은 1975년 3,860킬로그램, 1980년 2,890킬로그램, 1985년 4,560킬로그램이었다. － 옮긴이

** 1958년에서 1962년 초까지 진행했던 대약진운동을 의미하는 것 같다. － 옮긴이

이들 베테랑 농민 두 명의 기억 속에서 균형을 맞추는 행위에 관한 내용을 언뜻 찾아볼 수 있었다. 그들은 농업에서는 "하나를 주면 하나를 얻는다"고 설명했다. "고생"하고 나면 "얻는 것"이 있을 것이라고 설명했다(수고와 만족 사이의 균형에 관해 이보다 더 정확하게 묘사할 수는 없을 것이다). "열심히 노력해야만 많은 단위수확량을 거둘 수 있고, 그때에만 이득을 볼 수 있다." 한편, "고되게 일하고도 그에 상응하는 결과를 얻지 못하는 것은 불공평하다."

1980년대 이후로 적극적으로 재구성된 또 다른 중요한 균형은 도시-농촌 관계의 균형이다. 이 균형은 주로 이주 패턴에 의해 매개된다(4장에서 설명한 바와 같다). 중국에서 노동자 이주가 지니는 주기적 특성(사람들은 마을을 떠나지만 나중에는 계속 농사를 지으려고 돌아온다)은 농민 영농을 약화시키기보다는 강화한다(Ploeg and Ye, 2010).

재농민화의 과정과 표현

중국 농업이 집단 농업에서 농민 농업으로 이행한 것은 현재의 재농민화 추세를 보여주는 하나의 사례일 뿐이지만, 중요한 사례다. 재농민화는 많은 다양한 경로를 통해 이루어진다 (Enriquez, 2003; Rosset and Martinez-Torres, 2012). 20만 개 이상의 새로운 농민 생산 단위를 만들어낸 브라질의 '무토지농업노동자 운동Movimento dos Trabalhadores Semm Terra, MST'이 또 하나의 사례다 (Veltmeyer, 1997). 빅토르 톨레도(Toledo, 2011)의 주장에 따라, 농생태학운동 또한 재농민화라고 묘사할 수 있다. 1990년대의 체제 이행으로부터 출현한 새로운 농민 계층이 새로운 농업을 형성하려고 투쟁하는 동유럽에 대해서도 같은 말을 할 수 있다(Spoor, 2012). 마찬가지로 비아캄페시나가 등장한 것도 중요한 의미를 갖는다. 비아캄페시나는 전 지구적 농업에서 농민 농업이 중심적 역할을 다시 갖자는 약속과 가능성을 내건 새롭고 자랑스러운 운동이다(Desmarais, 2002; Borras, 2004). 주요 사회적-정치적 투쟁에서 비아캄페시나의 역할과, 식량농업기구FAO 같은 국제연합 조직에 대응하는 데서 비아캄페시나가 보여주는 집요함은 재농민화 추세의 탁월한 표현이다.

그 모든 재농민화의 추세와 표현을 이 작은 책에서 전부 논의할 수는 없을 것 같다. 그렇게 할 필요성도 없다. 수많은 정보에 쉽게 접근할 수 있다. 그러나 나는 딱 한 가지 예외를 두어야겠다. 그것은 서유럽의 재농민화 과정에 관해 이야기하는 것이다. 서유럽 농업에서 현재 일어나고 있는 변화가 재농민화 과정의 표상이라고 해석하는 데 대해 많은 사람이 여전히 불편해하기 때문에 설명하는 것이다.

서유럽의 재농민화: 균형 재설정

유럽연합 내부로 국한하면, 일부 농민(15~20퍼센트)만이 '경영 자의 길'을 길을 따르고 있다. 경영자의 길은 규모 확대 가속화, 기술 주도적 집약화, 식품산업·금융·소매 체인에 대한 의존적 관계 강화 등에 중점을 둔다. 어떤 측면에서 보면 그것은 논리적 이다. '농업 경영자'는 이미 높은 수준의 채무와 투입재 사용으로 말미암아 이 시스템에 묶여 있다. 말하자면, 발목을 잡힌 상태다. 그 사람들 눈앞에는 길이 하나밖에 없다. 다른 한편으로, 그들 은 이 길을 따라가면서 비싼 대가를 치른다. 장기적이고 단조롭 고 때로는 위험한 그들의 일에 대한 보상은 적다. 위기의 시대에 는 보상이 마이너스가 된다. 노동-소비의 균형이 완전히 깨지지 는 않지만, 만족스러운 평형을 만들기는 아주 어렵다. 아들이나 딸이 (그리고 가족들이) 경영체 안에서 지분을 원할 때에는 특수한 문제가 일어날 수 있다. 리스크가 있는 금융 활동에 참여해야 하 며, 막대한 채무가 수반된다. 때로는 다른 방식으로 균형을 달성 하기도 한다. 즉, "흑인" 노동자들(폴란드, 인도, 마그레브*, 또는 사하 라 사막 이남 지역 등의 출신자들이 그 예다)과의 저임금 계약을 통해

---

* Magreb. '서쪽'을 뜻하는 아랍어다. 이슬람권의 서쪽에 해당되는 모로코, 튀니지, 알 제리 등 북아프리카 지역을 가리킨다. - 옮긴이

균형을 맞추기도 한다. 수고와 만족 사이의 균형에도 비슷한 불확실성이 적용된다. 만족이라는 개념 그 자체를 재정의함으로써 특정한 평형을 만들어낸다. 그들의 만족은 미래 어딘가에 있다. 그들은 대농으로서 살아남은 소수에 속하게 될 것이라고, 성장을 가속화하는 것이 미래 경쟁력을 보장하는 가장 확실한 길이라고 믿는다.

이와 대조적으로, 대다수 농민은 다른 길을 가고 있다. 대다수 농민은 완전히 다른 방식으로 주요 균형들을 재평가한다. 그러면서 유럽 농업의 상당 부분을 더욱 농민-스럽게 바꾸고 있다. 내부 자원과 외부 자원의 균형을 재평가함으로써 (당시에 특히 심했던) 농업 부문이 받는 압박에 대응한다(3장 참고). 농민들은 (신용을 포함하여) 외부 자원에 대한 의존을 줄이고, 활용할 수 있는 내부 자원 이용을 최적화하려 한다. 이는 금융 비용과 거래 비용을 줄이면서도 노동소득(주어진 일정한 총생산 대비 노동소득)을 증대시킨다. 우리는 지금 여기서 변방의 일부 개선 사례(또는 '몇 안 되는 씨앗')를 논하는 게 아니다. 네덜란드의 국립낙농경영연구센터the State Research Centre for Dairy Farming에서 장기간 실시한 비교연구 결과에 따르면, 40만 리터의 우유를 생산하는 저비용 농장의 소득은 80만 리터의 우유를 생산하는 첨단기술 농가의 소득과 같은 수준이었다(Kamp et al., 2003; Evers et al., 2006). 비교 대상인 두 농장의 노동 투입은 동일했다. 이는 일정한 생산량을 기준으로 할 때 첨단기술의 영농 스타일에서 저비용 영농 스타일로 옮겨 가면 노동소득이 두 배가 될 수 있다는 뜻이다. 내부 자원과 외부 자원의 균형 재평가는 아주 오랜 시간이 걸리는 일일 수 있다. 그리고 또 다른 균형들에도 영향을 끼친다. 예를 들어, 공동 생산이 살아 있는 자연에 더 많이 근거하게 될 수도 있는데, 이는 경관 돌봄, 자연, 생물다양성을 영농 실천 안으로 통합하는 것을 더욱 쉽게 만들어준다. 그때는 이런 통합이 농가와 이웃 사이의 균형을 증진시킬 수 있다. 이것은 경영자형 농업인이 계속 유지하기는 갈수록 어려워지는 그런 종류의 것이다.

농민의 궤적을 구성하는 두 번째 중요한 요소는 다기능 농업의 발전이다. 새로운 상품과 새로운 서비스가 생산되고 있으며, 새롭게 구성되는 내포적 시장을 통해 더 많이 판매된다. 여기에서 다시 말하면, "가족농은 자신의 힘이 미치는 범위 안에서 가족농이 존재하는 자연적·역사적 위치와 시장 상황이 주는 모든 기회를 활용한다"(Chayanov, 1966: 120). 가족농은 노동소득을 증대하려고 그런 활동을 수행한다. 유럽에는 그런 종류의 활동과 기회가 아주 광범위하게 존재한다. 농업관광, 고품질 농산물, 지역 특산품, 유기농 생산, 농장에서의 식품가공, 직판(많은 다양한 방법이 발전했다), 에너지 생산, 물 저장, 돌봄 시설, 자연 및 경관 관리 그리고 여타의 다양한 형태가 있다. 1990년대 말 유럽연합 내에서 그런 새로운 활동들이 창출한 추가적 노동소득은 (네덜란드 전체 연간 농업소득의 두 배 이상인) 80억 유로를 상회했다. 이로 인해 수백만의 중소 가족농이 생존할 수 있었다(Ploeg, Long and Banks, 2002). '참신한 생산'이 그런 활동들에 상당한 운동성을 부여했다. 다기능 농업 활동에 참여하는 다수의 유럽 농부가 존재한다. 즉, 새롭게 출현하는 농민들이다. 이것은 "특이성들의 앙상블로서, … 생산적이고 … 항상 운동 상태에 놓여 있다"(Negri, 2008). 또한, 창조적인 힘도 갖고 있다. 식품제국들과 국가기구들이 지닌 결함 때문에 다중이 더 나은 성과를 낳는 새로운 실천을 만들어낼 출발점이 되는 수많은 균열(또는 틈새들)이 생겨난다. 결국에는 이런 일들이 농업의 정치경제학적 외연에 중요한 변화를 줄 수도 있다. 이런 관점에서, 프랑스의 농민 지도자인 조제 보베 José Bové는 "다양한 운동을 한데 모아본다면 … 내가 믿기로, 결국에는 산업화된 농업을 밀어낼 새로운 농민운동에 대한 느낌을 강력하게 받게 될 것이다"(Bové and Dufour, 2001: 42)라고 말했다.

내부 자원과 외부 자원 이용에서의 균형을 바꾸는 것과 마찬가지로, 새롭게 구성되는 농업의 다기능에는 씨앗 이상의 것이 수반된다. 찾아볼 수 있는 모든 연구가 새롭게 수행되는 생산적 활동들이 농촌의 소득에, 농가 수준과 지역 수준 모두에서 상당히 기여함을 보여준다(Heijman et al., 2002). 이런 활동이 없었다면 사라졌거나 강제로 경영자의 길을 걸었을 농가가 살아남는 데 크게 기여한 것이다. 여기서 특히 관심을 기울여야 할 부분은 생산자-소비자 사이의 새로운 배치 안에 내포적 시장이 새롭게 발전하고 있다는 점이다(Ploeg, Ye and Schneider, 2012). 이 새로운 시장을 커먼스라고 간주할 수 있다. 그 같은 커먼스 형성은 유럽에서만 있는 일이 아니다. 중국에서도, 특히 브라질에서도 새롭게 구성된 혁신적 형태의 시장들이 출현했으며 성장하고 있다(Ye et al., 2010; Schneider, Shiki, and Belik, 2010; Perez, 2012 참고).

브룩필드와 파슨스(Brookfield and Parsons, 2007)의 연구에서도 논했듯이, 이 새로운 형태의 재농민화는 결정적으로 수고와 만족 사이의 균형을 다시 맞추는 일을 수반한다. 상대적으로 자율적인 자원 기반에 기초하여 그렇게 새롭고 다기능을 낳는 농장을 건설하는 일이 수고를 재규정하게 만든다. 다기능 농업에 참여하는 농부들은 밖에서 일하는 것, 아주 다양화된 일들, 독립성, 살아 있는 자연과 일하는 것 등을 두고 자기가 하는 일의 매력들 중 하나라고 말한다. 그들은 경영자의 길을 따르는 사람들보다 수고를 훨씬 덜 경험한다. 경영자의 길에서는 노동이 단조롭고 리스크가 따르며 둔할 수 있다. 만족 또한 다른 방식으로 경험하게 된다. 좋은 소득과 병행하여, 훨씬 더 많은 사람들과 만나는 즐거움(경영자형 농업인들은 대개 높은 수준의 고독감을 경험한다)과 "차별화된 영농"의 긍지가 있다(Oostindie et al., 2011). 이제 그런 것들이 유럽의 새로운 농민들이 경험하는 만족의 중요 요소가 되고 있다. 이는 〈그림 2.1〉에서 보인 것과 같은 이동을 위한 한

발 더 나아간 동력을 제공하며, 농민-스러운 새 농업의 출현을 더욱 촉진한다.

그리하여, 세계에서 가장 현대화된 농업체계들 가운데 하나의 심장부에서, 우리는 여전히 거의 100년 전에 차야노프가 묘사했던 메커니즘을 발견할 수 있다. 다양한 균형이 중요하다. 그러나 현대 세계에서는 그런 균형들을 고려하는 일이 더 이상 농가에게 만 국한되지 않는다. 사회 전체가 이들 균형을 재평가하는 일에 점점 더 많이 참여하게 되는데, 이는 농업과 다양한 사회적 영역 사이에 연결고리가 존재함을 뜻한다. 이런 일들은 균형을 설정 하는 다양한 방법의 출현을 돕는데, 농민의 길이나 경영자의 길 또는 여타의 것을 포함한 다양한 경로를 허용한다. 간단히 말해, 균형을 잡는 것이 영농에는 여전히 중심적인 일이다. 그러나 균 형을 잡는 것은 더 좋은 일이 될 수도 있고 더 나쁜 일이 될 수도 있다. 일련의 어떤 균형들은 현재의 사회적 기대와 점점 더 불협 화음을 일으키는 경영자의 경로를 형성하는 데 기여할 수 있다. 또 다른 균형들은 완전히 다른 영향을 지닌 재농민화로 가는 새 길을 만드는 데 도움이 될 수 있다. 참으로, 세계 농업은 교차로 에 서 있다. 이 딜레마를 이해하고 가장 적절한 해법을 고안하려 면 이 전략적 균형들에 관한 통찰이 그 어느 때보다 필요하다.

용어 해설

경영자형 농업entrepreneurial agriculture 영농의 한 형태 혹은 양식. 시장 교환이 생태학적 교환보다 현저히 강하게 이루어진다. 경영자형 농업 자원은 외부 행위자(예를 들어 은행)에 크게 의존한다. 다른 농민의 자원을 취득하여 확장하는 일이 빈번하다.

공동 생산coproduction 인간과 살아 있는 자연 사이의 상호작용으로, 양자를 모두 상호 변환시킨다. 공동 생산은 생태계 변화와 시장 거래를 모두 아우르며, 농업의 매우 중요한 측면이다.

내부 자원internal resources 생산 단위 안에서 생산되고 재생산되는 자원.

노동과정labour process 생산과정에서 이루어지는 노동력 조직화와 행위.

노동 대상objects of labour 노동과정을 거쳐 새로운 생산물로 전환되어 가치를 늘리는 요소. 예를 들어, 비옥한 토지, 젖소, 과실수 등이 이에 속한다.

노동 생산성labour productivity 일정한 노력을 들여 생산한 상품이나 서비스의 양. 들인 노력의 양은 보통 일한 시간으로 측정한다.

노동소득labour income 상품과 서비스를 팔아 얻은 수입에서 상품과 서비스를 생산할 때 필요한 금전 비용을 차감한 여분.

노동 수단instruments of labour 노동과정을 원활하게 하거나 향상시키려고 사용하는 도구. 노동 수단은 단순할 수도 정교할 수도 있다. 농민 연구에서 (정교한) 수단은 자본이나 집약화와 잘못 등치되곤 한다.

농민peasants 농민 농업에 종사하는 사회적 행위자.

농민 농업peasant agriculture 스스로 통제하는 자원에 기반한 공동 생산이 핵심을 이루고 임금노동력을 (거의) 사용하지 않는 영농 형태 또는 영농양식이다. 노동 대상 단위당 부가가치를 늘리고자 하는 내적 추동력이 강하면 농민 농업이 발전한다.

농민층peasantries 공통된 경험과 정체성을 공유하는 농민들의 복합체. 내부 메커니즘을 활용하여 아이디어와 자원을 교환하고 지도자에게 권한을 양도한다. 농민층은 영농을 어떤 식으로 조직하고 발전시켜야 하는가에 대해 공통된 생각을 가지고 있고, 커먼스를 함께 소유하거나 발전시킬 수도 있다.

농업 문제agrarian question 1) 영농을 조직화하는 방법과 2) 생태계, 사회, 농업 생산에 직접 종사하는 사람들의 이해관계나 전망이 심각하게 어긋났을 때 생기는 문제.

농업 부문이 받는 압박squeeze on agriculture 농민에게 불리한 교환관계(농장 수취 가격은 정체되거나 하락하는 반면 비용은 상승) 때문에 농업 부문의 부가 유출되고, 농장과 영농에 종사하는 가족의 재생산이 더욱 위협받는다.

농업인farmers 농업노동 과정에 적극적으로 참여하는 사람들을 일컫는 포괄적인 용어. 농민, 경영자형 농업인, 농업노동자 등이 될 수 있다.

단순상품생산자petty commodity producer 분석에 쓰는 용어로 주로 시장지향적인 생산 형태나 생산양식을 사용하지만 비상품 자원 및 관계에 의존하는 사람. 농민 농업도 단순상품생산의 한 형태다.

단위수확량yield 노동 대상당 생산성을 계측한 값. 일정한 토지 면적에서 수확한 곡물의 양으로, 또는 사육하는 가축 한 마리당 생산물의 양으로 표현한다.

만족utility 생산과정에서 얻는 상품과 비상품 가치의 합계.

본원적 축적primitive accumulation 마르크스 관점에서 자본주의를 이루는 핵심 계급이 만들어지는 역사적 과정. 특정 계급으로부터 가능한 한 많은 부를 압출하는 강제적 경제 외적 메커니즘을 근간으로 하는 과정을 뜻하기도 한다. 구체적으로 말하면, 본원적 축적이라는 용어는 농민층을 더욱 착취하여 산업화를 가속화하는 과정을 뜻한다.

비상품noncommodity 시장에서 획득할 수 없는 대신 생산 단위 자체 내에서 확보하여 생산과정에 사용하거나, 사회적으로 조절되는 교환에서 얻는 재화나 서비스.

사회적 생산관계social relations of production 모든 사회적 관계, 제도, 관행은 생산 · 재생산 활동의 꼴을 결정하고, 동시에 생산된 부를 어떻게 배분할지에도 영향을 미친다.

상류 시장upstream market 토지, 노동, 노동 수단, 기타 모든 물적 투입재, 융자 등 영농 활동에 필요한 자원을 공급하는 시장.

상품commodity 시장에서 거래되도록 생산되거나 시장에서 획득할 수 있는 재화나 서비스.

상품화commoditization 생산 및 재생산 요소가 시장에서 거래되도록 생산되고 시장에서 획득되게끔 하는 과정. 생산 및 재생산 요소는 상품화 논리를 따른다.

생산production 노동력을 투입하여 자연을 바꾸어 인간 삶의 조건을 충족하는 과정.

생산성productivity 한정된 자원(토지, 노동, 수자원 등)을 이용하여 어느 정도를 생산할 수 있는지를 뜻한다.

생태학적 교환ecological exchange 생산 단위(예를 들어 농장)와 그것을 둘러싼 생태계 사이의 상호작용. 교환은 비상품관계를 토대로 이루어진다.

수고drudgery 재화나 서비스를 생산할 때 필요한 노력을 뜻한다. 전체 생산량을 한 단위 늘릴 때마다 수고를 더 많이 해야 한다고 가정한다.

스스로 통제하는 자원 기반self-controlled resource base 모두는 아니더라도 대체로 생산 단위 내의 자원 생산·재생산에 기초하므로 상대적으로 자율성을 높여준다.

시장 교환market exchange 생산 단위(예를 들어 농장)와 상류·하류 시장 사이의 상호작용. 이 형태의 교환은 상품을 매개로 이루어진다.

식량체제food regime 국세적인 관세, 규칙, 행위 체계로 식품 생산, 가공, 유통, 소비 구조를 짠다. 오늘날 식량체제의 특성은 종종 자본주의적이거나 제국 형태의 식품제국으로 나타난다.

식품제국food empire 확장된 연결망으로 식품 생산, 가공, 유통, 소비 단계에 걸쳐 과점적 영향력을 미치고, 동시에 이 행위로 생산되는 가치의 대부분을 가져간다.

신자유주의neoliberalism '정부를 축소시켜' 시장과 시장의 주요 자본가의 이해를 도모하려는 정치적·이데올로기적 프로그램.

영농farming 농민 농업, 경영자형 농업, 자본주의적 농업을 아우르는 포괄적인 용어.

외부 자원external resource 상류 시장에서 취득하여 상품 형태로 생산과정에 이용되는 자원. 상품 형태로 이용되기 때문에 생산과정 핵심에 시장 논리를 접목시킨다.

자본capital 잉여가치를 생산하려고 사용하는 가치로, 임금노동을 필요로 한다.

자본주의적 농업corporate agriculture 임금노동에 전적으로 기초한 영농 형태 혹은 영농양식. 대부분 대규모이며, 가능한 한 자본 수익을 극대화하는 것이 내적 추동력이다.

자본주의capitalism 세계 전반에 걸쳐 형성된, 다른 체계와 구별되는 사회경제 체계. 노동과 자본 사이의 계급관계에 기초한다.

자원resources 생산과정을 유지하는 데 필요한 사회적·물질적 요소. 토지, 노동, 지식, 동물, 식물, 연결망 등이 예다. 필요한 자원은 생산 단위 내부에서 생산 또는 재생산하거나, 사회적으로 조절되는 교환을 통해 얻거나, 상류 시장에서 구매할 수 있다.

재농민화repeasantization 농업이 농민 농업으로 재구조화되는 과정. 농민 수가 늘어나는 현상을 뜻하기도 한다.

재생산reproduction 현재 생산물이나 소득으로 현재와 미래의 삶의 조건을 보장하는 것.

젠더관계gender relation 성별에 따른 소유권 분할에서 남성과 여성의 관계를 뜻한다. 대체로 노동량과 임금이 불평등하다.

지구화/세계화globalization 오늘날, 특히 1980년대부터 현재까지의 세계 자본주의 단계라고 널리 인식되고 있다. 세계화의 효과는 여전히 논쟁의 대상이지만, 규제를 거의 받지 않는 내부 자본 시장, 금융자본의 지배, 신자유주의라는 정치적 프로젝트로 특징지어진다.

지도사extensionist 농업인을 대상으로 혁신을 전달·전파하게끔 훈련받은 전문 직업인.

집약화intensification 단위수확량을 계속 늘리고자 하며, 늘리는 일련의 과정.

착취exploitation (지배적 위치에 있는) 비생산자 계급이 생산자 계급의 잉여 생산물을 전유하는 현상.

커먼스commons 가치를 창출하는 데 사용되는, 공동으로 소유한 유무형의 자원. 잉여가치를 반드시 창출할 필요가 없고, 상품으로 기능하지 않는다는 점에서 자본과 다르다.

콜호즈kolkhoz 국가가 관리하는 대규모 농업 기업. 공산주의 시대 러시아 농업을 특징짓는다.

탈농민화depeasantization 농민층이 상실되거나 사라지는 현상으로, 다

양한 양태를 띤다. 이 과정에서 농민은 농민다운 영농 스타일로 재생산
할 수 있는 수단을 얻지 못하여 사라진다.

하류 시장downstream market 농산품이 농장에서 다른 주체에게로 판매
되는 시장.

참고문헌

Abramovay, Ricardo. 1998. "O admirável mundo novo de Alexander Chayanov." *Estudos Avamcados* 12, 32.

Adey, Samantha. 2007. *A Journey Without Maps: Towards Sustainable Agriculture in South Africa*. Wageningen, The Netherlands: Wageningen University.

Agarwal, Bina. 1997. "Bargaining and Gender Relations Within and Beyond the Household." *Feminist Economics* 3, 1.

Altieri, Miguel, A. 1990. *Agroecology and Small Farm Development*. Ann Arbor, MI: CRC Press.

Altieri, Miguel, A., Fernando R. Funes-Monzote and Paulo Petersen. 2011. *Agroecologically Efficient Agricultural Systems for Smallholder Farmers: Contributions to Food Sovereignty*. Paris/Berlin: INRA and Springer-Verlag.

Altieri, Miguel, A., and Parviz Koohafkan. 2008. *Enduring Farms: Climate Change, Smallholders and Traditional Farming Communities*. Penang, Malaysia: TWN, Third World Network.

Arkush, D. 1984. "If Man Works Hard the Land Will Not Be Lazy: Entrepreneurial Values in North Chinese Peasant Proverbs." *Modern China* 10, 4.

Auhagen, O. 1923. "Volwort." In A. Chayanov (Tschajanow) *Die Lehre von der bäuerlichen Wirtschaft, Versuch einer Theorie der Familienwirtschaft im Landbau*. Berlin: Verlagsbuchhandlung Paul Parey.

Bagnasco, A. 1998. *La Costruzione Sociale del Mercato, studi sullo sviluppo di picole imprese in Italia*. Bologna, Italy: Il Mulino.

Ballarini, G. 1983. *L'animale tecnologico*. Parma, Italy: Calderini.

Barrett C.B., T. Reardon and P. Webb. 2001. "Nonfarm Income Diversification and Household Livelihood Strategies in Rural Africa: Cencepts, Dynamics, and Policy Implications." *Food Policy* 26.

Bennett, John W. 1982. *Of Time and the Enterprise, North American Family Farm Management in a Context of Resource Marginality*. Minneapolis: University of Minnesota Press.

Benvenuti, B. 1982. "De technologisch administratieve taakomgeving (TATE) van landbouwbe-drijven." *Marquetalia* 5.

Benvenuti, B., S. Antonello, C. de Roest, E. Sauda and J.D. van der Ploeg. 1988. *Produttore agricolo e petere; modernizzazione delle relazioni socialied economiche e fattori determinanti dell'imprenditorialita agricola*. Rome: CNR/IPRA.

Benvenuti, B., E. Bussi and M. Satta. 1983. *L'imprenditorialitá agricola: a la ricerca di un fantasma*. Bologna, Italy: AIPA.

Bernstein, Henry. 2010a. *Class Dynamics of Agrarian Change*. Halifax: Fernwood Publishing.

_____. 2010b. "Introduction: Some Questions Concerning the Productive Forces." *Journal of Peasant Studies* 10, 3.

_____. 2009. "V.I. Lenin and A.V. Chayanov: Looking Back, Looking Forward." *Journal of Peasant Studies* 36, 1.

Bieleman, J. 1992. *Geschiedenis van de landbouw in Nederland, 1500-1950*. Meppel, The Netherlands: Boom.

Boelens, R. 2008. *The Rules of the Gmae and the Game of the Rules: Normalization and Resistance in Andean Water Control*. Wageningen, The Netherlands: Wageningen University.

Bonnano, A., L. Busch, W. Friedland, L. Gouveia and E. Mingione. 1994. *From Columbus to Conagra: The Globalization of Agriculture and Food*. Lawrence: University Press of Kansas.

Borras, S.M. 2004. *La Via Campesina: An Evolving Transnational Social Movement*. Amsterdam: Transnational Institute.

Borras, S.M., Marc Edelman and Cris Kay. 2008. "Transnational Agrarian Movements: Origins and Politics, Campaigns and Impact." In S.M. Borras et el. (eds.), *Transnational Agrarian Movements Confronting*

Globalization, special issue, *Journal of Agrarian Change* 8, 1/2.

Boserup, Ester. 1970. *Evolution agraire et pression demographique.* Paris: Flammarion.

Bové, J., and F. Dufour. 2001. *The World is not for Sale.* London: Verso.

Bray, Francesca. 1986. *The Rice Economies: Technology and Development in Asian Societies.* Oxford: Blackwell.

Brookfield, Harold, and Helen Parsons. 2007. *Family Farms: Survival and Prospect, a World-Wide Analysis.* Oxford: Routledge.

Brox, O. 2006. *The Political Economy of Rural Development: Modernisation Without Centralisation?* Delft, The Netherlands: Eburon.

Brush, S.B., J.C. Heath and Z. Huaman. 1981. "Dynamics of Andean Potato Agriculture." *Economic Botany* 35, 1.

Bryden, J.M. 2003. "Rural Development Situation abd Chalenges in EU-25." Keynote speech to the EU Rural Development Conference, Salzburg, Austria.

Cassel, Guillherme. 2007. "A atualidade de Reforma Agraria." *Journal Folha de Sao Paulo* March 4.

Chambers, J.D., and G.E. Mingay. 1966. *The Agricultural Revolution 1750-1880.* London: B. T. Batsford Ltd.

Chayanov, Alexander. 1991[1927]. *The Theory of Peasant Co-operatives.* Columbus: Ohio State University Press.

_____. 1988[1917]. *L'economia di lavoro, scritti scelti, a cura di Fiorenzo Sperotto.* Milan: Franco Angeli/INSOR.

_____. 1976[1920]. "The Journey of My Brother Alexis to the Land of Peasant Utopia." *Journal of Peasant Studies* 4.

_____. 1966[1925]. *The Theory of Peasant Economy.* (D. Thorner et al., editors.) Manchester: Manchester University Press.

_____. 1966b. "On the Theory of Non-Capitalist Economic Systems." In Chayanov, *Theory of Peasant Economy.*

_____. 1924. *Die Sozial Agronomie, ihre Grundgedanken und ihre Arbeitsmetoden.* Berlin: Verlagsbuchhandlung Paul Parey.

_____. 1923. *Die Lehre von der bäuerlichen Wirtschaft, Versuch einer Theorie der Familienwirtschaft im Landbau.* Berlin: Verlagsbuchhandlung Paul

Parey.

Coulmella, Luciano G.M. 1977. *L'arte dell'agricoltura e libro sugli aberi*. Torino, Italy: Einaudi editore.

Conklin, H.C. 1957. *Hanunóo Agriculture, A Report on an Integral System of Shifting Culuivation in the Philippines*. Rome: FAO.

Danilov, Viktor. 1991. "Introduction: Alexander Chayanov as a Theoretician of the Co-operative Movement." In Alexander Chayanov, *The Theory of Peasant Co-operatives*. Columbus: Ohio State University Press.

Dannequin, Fabrice, and Arnaud Diemer. 2000. "L'economie de l'agriculture familiale de Chayanov a Georgescu-Roegen." Paper presented at Colloque SFER, Paris, November 2000.

Davis, M. 2006. *Planet of Slums*. London: Verso.

Deléadge, Estelle. 2012. "Les paysans dans la modernité." *La Découverte/Revue Française de Socio-Economie* 1, 9.

Deng, Zhenglai. 2009. "Academic Inquiries into the 'Chinese Success Story.'" In Zhenglai Deng (ed.), *China's Economy, Rural Reform and Agricultural Development*. Singapore: World Scientific Publishing Co.

Desmarais, A. 2002. "Peasants Speak – The *Via Campesina:* Consolidating an International Peasant and Farm Movement." *Journal of Peasant Studies* 29, 2.

Domínguez García, M.D. 2007. *The Way You Do It Matters: A Case Study on Farming Economically in Galician Agroecosystems in the Context of a Cooperative*. Wageningen, The Netherlands: Wageningen University.

Dries, A. van der. 2002. *The Art of Irrigation: The Development, Stagnation and Redsign of Farmer-Managed Irrigation Systems in Northern Portugal*. Wageningen, The Netherlands: Circle for Rural European Studies, Wageningen University.

Du Runsheng. 2006. *The Course of China's Rural Reform*. Washington, DC: International Food Policy Research Istitute.

Durrenberger, E. Paul. 1984. *Chayanov, Peasants, and Economic Anthropology*. Orlando: Harcourt Brace.

Edelman, M. 2005. "Bringing the Moral Economy Back in ⋯ to the Study of 21st Century Transnational Peasant Movements." *American*

Anthropologist 107, 3.

Engel, P.H.G. 1997. *The Social Organization of Innovation: A Focus on Stakeholder Interaction.* Wageningen, The Netherlands: Wageningen University.

Enriquez, L.J. 2003. "Economic Reform and Repeasantization in Post-1990 Cuba." *Latin American Research Review* 38, 1.

Evers, A.G., M.H.A. de Haan, K. Blanken, J.G.A. Hemmer, G. Hollander, G. Holshof and W. Ouweltjes. 2006. "Results Low Cost Farm, 2006, Rapport nr. 53." Wageningen, The Netherlands: Animal Science Group, Wageningen University.

Fei Xiao Tung. 1939. *Peasant Life in China: A Field Study of Country Life in the Yangtze Vallet.* London: George Routledge and Sons.

Friedmann, H. 2004. "Feeding the Empire: The Pathologies of Globalized Agriculutre." In R. Miliband (ed.), *The Socialist Register.* London: Merlin Press.

_____. 1993. "The Political Economy of Food: A Global Crisis." *New Left Review* 1.

_____. 1980. "Household Production and the National Economy: Concepts for the Analysis of Agrarian Formations." *Journal of Peasant Studies* 7.

Geleano, Eduardo. 1971. *Open Veins of Latin America: Five Centuries of the Pillage of a Continent.* New York: Monthly Review Press.

Garstenauer R., Sophie Kickinger and Ernst Langthaler. 2010. "The Agrosystemic Space of Farming: Analysis of Farm Records in Two Lower Austrian Regions, 1945–1980s." Paper to the Institute of Rural History workshop, Historicising Farming Styles, in Melk, Austria, October 22–23, 2010.

Geertz, C. 1963. *Agricultural Involution.* Berkeley, CA: University of California Press.

Georgescu-Roegen, N. 1982. *Energia e Miti Economici.* Torino, Italy: Editore Boringhieri.

Gerritsen, P.R.W. 2002. *Diversity at Stake: A Farmer's Perspective on Biodiversity and Conservation in Western Mexico.* Wageningen, The Netherlands: Circle for Rural European Studies, Wageningen

University.

Gulati, Ashok, and Shengen Fan. 2007. *The Dragon and the Elephant: Agricultural and Rural Reforms in China and India*. Baltimore: IFPRI/ Johns Hopkins University Press.

Halamska, M. 2004. "A Different End of the Peasants." *Polish Sociological Review* 3, 147.

Hardt, Michael, and Antonio Negri. 2004. *Multitude: War and Democracy in the Age of Empire*. New York: Penguin Press.

Harvey, David. 2010. *The Enigma of Capital and the Crises of Capitalism*. London: Profile Books.

Hayami, Yujiro. 1978. *Anatomy of a Peasant Economy: A Rice Village in the Phillippines*. Los Baños, Philippines: International Rice Research Institute.

Hayami, Y., and V. Ruttan. 1985. *Agricultural Development: n International Perspective*. Baltimore: Johns Hopkins.

Hebinck, P. 1990. *The Agrarian Structure in Kenya: State, Farmers and Commodity Relations*. Saarbrucken: Verlag Breitenbach.

Heijman, Wim, M.H. Hubregtse and J.A.C. van Ophem. 2002. "Regional Economic Impact of Non-Standard Activities on Farms: Method and Application to the Province of Zeeland in the Netherlands." In J.D. van der Ploeg, A. Long and J. Banks (eds.), *Living Countryside: Rural Development Processes in Europe - The State of the Art*. Doetinchem, The Netherlands: Elsevier.

Hofstee, E.W. 1985. *Groningen van Grasland naar Bouwland, 1750-1930*. Wageningen, The Netherlands: Pudoc.

Holloway, John. 2010. *Crack Capitalism*. London: Pluto Press.

_____. 2002. *Change the World Without Taking Power*. London: Pluto Press.

Huang, Philip C.C. 1990. *The Peasant Family and Rural Development in the Yangzi Delta 1350-1988*. Stanford, CA: Stanford University Press.

IAASTD(International Assessment of Agricultural Knowledge, Science and Technology for Development). 2009. *Agriculture at a Crossroads: Global Report*. Washington, DC: Island Press.

IFAD(International Fund for Agricultural Development). 2010. *Rural Poverty*

Report 2011: New Realities, New Challenges, New Opportunities for Tomorrow's Generation. Rome: IFAD.

Jackson, Tim. 2009. *Prosperity Without Growth? The Transition to a Sustainable Economy*. London: Sustainable Development Commission.

Janvry, A. de. 2000. "La logica delle aziende contadine e le strategie di sostegno allo sviluppo rurale." *La Questione Agraria* 4.

Johnson, H. 2004. "Subsistence and Control: The Persistence of the Peasantry in the Developing World." *Undercurrent* 4, 1.

Kamps, A. van der, A.G. Evers and B.J.H. Hutschemaekers. 2003. *Three Years High-Tech Farm, Praktijkrapport Rundvee, nr. 26*. Wageningen, The Netherlands: Animal Science Group, Wageningen University.

Kautsky, Karl. 1974[1899]. *La cuestión agraria*. Buenos Aires: Siglo Veintiuno, Argentina Editores.

Kay, Cristóbal. 2009. "Development Strategies and Rural Developent: Exploring Synergies, Eradicating Poverty." *Journal of Peasant Studies* 36, 1.

Kerblay, Basile. 1985. *Du Mir aux Agrovilles*. Paris: Institut du Monde Sovietique et de l'Europe Centrale et orientale.

_____. 1966. "A.V. Chayanov: Life, Career, Works." In Chayanov, *Theory of Peasant Economy*.

Kessel, Joop van. 1990. "Productieritueel en techisch betoog bij de Andesvolkeren." *Derde Wereld* 1, 2.

Kinsella, J., P. Bogue, J. Mannion and S. Wilson. 2002. "Cost Reduction for Small-Scale Dairy Farms in County Clare." In Ploeg, Long and Banks (eds.), *Living Countrysides*. Doetinchem, The Netherlands: Elsevier.

Lacroix, A. 1981. *Transformations du Proces de Travail Agricole, Incidences de l'industrialisation sur les Conditions de Travail Paysannes*. Grenoble, France: INRA.

Lallau, Benoit. 2012. "De la modernité des paysans." *La Découverte/Revue Française de Socio-Economie* 1, 9.

Langthaler, Ernst. 2012. "Balancing Between Autonomy and Dependence: Family Farming and Agrarian Change in Lower Austria, 1945–1980." In Günter Bischof and Fritz Plasser (eds.), *Austrian Lives*. New Orleans:

Contemporary Austrian Studies X XI.

Lawner, Lynne. 1975. *Letters from Prison by Antonio Gramsci*. London: Jonathan Cape.

Lenin, Vladimir Illich. 1961[1906]. "The Agrarian Question and the 'Critics of Marx.'" In *Collected Works, V*. Moscow: Foreign Languages Publishing House.

Li Xiaoyun, Qi Gubo, Tang Lixia, Zhao Lixia, Jin Leshan, Guo Zhanfeng and Wu Jin. 2012. *Agricultural Development in China and Africa: A Comparative Analysis*. London: Routledge.

Lippit, V.D. 1987. *The Economic Development of China*. Arkmont, NY: Sharpe.

Lipton, M. 1977. *Why Poor People Stay Poor: Urban Bias in World Development*. London: Temple Smith.

Little, Daniel. 1989. *Understanding Peasant China: Case Studies in the Philosophy of Science*. New Haven, CT: Yale University Press.

Long, Norman. 1984. *Family and Work in Rural Societies: Perspectives on Non-Wage Lobour*. London: Tavistock.

Long, N., and A. Long. 1992. *Battlefields of Knowledge: The Interlocking of Theory and Practice in Social Research and Development*. London: Routledge.

Luxemburg, Rosa. 1951[1913]. *The Accumulation of Capital*. London: Routledge.

Maar, Harro, and Dominic Glover. 2012. "Alternative Configuration of Agronomic Experimentation." In J. Sumberg and J. Thompson (eds.), *Contested Agronomy*. London: Routledge.

Mann, S., and J. Dickinson. 1978. "Obstacles to the Development of a Capitalist Agriculture." *Journal of Peasant Studies* 5, 4.

Mariátegui, José Carlos. 1928. *7 Ensayos de interpretación de la realidad Peruana*. Lima: Amauta.

Martinez-Alier, J. 1991. "The Ecological Interpretation of Socio-Economic History: Andean Examples." *Capitalism Nature Socialism* 2, 2.

Marx, Karl. 1963[1852]. *The Eighteenth Brumaire of Louis Bonaparte*. New York: International Publishers.

_____. 1951[1863]. *Theories of Surplus Value*. London: Lawrence and

Wishart.

Marx, Karl, and Friedrich Engels. 1975. *Collected Works, Volume 24*. New York: International Publishers.

Mazoyer, M., and L. Roudart. 2006. *A History of World Agriculture*. London: Routledge.

MDA(Ministério do Desenvolvimento Agrário). 2009. *Agricultura Familiar no Brasil e O Censo Agropecuário 2006*. Brazil: MDA.

Mendras, Henri. 1987. *La Fin des Paysans, suivi d'une réflexion sur la fin des paysans: Vingt Ans Aprés*. Paris: Actes Sud.

———. 1970. *The Vanishing Peasant: Innovation and Change in French Agriculture*. Cambridge: Cambridge University Press.

Milone, P. 2004. *Agricoltura in transizione: la forza dei piccoli passi; un analisi neo-istituzionale delle innovazioni contadine*. PhD diss., Wageningen University.

Mitchell, T. 2002. *Rule of Experts: Egypt, Techno-Politics, Modernity*. Berkeley: University of California Press.

Moore, Barrington, Jr. 1966. *Social Origins of Dictatorship and Democracy: Lord and Peasant in the Making of the Modern World*. London: Penguin University Books.

Mottura, Giovanni. 1988. "Prefazione A. V. Čajanov: proposte per una possibile linea di lettura di alcuni lavori." In *Čajanov, Aleksandr Vasil'evc, L'economia di lavoro, scritti scelti*. Milan: Franco Angeli/ INSO.

Negri, Antonio. 2008. *Reflections of Empire*. Cambridge: Polity Press.

Netting, Robert. 1993. *Smallholders, Hoseholders: Farming Families and the Ecology of Intensive, Sustainable Agriculture*. Stanford, CA: Stanford University Press.

Norder, Luiz A. Cabello. 2004. *Politícas de Asentamento e Localidade: os desafíos da reconstituçao do trabalho rural no Brasil*. Wageningen, The Netherlands: Wageningen University.

Oostindie, Henk. 2013. *Multifunctional Agricultural Pathways: Bundles of Resistance, Redesign and Resilience*. Wageningen, The Netherlands: Wageningen University.

Oostindie, Henk, Pieter Seuneke, Rudolf van Broekhuizen, Els Hegger and Han Wiskerke. 2011. *Dynamiek en robuutstheid van multifuctionele landbouw, rapportage onderzoeksfase 2: emprisich onderzoek onder 120 multifunctionele landbouwbedrijven.* Wageningen, The Netherlands: LSF Rurale Sociologie, Wageningen University.

Osti, G. 1991. *Gli innovatori della periferia, la figura sociale dell'innovatore nell'agricoltura di montagna.* Torino, Italy: Reverdito Edizioni.

Ostrom, E. 1990. *Governing the Commons: The Evolution of Institutions for Collective Action.* Cambridge: Cambridge University Press.

Paredes, M. 2010. *Peasants, Potatoes and Pesticides: Heterogeneity in the Context of Agricultural Modernization in the Highland Andes of Ecuador.* Wageningen, The Netherlands: Wageningen University.

Paz, R. 2006. "El campesinado en el agro argentino: Repensando el debate teórico o un intento de reconceptualización?" *Revista Europa de Estudios Latinoamericanos y del Caribe* 81.

Perez, Julian. 2012. *A construção social de mecanismos alternativos de mercados no âmbito de Rede Ecovida de Agroecologia.* Paraná, Brazil: MADE-UFPR.

Pérez-Vitoria, Sylvia. 2005. *Les Paysans sont de retour, essai.* Arles, France: Actes Sud.

Ploeg, Jan Douwe van der. 2008. *The New Peasantries: Struggles for Autonomy and Sustainability in an Era of Empire and Globalization.* London: Routledge.

_____. 2003. *The Virtual Farmer: Past, Present and Future of the Dutch Peasantry.* Assen, The Netherlands: Royal Van Gorcum.

_____. 2000. "Revitalizing Agriculture: Farming Economically as Starting Ground for Rural Development." *Sociologia Ruralis* 40, 4.

_____. 1990. *Labour, Markets, and Agricultural Production.* Boulder, CO: Westview Press.

Ploeg, J.D. van der, J. Bouma, A. Rip, F. Rijkenberg, F. Ventura and J. Wiskerke. 2004. "On Regimes, Novelties, Niches and Co-production." In J.S.C. Wiskerke and J.D. van der Ploeg (eds.), *Seeds of Transition: Essays on Novelty Production, Niches and Regimes in*

Agriculture. Assen, The Netherlands: Rotal van Gorcum.

Ploeg, J.D. van der, A. Long and J. Banks. 2002. *Living Countrysides: Rural Development Processes in Europe - The State of Art.* Doetinchem, The Netherlands: Elsevier.

Ploeg, J.D. van der and Ye Jingzhong. 2010. "Multiple Job Holding in Rural Villages and the Chinese Road to Development." *Journal of Peasant Studies* 37, 3.

Ploeg, J.D. van der, Ye Jingzhong and Sergio Schneider. 2012. "Rural Development Through the Construction of New, Nested Markets: Comparative Perspectives from China, Brazil and the European Union." *Journal of Peasant Studies* 39, 1.

Polanyi, K. 1957. *The Great Transformation: The Political and Economic Origins of Our Time.* Boston: Beacon Press.

Richards, Paul. 1985. *Indigenous Agricultural Revolution: Ecology and Food Production in West Africa.* London: Unwin Hyman.

Rip, A., and R. Kemp. 1998. "Technological Change." In S. Rayner and E.L. Malone (eds.), *Human Choice and Climate Change.* Vol. 2. Columbus, OH: Battelle Press.

Roep, D. 2000. *Vernieuwend Werken; sporen van vermogen en onvermogen (een socio-materiele studie over verniewuing in de landbouw uitgewerkt voor de westelijke veenweidegebieden).* Wageningen, The Netherlands: Circle for Rural European Studies, Wageningen University.

Rooij, S.J.G. de. 1994. "Work of the Second Order." In Leendert van der Plas and Maria Fonte (eds.), *Rural Gender Studies in Europe.* Assen, The Netherlands: Royal Van Gorcum.

Rosset, Peter Michael, Braulio Marchín Sosa, Adilén María Roque Jaime and Dana Rocío Ávila Lozano. 2011. "The Campesino-to-Campesino Agroecology: Context, Theory, and Process." *Ecology and Society* 17, 3.

Sabourin, E. 2006. "Praticas sociais, políticas públicas e valores humanos." In S. Schneider (ed.), *A Diversidade da Agricultura Familiar.* Porto Alegre, Italy: UFRGS Editora.

Saccomandi, V. 1998. *Agricultural Market Economics: A Neo-Institutional Analysis of Exchange, Circulation and Distribution of Agricultural*

Products. Assen, The Netherlands: Royal van Gorcum.

Salas, Maria, and Hermann Tilmann. 1990. "Andean Agriculture - A Development Path for Peru?" In ILEA newletter, March.

Salter, W.E.G. 1966. *Productivity and Technical Change*. Cambridge: Cambridge University Press.

Savarese, E. 2012. *Young People's Perception of Rural Areas: A European Survey Carried Out in Eight Member States*. Rome: Rete Rurale, Ministero delle Politiche Agricoli, Alimentari e Forestali.

Schneider, S., and P. Niederle. 2010. "Resistance Strategies and Diversification of Rural Livelihoods: The Construction of Autonomy among Brazilian Family Farmers." *Journal of Peasant Studies* 37, 2.

Schneider, S., S. Shiki and W. Belik. 2010. "Rural Development in Brazil: Overcoming Inequalities and Building New Markets." *Rivista di Economia Agraria* LXV, 2.

Schutter, Olivier de. 2011. "How Not to Think of Land-Grabbing: Three Critiques of Large-Scale Investments in Farmland." *Journal of Peasant Studies* 38, 2.

Scott, James C. 2009. *The Art of Not Being Governed: An Anarchist History of Upland Southeast Asia*. New Haven, CT: Yale University Press.

_____. 1998. *Seeing Like a State: How Certain Schemes to Improve the Human Condition Have Failed*. New Haven, CT: Yale University Press.

Sender, J., and D. Johnston. 2004. "Searching for a Weapon of Mass Production in Rural Africa: Unconvincing Arguments for Land Reform." *Journal of Agrarian Change* 4, 1 & 2.

Sennett, R. 2008. *The Craftsmand*. New Haven, CT: Yale University Press.

Sevilla Guzman, Eduardo. 1990. "Redescubriendo a Chayanov: hacia un neopopulismo ecológico." *Agricultura y Sociedad* 55.

Sevilla Guzman, Eduardo, and Manuel González de Molina. 2005. *Sobre a evolução de conceito de campesinato*. Brasília: Via Campesina do Brasil/ Expressão Popular.

Shanin, Teodor. 2009. "Chayanov's Treble Death and Tenuous Resurrection: An Essay About Understanding, About Roots of Plausiblity and About

Rural Russia." *Journal of Peasant Studies* 36, 1.

_____. 1986. "Chayanov's Message: Illuminations, Miscomprehensions, and the Contemporary 'Development Theory.'" Introduction to A. V. Chayanov, *The Theory of Peasant Economy.* Madison: University of Wisconsin Press.

Slicher van Bath, B.H. 1978. "Over boerenvrijheid (inaugurele rede Groningen, 1948)." In B.H. Slicher van Bath and A.C. van Oss (eds.), *Geschiedenis van Maatschappij en Cultuur.* Baarn, The Netherlands: Basisboeken Ambo.

_____. 1960. *De agrarische geschiedenis van West-Europa, 500-1850.* Utrecht/Antwerpen, The Netherlands: Het Spectrum.

Sonneveld, M.P.W. 2004. "Impressions of Interactions: Land as a Dynamic Result of Co-Production between Man and Nature." PhD diss., Wageningen University.

Sperotto, F. 1988. "Aprocimación a la vida y a la obra de Chayanov." *Agricultura y Sociedad* 48.

Spoor, Mac. 2012. "Agrarian Reform and Transition: What Can We Learn From 'The East'?" *Journal of Peasant Studies* 39, 1.

Steenhuijsen Piters, B. de. 1995. *Diversity of Fields and Farmers: Explaning Yield Variations in Northern Cameroon.* Wageningen, The Netherlands: Agricultural University.

Stoop, Willem A. 2011. "The Scientific Case for System of Rice Intensification and its Relevance for Sustainable Crop Intensification." *International Journal of Agricultural Sustainability* 9, 3.

Sumberg, J., and C. Okali. 1997. Farmers' Experiments: Creating Local Knowledge. Boulder, CO: Lynne Rienner Publishers.

Sumberg, James, John Thompson (ed.). 2012. *Contested Agronomy: Agricultural Research in a Changing World.* London: Routledge.

Sumberg, James, John Thompson and Philip Woodhouse. 2013. "Why Agronomy in the Developing World Has Become Contentious." *Agriculture and Human Values* 30, 1.

Thiesenhuisen, W.C. 1995. *Broken Promises: Agrarian Reform and the Latin American Campesino.* Boulder, CO: Westview Press.

Thorner, D. 1966. "Chayanov's Concept of Peasant Economy." In Chayanov, *Theory of Peasant Economy*.

Timmer, C. P. 1970. "On Measuring Technical Efiiciency." *Food Research Institute Studies in Agricultural Economics, Teade and Development* 9, 2.

Timmer, W.J. 1949. *Totale Landbouwwetenschap, een cultuurphiloophische beschouwing over landbouw en landbouwwetenschap als mogelijke basis voor vernieuwing van het landbouwkundig hoger onderwijs*. Groningen, The Netherlands: Wolters.

Toledo, Victor M. 2011. "La agrocología en Latinoamercia: tres revoluciones, una misma transformacíon." *Agroecología* 6.

_____. 1990. "The Ecological Rationality of Peasant Production." In M. Altieri, *Agroecology and Small Farm Development*. Ann Arbor, MI: CRC Press.

Vanloqueren, G., and P.V. Baret. 2009. "How Agricultural Research Systems Shape a Technological Regime that Develops Genetic Engineering but Locks Out Agroecological Innovations." *Research Policy* 38.

Veltmeyer, H. 1997. "New Social Movements in Latin America: The Dynamics of Class and Identity." *Journal of Peasant Studies* 25, 1.

Ventura, F. 2001. "Organizzarsi per Sopravvivere: Un analisi neo-istituzionale dello endogeno nell'agricoltura Umbra." PhD diss., Wageningen University.

_____. 1995. "Styles of Beef Cattle Breeding and Resource Use Efficiency in Umbria." In J.D. van der Ploeg and G. van Dijk (eds.), *Beyond Modernization: The Impact of Endogenous Rural Development*. Assen, The Netherlands: Royal Van Gorcum.

Vera Delgado, J. 2011. "The Ethno-Politics of Water Security: Contestations of Ethnicity and Gender in Strategies to Control Water in the Andes of Peru." Wageningen, The Netherlands: Wageningen University.

Vijverberg, A.J. 1996. *Glastuinbouw in ontwikkeling, beschouwingen over de sector en de beinvloeding ervan door de wetenschap*. Delft, The Netherlands: Eburon.

Visser, Jozef. 2010. "Down to Earth: A Historical-Sociological Analysis of the Rise and Fall of 'Industrial' Agriculture and the Prospects for the

Re-rooting of Agriculture from the Factory to the Local Farmer and Ecology." PhD diss., Wageningen University.

Vitali, S., J.B. Glattfelder and S. Battiston. 2011. "The Network of Global Corporate Control." ⟨arxiv.org/abs/1107.5728v1⟩.

Vlaslos, Stephen. 1986. *Peasant Protests and Uprisings in Tokugawa, Japan.* Berkely: University of California Press.

Vries, Egbert de. 1948. *De Aarde Betaalt: de rijkdommen der aarde en hun betekenvis voor de wereldhuishouding en politiek.* Den Haag, The Netherlands: Uitgeverij Albani.

_____. 1931. *De landbouw en de welvaart in het regentschap Pasoeroean, bijdrage tot de kennis van de sociale economie van Java.* Wageningen, The Netherlands: Landbouwhogeschool.

Wanderley, Maria de Nazareth Baudel. 2009. "Em busca da modernidade social: uma homenagem a Alexander V. Chayanov." In Maria Wanderley, *O mundo rural como um espaço de vida; reflexões sobre a propriedade de terra, agricultura familiar e ruralidade.* Porto Alegre, Brazil: PGDR/UFRGS Editora.

Warman, A. 1976. *Y venimos a contradecir, los campesinos de Morelos y el Estado Nacional.* Mexico City: Ediciones de la Casa Chata.

Wartena, D. 2006. "Styles of Making a Living and Ecological Change on the Fon and Adja Plateaux in South Benin, ca. 1600-1900." PhD diss., Wageningen University.

Weis, Tony. 2010. "The Accelerating Biophysical Contradictions of Industrial Capitalist Agriculture." *Journal of Agrarian Change* 10, 3.

_____. 2007. *The Global Food Economy: The Battle for the Future of Farming.* London: Zed Books.

White, Ben. 2011. *Who Will Own the Countryside? Dispossession, Rural Youth and the Future of Farming.* The Hague: International Institute of Social Studies.

Wiskerke, J.S.C., and J.D. van der Ploeg. 2004. *Seeds of Transition: Essays on Novelty Production, Niches and Regimes in Agriculture.* Assen, The Netherlands: Royal Van Gorcum.

Wit, C.T. de. 1992. "Resource Use Efficiency in Agriculture." *Agricultural*

Systems 40.

Wolf, Eric R. 1969. *Peasant Wars of the Twentieth Century*. New York: Harper and Row.

Woodhouse, Philip. 2010. "Beyond Industrial Agriculture? Some Questions about Farm Size, Productivity and Sustainability." *Journal of Agrarian Change* 10, 3.

Wu Xiang. 1998. "The Tortuous Processes of Rural Reform." *The Century* 3.

Yang, M.C. 1945. *A Chinese Village: Taitou, Shantung Province*. New York: Columbia University Press.

Ye Jingzhong. 2002. *Processes of Enlightenment: Farmer Initiatives in Rural Development in China*. Wageningen, The Netherlands: Wageningen University.

Ye Jingzhong, Rao Jing and Wu Huifang. 2010. "Crossing the River by Feeling the Stones: Rural Development in China." *Rivista di Economia Agraria* 65, 2.

Ye Jingzhong, Wang Yihuan and Norman Long. 2009. "Farmer Initiatives and Livelihood Diversification: From the Collective to a Market Economy in Rural China." *Journal of Agrarian Change* 9, 2.

Yingfeng Xu. 1999. "Agricultural Productivity in China." *China Economic Review* 10.

Yong Zhao, and J.D. van der Ploeg. 2009. "Telling Data: An Analysis of the Note Book of a Chinse Farmer." *Journal of China Agricultural University* 26, 3.

Yotopoulos, P.A. 1974. "Rationality, Efficiency and Organizational Behaviour Through the Production Function: Darkly." *Food Resarch Institute Studies* 13, 3.

Zanden, J.L. van. 1985. *De Economische Ontwikkeling van de Nederlandse Landbouw in de Negentiende Eeuw, 1800-1914*. Wageningen, The Netherlands: AAG Bijdragen, Landbouwuniversiteit.

농민과 농업
차야노프의 사상을 재조명하다

지은이 얀 다우 판 더르 플루흐
옮긴이 김정섭·유찬희
초판 1쇄 발행 2018년 5월 30일

펴낸곳 도서출판 따비
펴낸이 박성경
편집 신수진, 차소영
디자인 이수정

출판등록 2009년 5월 4일 제2010-000256호
주소 서울시 마포구 월드컵로28길 6 (성산동, 3층)
전화 02-326-3897
팩스 02-337-3897
메일 tabibooks@hotmail.com
인쇄·제본 영신사

* 잘못된 책은 바꾸어드립니다.

ISBN 978-89-98439-48-4 03330

값 16,000원

이 도서의 국립중앙도서관 출판예정도서목록(CIP)은 서지정보유통지원시스템
홈페이지(http://seoji.nl.go.kr)와 국가자료공동목록시스템(http://www.nl.go.kr/kolisnet)에서
이용하실 수 있습니다.(CIP제어번호: CIP2018014479)